성숙한 사회를 열어가는 지혜

이 책은 서울대학교 경영대학 경영정보연구소의 2010-2011년도 연구조성비에 의해 이루어졌습니다.

성숙한 사회를 열어가는 지혜

상식에 닻을 내린 새로운 패러다임 모색

김정년 지음

Thinking for The Mature Society

율곡출판사

들어가는 글

경제가 양적으로 성장할수록 사회가 발전하고 창의력이 발휘될 기회는 많아진다. 그러나 발전에는 그 만한 대가가 따르기 마련이므로 원치 않는 불균형 현상들도 나타난다. 오랫동안 우리 사회는 발전과 혼돈 속에서 많은 체험을 하고 있다.

이에 따라 성숙한 사회를 열어가는 길에는 많은 과제들이 놓여 있다. 이 과제들을 해결해 가려면 우리의 굳건한 의지가 필요하다. 의지란 명확한 목표를 향해 실행하려는 적극적인 마음과 능력을 의미한다. 굳은 의지가 있는 곳에 길이 있다는 교훈에서도 그 뜻을 알 수 있다. 의지의 실천은 정치인과 관료 등 사회지도층의 근면성과 정직성에서 이루어진다.

우리 사회의 현실은 밖에서 평가하고 있는 것과는 달리, 많은 난제를 안고 있다. 계층 간 빈부격차의 확대와 청년실업 문제, 권력형 부정부패와 모럴 해저드, 금융시장에 대한 엄격한 제도적 관리 시스템의 확립과 관리감독의 강화, 부실 공기업의 과감한 통폐합, 국토방위와 사회안전망에 관한 실질적 교육훈련의 확립, 현행교육제도 개혁 등의 문제이다. 이들 주요 현안은 모두가 정치인과 관료들의 의지와 리더십과 밀접한 관계가 있는 국가의 기본 정책에 속한다.

평화로운 삶을 누리기 위해서는 신뢰사회가 구축되어야 한다. 불신은 기본질서를 무너뜨린다. 사회발전을 가로막고 불안과 혼란을 가져온다. 신뢰사회를 구축하기 위해서는 먼저 정치가 안정되어야 한다. 그래야 국가의 존재의식이 확립되고 민심이 안정되며, 사회통합을 위한 제도적인 대안을 마련하고 사회 전체의 컨센서스—국민적 합의—를 이끌어낼 수 있다.

우리의 정치풍토는 언제쯤 정상적인 모습을 보여줄 것인가 알 수 없다. 거의 30년 전에 서양사학자인 김성식(金成植) 교수의 칼럼(1979-1985년 '동아시론'의 '政治와 正治, 征治', 동아일보, 1984.11.7)에 등장한 '백년하청'(百年河淸)이라는 말이 기억난다. '백년하청'은 항상 혼탁한 중국의 황하의 물이 언제쯤 맑은 모습을 보여줄 것인가를 기다린다는 뜻이다.

칼럼을 읽어보면, 지금의 정치풍토가 그 당시에 비해 크게 달라진 것이 없다. 그간에 변화가 있다면, 경제발전을 이룩했고 갈망하던 민주화의 절차를 정착시켰고 의견을 자유롭게 표출할 수 있는 권리를 쟁취했다는 점뿐이다. 국민은 정치인이 참신한 모습으로 다시 태어나 시급한 민생문제를 해결하고 국가발전에 헌신하는 모습을 바랄 뿐이다. 하루속히 국민의 정치협오증을 불식시키고 재출발해야 한다. 장자(莊子)는 잘못을 알고도 이를 바로잡지 않는다면 병폐를 면할 수 없다고 말했다.

한 가지 더 첨가한다면, 정치풍토 중에서도 두려운 것은 바로 포퓰리즘에 편승하는 무차별적인 정책의 남발이다. 이런 잘못된 풍토는 1990년대 선거에서 각 정당들이 경쟁적으로 내세웠던 정치공약에서부터 시작된다. 정당조직에서 내세우는 인기영합주의는 개인의 이미지 관리나 목적달성과는 다른 것이다. 지나친 포퓰리즘은 불필요한 사회악을 유발할 뿐 아니라, 사회의 균형발전 기능을 약화시킬 수 있다. 진심으로 사회복지에 관심을 가진다면, 현존의 경제제도가 복지내용에 미치는 영향과 모든 경제발전에 미치는 영향이 어떤 것인가를 충분히 파악한 후에 착수해도 늦지 않다.

성숙한 사회는 사회지도층의 자세와 의지가 '상식'과 '양식'에 닻을 내리고 있는가에 달려 있다. '상식'과 '양식'에 닻을 내린 문화는 공평하고 정의로운 사회를 이끄는 원동력인 자율과 질서를 만들어낸다.

책의 서론은 시급한 현안문제에 대한 간략한 의견제시이다. 정책을 다루는 테크노크라트(technocrat, 관료적인 조직기구를 관리하는 자와 모든 행정관)의 자세와 의지, 자유시장과 고용창출문제, 물가관리와 금융권의 관리감독, 교통문화의 확립, 고등교육투자에 대한 제언 등이다. 본문은 1) 성숙한 사회를 열어가는 패러다임의 모색, 2) 새로운 변화 속에서 조직의 지혜, 3) 성장과 발전의 기본 틀, 4) 지식창조와 고용시장의 변화, 5) 글로벌 금융시장의 지식, 6) 미래를 향한 약동성과 시행착오의 밸런스, 7) 고전에서 보는 '일반의지'의 역할 등이다.

본 책을 출판하기까지 많은 분들의 정성 어린 도움이 있었다. 지면을 빌려 감사의 뜻을 전하고자 한다. 먼저 서울대학교 경영대학의 경영정보연구소 관계자들의 연구지원에 깊은 감사를 드린다. 안태식 전임 학장과 최혁 학장을 비롯해, 박상욱 전임 연구소장, 김수욱 소장의 후의에 깊은 감사를 드리며, 원고작성 과정에서 협조해 주신 연구소의 김재윤 씨에게 감사드린다.

평소에 많은 지원을 해주신 한국기업윤리경영연구원의 남재우 이사장과 박종선 원장, 컴퓨터 프로그램 및 원고작성에 협조해 주신 전용민 연구위원의 노고에 대해 진심으로 감사드린다.

끝으로 출판을 쾌히 승락해 주신 전통 깊은 율곡출판사의 박기남 사장의 후의에 깊은 감사를 드린다. 최종의 원고내용에 이르기까지 많은 도움을 준 신재혁 과장과 그 외 출판에 도움을 준 직원 여러분께 감사 드린다.

2011년 11월 15일

안성시 미산리 칠봉산 기슭에서

지은이 김정년

차 례

서론

introduction
서론

'상식' 에 닻을 내린 문화가 성숙한 사회를 앞당긴다

어려운 환경 속에서도 선인(先人)들은 크고 작은 일들을 이룩해 놓았다. 선조들이 열정과 희생으로 쌓은 업적은 역사에 길이 빛날 것이다. 선조들의 고귀한 얼과 숭고한 의지를 계승하고 발전시키는 것이 우리가 해야 할 일이다.

이 책을 쓰면서 희망과 회의가 교차했다. 엘리트 집단이 발전하고 성숙하는 기대를 품어보기도 했고, 사회질서가 끊임없이 역행해 실망에 빠지기도 했다.

지금은 옛날과는 달리, 하나의 변화가 미처 끝나기도 전에 또 다른 변화가 곧바로 뒤따른다. 이런 현상을 이해하고 지혜롭게 삶을 이끌어가야 한다. 환경의 변화는 우리의 삶과 국가의 운영과 직결되므로 개인과 국가와 사회조직은 항상 적절한 대응과 조정이 필요하다.

이 책의 내용과 관계되는 몇 가지 일상적인 문제에 관해 살펴볼까 한다. 현재 우리 사회는 균형있는 발전을 위해 해야 할 일이 많다. 경제를 지속적으로 성장 · 발전시키고, 고용창출과 물가안정을 달성하고, 소득불균형과 주택 · 부동산 문제를 해결하고, 국가안보를 확립해야 하는 등 많은 과제를 안고 있다. 이와 동시에, 우리 사회의 발전을 가로막는 고질적인 한국병도 많다. 정치병, 부정부패, 교육정책 실패, 자율성 결여, 낡은 정치적 이념과 갈등, 이분법적 사고방식, 책임의식 결여, 불신을 지적할 수 있다.

테크노크라트(technocrat)의 자세와 역할

프랑스 계몽주의의 대표적인 철학자이자 문학가였던 볼테르(Voltaire [1694-1778], 본명 Francois Marie Arouet)는 비범한 재능을 지닌 사람이었다. 그는 당시의 지배계층을 믿지 않았다. 지배계층의 정당성을 무효화하기 위해 회의주의(懷疑主義, 인식의 확실성을 부인하고 진리의 절대성을 의심하는 사고방식)라는 것을 무기로 선택한다. 즉, 당시의 엘리트인 관료들이 회의주의적인 입장을 취해야 한다는 점을 전제로 한 것이고, 공적 책임을 수행하는 신념과 인내심을 갖지 않으면 견뎌나갈 수 없다는 점을 전제로 한 것이다. 달리 말하면, 엘리트와 관료가 회의주의적인 인간이 되기 위해서는 주어진 책무에 대한 신념과 확고한 인내력을 가지고 있지 않으면 안 된다.

볼테르는 '상식'이라는 틀을 중요시했다. 즉, 인간이 지니고 있는 이성(理性, 사물을 올바르고 논리적으로 이해하고 분별하는 능력)의 중심에 논리가 자리잡고 있다는 점을 강조한다. 그가 말하는 논리는 '상식'이라는 닻에 고정되어 있는 것이다.

여기서 현실적으로 볼테르의 교활한 '사생아들'(Voltaire's Bastards)이 생겨나게 된다. 엘리트 관료와 테크노크라트가 회의주의적인 자세를 벗어나기 위해 논리와 '상식' 이 연결되어 있는 닻줄을 끊는다면, 그 논리는 곧 낡은 체제의 틀로 되돌아가서 안주하게 될 것이다. 결국, 엘리트와 테크노크라트의 판단과 행동기준, 의사결정상의 논리는 '상식' 의 틀을 벗어나 재생 불가능한 혼돈의 세계를 방황하게 된다. 여기서 말하는 엘리트와 테크노크라트는 입법부와 사법부와 행정부에 속해 있는 모든 관료들을 의미한다. 만약, 이들이 '상식' 에 역행하고 만사에 냉소적인 행동을 했을 때는 곧 냉소주의자(cynicism)로 사회로부터 규탄을 받게 된다. 냉소주의자들은 이치에 어긋나는 논리임에도 자신들의 이익에 부합한다고 생각하면 무엇이든 멋대로 행동하려는 나쁜 습성을 가지고 있다는 사실을 사회는 알고 있다.[1]

이상으로 볼테르의 '상식' 의 논리를 벗어나는 엘리트 관료와 테크노크라트의 행동에 대한 경각심을 설명했다. 이런 관료들을 볼테르의 '사생아' 라고 부른다. 우리는 사회에서 냉소적인 '사생아' 들이 나타나지 못하도록 제도적인 방안을 강구해 나가야 한다.

정책을 다루는 사람들의 의지

국민은 정책을 책임지는 사람들이 성실한 열정과 의지(意志)가 있는지 깊은 관심을 가지고 있다. 사회발전에 걸림돌이 되는 주요 원인 중의 하나가 사람의 잘못된 학습이다. 특히 사회의 가치를 규정하는 도덕적 학습의 실패, 발명과 모험 정신의 결핍이 그러하다.

캐리 벡커(Cary S. Becker, 노벨경제학상 수상자, 시카고 대학) 교수는 칼럼

집에서 개혁운동과, 직권을 이용한 독직사건과의 연동에 관해 지적한 적이 있다. 일반적으로 개혁운동가가 권력의 자리에 앉으면 초기에 부정부패와 독직을 억제하는 데 성과를 올린다고 한다. 그러다가 기업과 렌트 시커(rent seeker, 가령, 정치적 수단을 이용해 이익을 추구하는 자)가 선거자금에 공헌한 데 대해 합법적 대가로 보상을 하면서 성향이 바뀌어 간다. 특히 정부가 경제부문에 커다란 영향력을 행사하는 경우에는 독직사건이 크게 확대되는 것을 쉽게 볼 수 있다고 지적한다.

이처럼 정치가와 관료, 기업이 뇌물을 주고받는 행위와 독직행위의 유혹에 빠졌다가 들통나면, 개혁운동의 힘은 하루아침에 끝난다. 국민은 정치인들의 지적 문제에 적지 않은 의문을 가지고 있다. 이런 결함은 권력자들이 일을 도리(또는 條理)에 맞게 처리하려는 감각과 의지가 결핍되어 있는 것이 주요한 원인이다.[2]

자유시장의 실체

자유시장의 개념에 대해서는 때때로 많은 논란과 혼선을 가져오는 경우가 있다. 먼저 이 시장은 일률적인 내용으로 규정하기 어려운 특성을 지니고 있는 점을 유의해야 한다. 원래 자유시장의 뜻은 정부의 관리와 통제 및 간섭을 억제해 자유로운 경제활동을 보장한다는 것이다. 그러나 글로벌 경제환경에 따라 외부영향을 고려하면 자유시장의 뜻은 크게 달라진다.

자유시장의 현대적인 개념은 우선 밀턴 프리드먼(Milton Friedman

[1912-2006], 1976년 노벨경제학상 수상자)의 명저 『자본주의와 자유』(1962, 2002)를 참조하면 보다 명확하게 이해할 수 있다. 지금의 글로벌 경제 운영 시스템에서 가장 중요한 것은, 자유시장과 자유무역에 모순되지 않고 국제수지를 조정하는 메커니즘을 효율적으로 운영하는 일이다.

이 메커니즘에는 두 가지가 있다. 하나는 금준비와 통화공급량을 연동시키는 자동적인 국제금본위제도이다. 이 제도는 현재 이용하지 않는다. 다른 하나는 현재 적용하고 있는 변동환율제도이다. 변동환율제도는 정부의 개입 없이 시장거래를 통해 통화의 교환율이 결정된다. 이로써 자유시장에 걸맞게 국내의 통화공급량과 조화를 유지할 수 있게 된다.

프리드먼은 자유로이 환율이 변동할 수 있는 변동환율제도를 채택하지 않으면 자유무역을 확대하기 어렵고, 장기적으로는 무역 마비의 위험에 빠져들 것이라고 주장한다. 실제로 경제활동에는 예측 불가능한 변화가 일어날 가능성이 높기 때문이다. 이를 고려한다면, 자유시장의 조정을 통해 나타나는 결과가 다소 효율적이라 할 수 있다. 경제활동상의 불균형을 어느 정도 해결할 수 있다는 장점을 가지고 있다. 그러므로 자유시장이 제기능을 하고 국제무역에 영향을 미치는 변화에 자동적으로 반응해 효과를 거둘 수 있다. 즉, 변동환율제도가 자유시장에 적합한 메커니즘을 가지고 있다는 점을 강조하고 있다.[3]

재화와 서비스 시장이 국가에 따라 규제 내용과 시장지배력과 외적 변동요인이 다르고 각각 특이성을 가지고 있기 때문에 자유시장을 일률적으로 규정할 수는 없다. 프리드먼은 자유시장의 역할에 대해 몇 가지를 전달한다.

첫째, 자유시장제도는 국제수지의 조정 메커니즘의 기능을 수행할 수 있고, 자유시장을 통해 개인의 창의력을 이끌어낼 수 있다.[4]

둘째, 자유에 대한 정확한 인식을 강조한다. 자유는 책임있는 개인만이 요구할 수 있다. 책임을 회피하려는 사람은 정부의 온정주의로부터 멀어질 것이다.[5]

셋째, 시장의 역할은 강제가 아닌 합의를 유도하는 것이다. 이런 점에서 시장은 비례대표제(system of effectively proportional representation)와 같은 역할을 한다.[6]

새로운 형태의 고용창출

고용은 산업구조의 변화와 밀접한 관계를 가지고 있다. 단기적으로는 경기변동과 경제성장에 따라 취업률 또는 실업률이 달라진다. 기술혁신의 방향과 글로벌 경제의 동향과 국제무역의 흐름이 국내 산업조직의 편성에 커다란 영향을 미치기 때문이다.

흔히 물가와 고용은 두 마리의 토끼라고 한다. 이들 간에는 상호 밀접한 관계가 있는 동시에, 트레이드 오프(trade off [상호배반관계], 가령, 실업률과 물가 간에 어느 한 쪽을 떨어뜨리면 다른 한 쪽이 상승하는 관계가 있을 때, 이들 간에 트레이드 오프가 있다고 말한다. 즉, 물가등귀율과 실업률 간에 발생하는 상호배반의 관계임)라는 상호 모순된 관계가 있다.

현재 우리나라의 실업률은 구조적으로 심각한 양상을 보이고 있다. 정부는 적극적인 취업정책을 강화하고 이를 지원하기 위한 다양한 프로그램을 펼치고 있다. 또한 대기업은 신규채용 규모를 그나마 매년 일정한 수준 이상을 유지하려고 노력하고 있다.

통계청의 자료에 따르면, 우리나라의 총 취업자 수는 2010년에 2,382만 명으로 2009년에 비해 약 32만 명 증가했다. 2010년 청년 고용률은 40.3%로 2009년(40.5%)에 비해 0.2% 감소했다. 한편 청년 실업률은 2009-2010년에 각각 8.1%이다. 2010년 전체 실업률이 3.7%인 데 비해 청년 실업률은 4.3%으로 집계하고 있다. 청년 실업률이 너무 낮게 추정된 듯하다.

통계청은 일할 의지가 없는 청년을 뜻하는 '니트'(NEET ; Not in Education, Employment or Traning)층이 약 43만 명(2011년 1월)으로 보고 있다. 이는 취업시장의 인력수급에 문제가 있다는 뜻이다. 주요 원인 중 하나로, 현장과 구직자 간의 요구가 적절히 반영되지 않는 것을 들 수 있다.[7]

청년취업을 위한 몇 가지 제안

산업구조의 변화와 시장환경에 알맞은 고용과 취업을 고려한다면, 청년실업을 포함한 전체의 고용문제를 합리적으로 해소할 수 있는 방안이 나올 것 같다. 현재 주요 인력은 대학과 고등교육기관에서 전문지식과 기술에 필요한 기초적인 과정을 거쳐 공급되고 있다. 문제는 교육기간이 길고 교육내용이 실무와 직결되지 못한다는 점이다. 시급한 전문기술과 기능 분야에 6개월 또는 1년간의 과정을 운영해, 인재를 산업 또는 국가전략 분야에 공급할 길을 여는 방안을 검토해 볼 가치가 있다.

글로벌 산업에서는 확대되고 있는 각종 서비스 부문의 전문인력을 확보하기 위해 집중적인 투자를 하고 있다. 이런 관점에서 본다면 새로운 차원에서 청년실업을 해결할 실질적 대안을 모색해 나가야 한다.[8] 현재 일상생활과 직결되는 부문에 전문인력과 기타 안전관리 부문의 인력양성이 시급하다. 가령, 국토 및 해양 환경관리, 어업지도관리, 유류 및 특수화학물질의 해상운송관리, 산림과 하천 및 사방의 과학적 관리, 국가안보 및 재난관리, 도로교통안전을 위한 과학적인 예방관리와 교통사고의 검사관리, 세부적인 사회복지관리, 축산업의 과학적 관리, 농산물과 수산물의 안전관리 등의 분야의 인력양성이 시급하다고 본다. 이들 각 분야는 현재 각 부처와 관련기관에서 부분적으로 관여하고 있으나, 국제적 수준에 이르지는 못하고 있다. 생활과 서비스 산업의 질적 향상에 직결되는 분야의 우수인력을 양성하는 것도 금후의 글로벌 경쟁력 강화에 중요한 과제일 것이다.

기술훈련 · 교육의 전담요원과 여건과 시설은 별무리없이 갖출 수 있다고 본다. 학계와 공직과 공기업체의 전문인력을 활용한다면 단시일 내에 세계적인 인력을 양성해 낼 수 있을 것이다. 대학과 일반기업도 이런 교육 시스템에 관심을 가지고 점차 참가하게 될 것이다. 다만, 이를 실행함에 있어서 정부와 기업과 교육기관을 총괄하는 절차와 총체적인 교육훈련의 운영과 기술적인 문제에 관한 구체적인 추진 프로그램을 결정하는 일은 충분한 타당성 검토를 거쳐야 한다.

전천후식 물가관리

우리나라의 물가는 1960년대 개발정책 이후 50년 동안 줄곧 높은 인플레이션의 압력을 받아 왔다. 물론 지금은 당시의 경제사정과는 많이 다르나, 다만 변하지 않는 것은 물가관리에 대한 당국의 안이한 태도이다. 물가의 초기등귀와 폭등을 소홀하게 대처하면 다른 재화의 가격등귀를 가져오고, 곧 모든 재화 및 서비스 가격등귀로 이어져 인플레이션의 기세가 확산되어 간다.

물가는 시장의 수요와 공급상황, 재화와 원자재 및 서비스의 계절적인 수급의 변동요인, 각 생산요소의 가격변동을 통해 결정된다. 특히 농산물과 식품류과 같은 생산물은 계절변동과 외부 요인의 변동에 의해 가격변동의 폭이 결정된다.

2010-2011년 겨울에 경험한 인플레이션은 기후이변이 농작물가격을 끌어올리면서 1차적인 파동을 가져왔다. 문제해결의 핵심은 단기적인 대응책에 있다. 당국은 초기에 가격상승을 보인 재화 및 서비스를 국제무역을 통한 단기공급으로 충당시킴으로써 시장을 안정시키는 기본 가이드라인을 지켜야 한다. 이 시점을 놓치면 물가등귀의 파급은 곧 다른 제품가격의 폭등으로 이어져 인플레이션을 유발하게 된다. 계절성을 가진 제품 또는 농작물의 가격등귀는 단시간에 관련제품과 공산품의 가격에 파급된다. 초기에 대응책을 재빨리 강구하지 못하면, 화를 키우고 만다.

경제규모가 확대되어 갈수록 금리정책과 국부적인 세금정책은 단기간의 실효성이 위축되는 것으로 보고 있다. 이것은 옛날과는 달리, 재화의 이동이 아닌 자본시장의 자율적인 메커니즘에 따라 국내의 재화 공급이 조절되고 국제교역에 간접적 영향을 받기 때문이다.

산출량의 증가속도에 따라, 화폐량의 속도를 조절하는 것에서 물가를 안정시킬 수 있다고들 주장한다. 다시 말해, 통화량의 변동과 물가 변동과 산출량 간의 관계에서 인플레이션을 설명하려는 주장이다. 그러나 화폐량과 인플레이션 및 임금의 관계는 매우 복잡하다. 산업분야와 장소에 따른 경제와 환경이 각각 다른 결과를 낳는 것에 유의해야 한다.

부동산과 금융권

성숙한 사회로 진입하는 길에는 많은 어려움이 놓여 있다. 특히 주택 공급을 둘러싼 문제는 사회적 밸런스에 적지 않은 장애물이 되고 있다. 아파트는 생활공간임에도, 아파트 건설 붐으로 부동산 투기가 자리를 차지했다. 이것은 과거로부터 이어져 온 경제정책의 폐단이다. 아파트 투기를 억제하기 위해 그간 내놓은 수많은 정책은 오히려 사회 · 경제 질서의 파행을 가속화해 왔다.

아파트 투기는 적어도 세 가지에 중요한 영향력을 가지고 있다. 즉, 금융권 자금의 주택건설에 대한 집중적인 공급, 소득불균형화, 인구(신생아)의 감소에 직간접적인 영향을 미치고 있다. 이들 세 가지 요소—금융, 소득불균형, 인구감소—는 경제운영에 핵심적인 역할을 담당하고 있다.

물론, 신규 주택의 건설추이는 경기변동의 조절과정에서 중요한 역할을 하는 지표이다. 여기서 거론하고자 하는 것은 경제에서 점하는 아파트 투기규모가 너무 크다는 점이다. 아파트 투기 억제책은 세제를 비롯해 거의 모든 행정수단이 동원되고 있다. 또한 이것이 곧 정치적인 문제로 확대되는 경우도 나타나고 있다.

아파트 투기는 근절되어야 한다. 대규모 투기행위는 경제운영 전반에 혼란을 가져올 뿐 아니라, 사회 · 경제 질서를 교란시키며 나아가 사회계층 간의 심각한 갈등과 위화감을 조성하는 결과를 가져온다. 아파트 투기가 성행하는 이유는 시중의 유휴자금을 흡수할 수 있는 자산운용시장이 취약하고 신뢰하지 못한다는 점, 다른 투자에 비해 아파트 투기로 안전한 수익을 올릴 수 있고 인플레이션으로 인한 자산감소를 막을 수 있다는 점 등이다.

투기적인 성격을 띤 아파트은 국가의 경제운영에 나쁜 영향을 미친다. 경제발전을 비롯해 부의 균등화와 사회 전반의 정책운용에 적지 않은 장애물로 등장할 것이며, 동시에 경기조절과 세제정책을 무기력하게 약화시킬 수 있기 때문이다.

시중은행과 금융권이 아파트 건설업체에 자금을 편향적으로 공급한다. 이는 정상적인 기업육성 정책과 경쟁력강화 정책과는 거리가 멀며, 금융질서의 파행을 가져왔다. 1가구 1주택의 범위를 벗어난 정부정책이 이대로 지속된다면, 실수요자인 젊은 세대의 주택마련 꿈은 실현될 수 없다. 금후 아파트 투기의 억제와 청년고용에 실효를 거두지 못한다면, 젊은 세대의 저출산 경향은 계속될 것이다.

은행권의 부동산 프로젝트 파이낸싱(PF)의 문제점

아파트를 건설하는 대규모 건설사에 은행권과 비은행권이 공급하는 자금은 천문학적인 규모에 이르고 있다. 2011년에 만기가 돌아올 PF 대출은 은행권에서 15조 원, 비은행권에서 10조 원이다. 특히 25조 원의 PF대출 중에 금융권에서 2011년 2분기(4-6월)에 13조 8천억 원이 만기를 맞이한다. PF로 인해 건설사와 금융권이 타격을 받지 않도록 확고한 경영관리가 필요하다.

이와 동시에 금융권은 자금과 신용의 밸런스를 관리하는 자율적인 경영 시스템을 지켜 나가야 한다. 과도한 의욕은 자금공급과 신용의 밸런스를 깨뜨릴 위험이 있으며, 부실을 자초하는 일이 된다. 그러므로 금융권은 공급과 신용의 밸런스를 유지하는 자율적인 가이드라인의 원칙을 지켜야 한다. 금융권은 기업을 정확하게 평가할 업무상의 의무가 있다. 거래기업의 신용을 평가할 때 엄격한 가이드라인을 지켜 가야 할 것이다. 이미 선진국에서는 금융기관에 대한 감독기관의 책임있는 행동을 위한 '컴플라이언스'(compliance, 법령준수 또는 내부통제), 즉 정직하고 공정하고 투명한 비즈니스 시스템의 구축에 새로운 바람이 일고 있다.

일반적으로 금융 시스템에는 은행의 리스크를 제어하는 안전장치가 있다.[9] 이를 지키지 않는다면 신용위기를 면치 못할 것이다. 양심을 저버리는 조직행위는 곧 중대한 범죄행위로 이어질 것이다.[10] 금융기관은 '컴플라이언스'를 강화해야 하며, 금융감독기관은 감독 시스템을 정비하고 책임을 강화해 면밀한 조직으로 거듭나야 한다.

자동차 운전문화와 교통법규

우리나라에 머무는 외국인이 제일 두려워하는 것은 무질서한 자동차 운전이라고 말한다. 운전자는 교통질서를 지키고, 정부는 교통법규를 엄격하게 실행해 나가야 한다.

손해보험협회의 자료에 의하면, 2007년 자동차 사고로 144만 명(인구 1백만 명당 3, 4인)의 사상자가 집계되어 있다. 이는 OECD 가입국의 평균 '자동차 1만 대당 교통사고의 사상자 발생률'의 11배가 넘는다. 또한 같은 해 자동차 1만 대당의 인사사고 발생건수는 529건이며, OECD 평균 48건의 11배(2006년 기준)를 상회한다.[11]

우리나라 교통사고는 OECD 국가 중 최악의 수준이다. 특히 음주운전 사고로 매년 1천 명이 숨지고 있으며, 피해규모는 7천억 원이라 한다. 2008년 음주운전에 의한 사고발생은 2만 6,873건이며, 사망자는 968명, 부상자는 4만 8,497명이다. 이것은 전체 교통사고 21만 5,822건의 12.5%, 사망자 5,870명의 16.5%이다. 2008년의 교통사고 21만여 건에 대한 인적 · 물적피해와 소방 · 경찰 등의 사회기관 비용은 총 10조 8천억 원으로 추산되며, 국내총생산의 1.1%이다.[12]

국제통계를 보면 우리나라 교통사고가 어떤 것인가를 알 수 있다. 다음 [표 1]은 주요국의 인구 10만 명당 교통사고 사망자 수와 주요 지표를 비교한 것이다.

[표 1] **주요국의 교통사고 비교** (2004-2007)

국가	총 사망자 수	10만 명당 사망자 수	10만 명당 부상자 수	1억 km당 부상자 수	한국=100*
한국(07)	6,166명	12.72명	693.21명	297.84명	(100)
미국(05)	43,443	14.66	625.63	38.68	(13)
스페인(05)	4,741	11.11	220.21	-	-
오스트리아(04)	878	10.74	521.91	89.20	(30)
일본(04)	8,492	6.65	745.27	121.81	(41)

자료 : 통계청, 『국제통계연감』, 2008, pp.502-503에서 작성.
*는 한국 = 100일 때의 지수.

비교연도에 다소 차이가 있으나, 인구 10만 명당의 사망자 수는 미국(2005년 14.7명), 한국(2007년 12.7명), 스페인(2005년 11.1명), 오스트리아(2004년 10.7명), 일본(2004년 6.7명) 순이다. 10만 명당 부상자 수는 일본, 한국, 미국 순이다.

그런데 1억 km당 부상자 수를 보면, 한국(298명), 일본(122명), 오스트리아(89명), 미국(39명) 순이다. 한국은 주행거리가 길면 부상자 수가 미국에 비해 7.7배 높으며, 오스트리아의 3.3배, 일본의 2.4배 높다. 이 수치로 보아, 우리나라는 다른 나라에 비해 인적 · 사회적 비용을 얼마나 낭비하고 있는가를 알 수 있다.

교통사고를 예방하기 위한 리컨스트럭터 시스템의 도입

선진국처럼 교통사고 처리를 전담하는 리컨스트럭터 시스템

(reconstructor system)을 도입해야 한다. 현재 우리나라의 교통사고(주로 시내의 접촉사고 등)에 대한 처리를 보면 무조건 '쌍방과실' 이라는, 세계에서도 유례가 없는 애매한 규정을 적용해 안이하게 처리하고 있다.

선진국에서 이미 50년 전부터 실시하고 있는 교통안전과 사고처리를 전담하는 전문 엔지니어 요원의 양성이 시급하다고 본다. 금후 교통사고를 줄이려면, 사고현장에 대한 과학적인 감식과 조사, 사고원인의 규명에 필요한 검정자료로 장기적인 대책을 강구해 나갈 필요가 있다.

'쌍방과실' 를 적용해, 40대 60, 혹은 30대 70이라는 식의 처리를 고집해 나간다면 우리나라의 교통질서는 영원히 확립할 수 없을 것이다. 이것은 분명히 잘못된 행정처리이다. 이런 식으로 처리한다면, 때로는 가해자가 피해자로 둔갑할 수도 있으며, 이를 구실로 교통사고를 위장한 입원자도 식별할 수 없게 될 것이다. 교통사고의 원인이 되는 운전습관은 사고를 유발하는 근원적인 행위이다. 그런데도 양측을 '쌍방과실' 로 처리하는 것은 현행의 교통법규와도 모순되는 처사이다.

영국의 자동차보험회사인 노리치 유니온(Norwich Union)은 오래전부터 계약차량에 GPS를 부착해 운전습관과 주행범위를 파악한 데이터를 근거로 보험료를 징수하고 있다. '주행에 의거한 보험료' 제도를 도입한 결과, 이 보험회사는 코스트를 절감하고 젊은 운전자 관련 사고가 크게 감소하는 성과를 거두고 있다.[13]

우리나라의 보험회사도 점차적으로 교통사고를 억제할 수 있는 보험상품을 개발하고 보험사기와 허위입원 등에 대해 과학적인 예방 시스템을 구축해 나가야 한다. 선량한 소비자를 보호해야 하는 경영시대가

오고 있다는 점을 인식할 필요가 있다.

교통질서도 확립하고 영업이익도 낼 수 있는 차별화 보험상품을 개발해야 한다

우리나라 자동차보험업계는 서로 비슷한 내용의 보험을 제시하고 있고, 보험료 분할제도를 실시하지 않고 있다. 따라서 가입자의 보험선택 폭이 좁고, 외국에 비해 보험료가 높다. 일부 보험사를 제외하고 대다수 보험사는 가입자인 고객에게 제공하는 서비스 제도가 거의 확립되어 있지 않다. 특히 보험사는 사고를 당한 가입자의 개인을 보호하기 위한 별도의 변호 시스템—회사의 고문 변호인이 아닌 고객전담 변호인—을 활용할 수 있도록 해야 한다.

보험사는 외국 보험사의 영업 사례를 배우기도 하고, 전문가들의 협조를 받아 연구해 나가야 할 것이다. 영업상의 손실을 해소하고 운전자의 잘못된 습관과 위장입원 환자 문제를 바로잡을 수 있는 시스템을 구축해야 한다. 보험료에 차별을 두는 것이 한 예가 될 수 있다. 그렇게 하면 교통사고를 줄이고 운전자의 습관을 바로잡고 운전자의 주의력을 향상시키는 데 커다란 도움이 될 것이다.

고등교육투자에서 본 국가경쟁력과 인간개발성취도

우리나라의 GNP에서 총교육투자비는 4.6%(2004년)이며, 정부의 총지출 대비 16.5%이다. 이 규모는 OECD와 일부 국가를 포함한 29개국에 비해 낮은 수준이 아니다. 그러나 다른 국가에 비해, 한국정부의 총교육비 대비 고등교육부문의 지출은 높지 않다.[14] 이는 우리나라 고등교육의 민간부담률이 OECD 평균보다 4배가량 높은 것에서도 알 수 있다.

아래의 세 가지 그림에서 몇 가지 흐름을 알 수 있다.

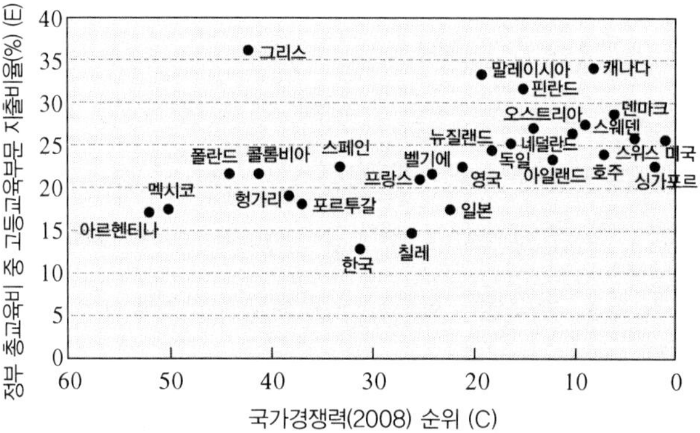

[그림 1] **정부 총교육비 중 고등교육부문 지출비율과 국가경쟁력 순위와의 관계**(2001-2006)

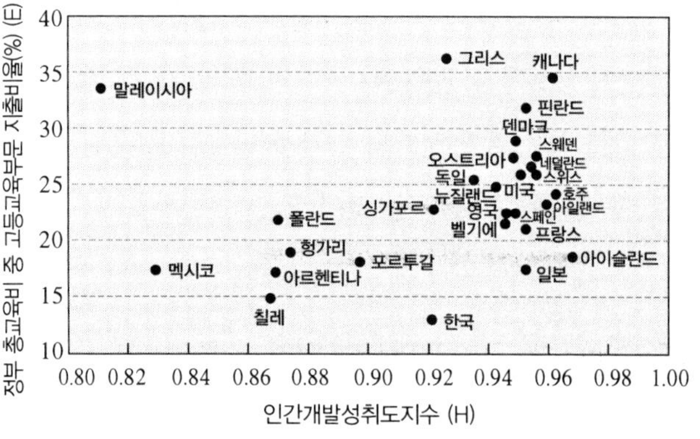

[그림 2] **정부 총총교육비 중 고등교육부문 지출비율과 인간개발성취도지수와의 관계**(2001-2006)

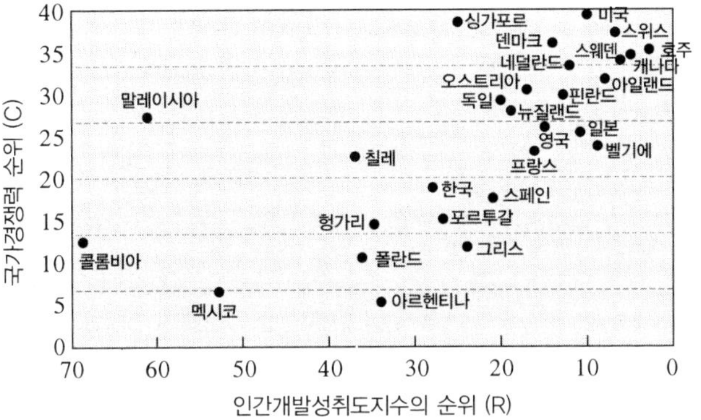

[그림 3] **국가경쟁력과 인간개발성취도지수와의 관계**(2001-2006)

첫째로, [그림 1]에서 정부 총교육비 중 고등교육부문 지출비율과 국제경쟁력 순위와의 관계만을 보면, 고등교육부문 지출비율이 높은 국가일수록 명확하게 경쟁력이 높게 나타난다. 둘째로, [그림 2]에서 고등교육부문 지출비율과 인간개발성취도지수와의 관계를 보면, [그림 1]처럼 고등교육부문 지출비율이 높은 국가일수록 인간개발성취도도 높게 나타난다. 셋째로, [그림 3]에서 국가경쟁력과 인간개발성취도지수 간의 관계는 현저하게 비례한다.

이처럼 국가의 고등교육에 대한 투자가 높을수록 국가경쟁력과 인간개발성취도가 크게 높아진다는 사실을 알 수 있다. 그러나 우리나라는 선진국에 비해 고등교육에 대한 투자가 훨씬 낮은 수준에 머물러 있다. 물론 국가경쟁력이 교육투자만으로 이루어지는 것은 아니나, 금후 고등교육에 대한 투자를 점진적으로 확대해 나가야 한다.

01. John Ralston Saul, *Voltaire's Bastards*, 1992, c/o Curtis Brown Group Ltd., London.

ジョン・ラルストン・ソウル 著, 鈴木 主税 訳,『官僚国家の崩壊』, (上), ベネッセ, 1997, pp.154-155 참조.

02. Kenneth E. Boulding, *Evolutionary Economics*, 1891.

カール・E・ボールディング 著, 諸木 武徳・望月 和彦・上山 隆大 訳,『社会進化の経済学』, 1987, pp.194-195, pp.222-225 참조.

G.S. Becker and G.N. Becker, *The Economics of Life*, 1997.

ケーリー・ベッカー, ギテイ・ベッカー 著, 鞍谷 雄二・岡田 滋行 訳,『ベッカー教授の経済学ではこうおしえる』, 1998, 東洋経済新報社, p.123 참조.

Mark L. Clifford, *Troubled Tiger : Businessmen, Bureaucrats, and Generals in South Korea*, Revised Edition, 1998, p.5, pp.8-9 참조.

03. Milton Freidman, *Capitalism and Feedom*, Fortieth Anniversary Edition, The University of Chicago Press, Chicago and London, 1962, 2002, p.67 참조.

04. *Ibid.*, 2002, pp.199-200 참조.

Alexander H. Shand, *Free Market Morality : The Political Economy of the Austrian School*, Routledge, London and N.Y., 1990, p.54.

05. Milton Freidman, *opcit.*, 2002, p.33 참조.

06. *Ibid.*, 2002, p.23 참조.

07. 동아일보, 2001년 4월 1일, 길진균 · 김윤종 기자, "학력-지역 등 세분화 '맞춤형 고용' 펼쳐야".

08. Alan Burton-Jones, *Knowledge Capitalism : Business, Work. And Learning in the New Economy*, Oxford University Press, 1999, Reprinted 2004, p.46,

p.48 참조.

Daniel H. Pink, *Free Agent Nation*, 2001, p.34, p.72 참조.

09. David M.Smick, *The World is Curved : Hidden Dangers to the Global Economy*, Penguin, 2008, pp.248-249 참조.

10. Joseph E.Stiglitz, *The Roaring Nineties : A New History of The World' s Most Prosperous*, W.W. Norton & Company, N.Y., 2003, p.103 참조

11. NAVER 지식 IN, "최근 10년간 우리나라의 교통사고 발생현황", 2008. 12. 18., p.1.

12. 조선일보, 채성진, "음주운전 교통사고로 연 1천 명가량 숨져", 2010. 3. 18.

13. C.K. Prahalad and M.S. Krishnan, *The New Age of Innovation : Driving Cocreated Value Through Global Networks*, McGraw Hill, 2008, p.22 참조.

14. [그림 1, 2, 3]은 아래 자료를 이용했음.

통계청, 『국제통계연감』, 2006, pp.436-437, 2008, pp.454-455, pp.498-499.

UNDP, Human Decelopment Index : 인간개발성취도지수(국민소득, 교육수준 및 평균수명 등).

국제경쟁력은 한국산업연구원 자료에서 작성되었음.

01 chapter 1 장

성숙한 사회의 숲

1 자신의 참다운 패러다임 모색

2 귀중한 것은 사람, 물자, 돈의 밸런스이다

3 상호의존의 패러다임

성숙함은 용기와 충분한 이해 간의 밸런스에서 이루어진다.

Stephen R.Covey[1]

'성숙한 사회' 라는 주제는 범위가 매우 넓다. 어떤 관점에서 다루어야 할지 생각해 봤다. 약 50년 전의 명저로 오랫동안 기억에 남아 있는 책이 있다. 갤브레이스(John Kenneth Galbraith [1908-2008]) 교수의 『풍요로운 사회』(*The Affluent Society*, 1958년 초판, 1998년 재판)의 재판이 출간된 것을 계기로 다시 살펴보는 기회를 얻었다. 책에는 지금 우리 사회의 발전에 도움이 되는 가이드 포스트(guide post)가 많다.

개인의 소득수준이 향상된다 해도, 질병에 걸리지 않는다는 보장과 개인이 충분한 교육을 받거나 경제적으로 풍요로운 삶을 누린다는 보장은 완벽하지 않다.[2] 개인의 노력만으로 모든 것을 충족시킬 수는 없다. 어려운 일이 발생했을 때는 국가의 정책적인 차원에서 해결 방안을 강구해 나가야 한다. 이처럼, 국가적으로 해결해야 할 문제는 주로 공공부문의 지원에 의해 해소해 나가는 것이 원칙이다.

50년 전에 갤브레이스 교수는 경제부문의 균형이 매우 중요하다는 점을 강조해 왔다. 이것이 바로 '사회적 밸런스' (social balance)의 문제이다. 경제적 밸런스는 어느 시대이든 모든 부문 간의 균형을 유지해 나가는 것을 원칙으로 한다.

민간부문 재화의 소비가 증가하면 국가는 이를 완화시킬 수 있는 대안을 강구해야 한다. 적합한 대안이 뒷받침되지 않는다면, 경제운영에 차질이 생길 수밖에 없다. 이런 상태가 지속된다면, 인플레이션을 유발하는 중요한 원인으로 작용할 것이다.

이처럼, 민간부문과 공공부문에서 생산되는 재화와 서비스의 공급 간에 만족한 관계를 유지해 나가는 것이 '사회적 밸런스'의 과제이다. 이 밸런스는 시대가 변하고 사회가 발전하면서 나타나는 다양한 문제와 관련되어 있다. 특히 밸런스의 문제는 사회 · 경제 문제에 국한된 것이 아니며, 일상 생활양식과 사고방식의 변화는 물론, 사회상식에 이르기까지 현대사회의 폭넓은 부문에서 발생하는 문제에도 커다란 영향을 미치고 있다.[3]

현재 우리 사회에서는 복지에 관한 논의가 뜨겁게 일고 있다. 당연한 현상이다. 복지사회의 건설은 경제발전 과정에서 가장 중요한 과제이며 핵심적인 정책이다. 이 문제는 시대의 변화에 따른 사회계층 간의 소득분배와 국가재원과 직결되어 있으므로 신중한 절차를 따라야 한다. 제도의 합리적인 운영을 위해 충분한 검토와 논의를 거쳐야 한다.

복지 또는 소득분배를 둘러싼 사회복지에 관해서는 옛부터 모든 국가가 논쟁을 거듭해 왔다. 앞으로도 평등의 원칙 아래서 복지에 관한 논쟁은 계속될 것이다. 이 문제는 쉽게 결론을 내릴 수 없다는 것이 정확한 해답일지 모른다.

부의 분배에 관한 논쟁은 끊임없이 이어져 왔다. 불평등에 대한 경제적 · 사회적 관심은 역사적으로 깊은 뿌리를 내리고 있다.[4] 마르크스주의자와 급진주의자들은 부와 소득에 대해 철저한 재분배의 필요성을 주장해 왔다. 이와는 달리, 보수주의자들은 여러 가지 방법으로 불평등을 변호하는 것에 열중해 왔다. 보수주의자들은 불평등을 자본형성에 중요한 요소로 간주하고 있었다. 또한 이들은 평등화가 지나치면 문화의 균일화(uniformity)와 단조로움(monotony)을 유발한다는 견해도 제시한다. 이처럼 불평등의 기능적인 역할을 들어 불평등을 변호하는 근거로 내세우기도 했다.

그러나 불평등을 둘러싼 옹호론이나 반대론에 관해서는 충분한 근거가 없다. 즉, 불평등이 자본형성에 유효하다든가, 혹은 평등주의가 자본형성에 유효하다는 것은 모두 근거없는 주장에 지나지 않는다. 가령, 영국에 비해 훨씬 평등주의적인 노르웨이는 자본형성률과 경제성장률이 제2차 세계대전 후 비공산국가에서 가장 높은 국가 중의 하나이다. 또한 소득분배가 매우 불평등한 라틴 아메리카 국가들은 자본형성률이 높지 않았다.[5]

1
자신의 참다운 패러다임 모색

스티븐 코비(Stephen R. Covey)는 사람들의 7가지 습관을 주제로 삶을 효과적으로 살아가는 기본원칙을 다룬다. 옛부터 사람은 올바른 습관을 마음 속 깊이 새기고 착실하게 실천하면서 얻는 소박한 행복감에서 자신의 존재감을 확인한다고 가르쳐 왔다.

7가지 습관은 먼저 자신의 기본적인 소양—이를 패러다임 혹은 지도(地圖)라고도 함—의 차원에서 이해하고 해석하는 것이 바람직하다. 패러다임은 현실에 대한 이론과 설명 또는 모델로 이해할 수 있다. 그래서 여기서는 패러다임으로 전환하는 방법에 대해 아는 것이 중요하다.[6]

'참다운 객관성' 은 자신의 패러다임과 다른 사람의 패러다임을 정확하게 이해하는 것에서 얻을 수 있다. 먼저 사람들은 머릿속에 각자 다른 패러다임(지도[map] 혹은 기본적인 소양)을 가지고 있다. 이때 패러다임을 두 종류로 나누어 생각한다. 하나는 현실을 볼 때 사물이 있는 그대로의 모습을 상상한 지도와, 다른 하나는 자기의 가치를 나타낼 때 사물이 그렇게 되어 있어야 하는 모습을 상상하는 지도로 나눌 수 있다.

자신은 객관적이고 정확하게 사물을 보고 있다 해도, 다른 사람이 전혀 다른 견해를 제시하는 경우가 있다. 결국, '입장이라는 것은 그 사람이 처한 환경에 따라 달라진다' 고 할 수 있다.

사람은 흔히 사물이 있는 그대로, 즉 객관적으로 보고 있다고 생각하기 쉽다. 그러나 실제는 그 반대이다. 즉, 사람은 세계를 있는 그대로 보고 있는 것이 아니라, 자신이 서 있는 세계를 보고 있는 것에 지나지 않다. 자신의 의견을 상대방이 찬성하지 않으면 곧 그 사람이 옳지 않다고 생각하는 경우가 있다. 이런 예로, 지식과 경험을 쌓은 사람들도 자신의 패러다임(지도 또는 렌즈)을 통해서 세상을 보는 비슷한 경향이 있다고 볼 수 있다.[7]

사람은 누구나 성공하고 싶고 남보다 앞서 가려는 의욕을 가지고 있다. 그런데 삶의 환경이 끊임없이 변하고 있기 때문에 성공과 실패가 서로 뒤바뀌는 경우가 있다. 변화에 대처하는 행동과 태도의 결과는 자신의 패러다임에 근거를 두고 있다는 사실을 잊어서는 안 된다.[8]

만약 자기 자신의 패러다임이 전파할 영향을 생각한다면, 그것에 대한 책임이 어떤 것인가를 알게 된다. 자신의 패러다임만을 내세울 것이 아니라, 다른 사람들의 의견과 패러다임에도 귀를 기울려 보다 객관적인 행동을 취하는 것이 현명한 태도이다. 객관적인 패러다임에 의거한 행동이 조직을 성공적으로 이끌 수 있는 훌륭한 비즈니스의 기회가 될 것이다.

인류 역사에서 보면 패러다임의 변화가 항상 새로운 것을 가져왔다. 가령, 이집트의 천문학자 프톨레마이오스(L. Claudius Ptolemaeus [B.C.2], 천동설)를 뒤엎은 코페르니쿠스(Niclaus Copernicus [1473-1543], 지동설)에서부터 뉴턴의 만유인력법칙, 아인슈타인의 상대성이론에 이르기까지, 모두 패러다임의 대전환이 낳은 산물들이다.

패러다임의 전환이 반드시 좋은 방향으로만 이루어진다고 할 수는 없다. 가령, 인격주의(품성 중심의 윤리적인 행위[character ethic])로부터 개성주의(개인 중심의 윤리적인 행위[personality ethic])로 패러다임이 전환한 것은 참다운 성공과 인류 행복에 도움이 되는 기본원칙과는 멀어지는 결과를 가져왔다.

그러나 좋은 방향이든 나쁜 방향이든, 또는 순식간에 일어나든 서서히 일어나든 간에, 패러다임의 전환은 어떤 사물에 대한 이해방식이 다른 이해방식으로 옮겨가게 하는 변화의 원동력이 되고 있는 것은 사실이다. 이처럼, 패러다임은 새로운 세계관을 만들어내는 렌즈의 역할을 하는 강력한 힘을 가지고 있다. 비약적인 변화에는 그에 상응하는 패러다임 전환의 힘이 필요할 것이다.

20년 전에 스티븐 코비가 쓴 『성공하는 사람들의 7가지 습관』(*The Seven Habits of Highly Effective People*, 1989)은 오랫동안 베스트셀러 반열에 있었고 최근에도 널리 읽히고 있다.

책에서 강조하는 것이 있다. '원칙'은 '정의'의 토대인 '공정성'을 의미하며, 이 '공정성'의 감각은 누구나 태어날 때부터 가지고 있다. 물론, 공정성의 뜻과 방식, 그리고 이를 달성하는 과정은 각기 다르나, 개념은 누구나 의식하고 있다. 이는 모두 자연법칙에 속한다. 자연법칙은 인간의 보편적인 의식과 양심에 따른다는 것이다. 이 원칙은 어떤 사람도 의식 속에 지니고 있다. 또한 '성실'과 '정직'이 있다. 이 원칙은 협력관계와 장기적인 인간관계을 발전시키는 매우 중요한 요소이다. 또 다른 원칙으로서 '인간의 존엄성'(human dignity)이 있다. 즉, 사

람은 모두 평등하며, 생명, 자유, 행복의 추구, 불가침의 권리를 가지고 있다.[9]

이와 관련해, 최근 우리나라에 '정의론'의 열풍을 일으킨 하버드 대학의 정치철학자 마이클 샌델(Michael J. Sandel) 교수의 견해를 들 수 있다. 그는 우리 사회에서 잃어가고 있는 정의에 관해 보다 확실한 의미와 알맹이를 손에 집어 준 것으로 열광적인 반응을 얻었다.

샌델 교수는 저서 『정의란 무엇인가』(*Justice ; What's the right thing to do?*, 2009) 앞 부분에서 매우 의미 있는 알맹이를 전달하고 있다. 도대체 '정의로운 사회'란 어떤 것인가에 대한 답이다. 누구나 평소에 곰곰히 생각하고 관심을 가진 문제들이 있을 것이다. 가령, 소득과 부, 의무와 권리, 권력과 기회, 공직과 영광 등 정의로운 사회에서는 이런 문제가 올바르게 해결되는 곳이라고 가정하고 있다. 그러나 이때, 누가 왜 받을 자격이 있는가를 둘러싸고서는 문제가 복잡해진다.

현대사회에서는 복잡한 문제를 논의하는 데 필요한 기준과 원칙을 모색하려는 분위기가 형성되어 가고 있다. 가령, 시장에서의 폭리행위, 구제금융, 세금의 증세와 감세에 대해 대립되는 논쟁이 일어난다. 이때 샌델 교수는 재화의 분배를 이해하는 세 가지 방식을 알려준다. 그것은 행복과 자유와 미덕이다. 각각 정의라는 틀을 둘러싸고 서로 고민하게 된다.[10]

이처럼 우리 사회가 '정의'에 커다란 관심을 나타낸 중요한 원인은 뭘까? 지금까지 사회에 '정의'가 메말라 있었고, 오랫동안 '정의'라는 개념이 너무나 많은 요소와 관련되어 있었고, 정의의 내용이 어려운 철학적인 틀에서 논의되어 왔다는 점을 들 수 있다.

이유야 어쨌든, '정의' 에 대한 샌델 교수의 설명을 간략하게 살펴보고 넘어가는 것이 유익할 것이다. 그는 정의를 이해하는 것에 주로 세 가지 방식이 있다고 말한다.

1) 최대 다수의 행복을 추구하는 것, 2) 선택의 자유를 존중하는 것—자유지상주의 견해, 3) 미덕을 키우고 공동선을 고민하는 것. 여기서 샌델 교수가 내세우는 정의로운 사회는 단순한 공리를 극대화한다든가, 선택의 자유를 확보하는 것만으로는 달성할 수 없다. 중요한 것은 '좋은 삶의 의미를 함께 고민하고, 으레 생기게 마련인 이견을 기꺼이 받아들이는 문화를 가꾸어야 한다' 는 것에 있다.[11]

원칙은 왜 중요한가?

'원칙은 수법이 아니다.' (principles are not practices) 수법은 구체적인 활동과 행동을 말한다. 수법은 어떤 상황에는 사용할 수 있으나, 다른 상황에는 사용할 수 없다. 이처럼 수법은 특정 상황에만 적용되나, 앞에서 본 '원칙' 은 기본적이고 보편적인 진리를 담고 있으므로 개인과 인간관계, 가족 또는 조직에 적용할 수 있다. 이런 진리의 습관을 몸에 지니고 있다면, 사람들은 직면하는 상황에 대응할 수 있는 수법을 스스로 이끌어낼 수 있다.

'원칙은 가치관과 다르다.' (principles are not values) 가치관은 원칙과는 전혀 다른 것이며, 오히려 상반되는 개념이다. 원칙은 '장소' 이며,

가치관은 '지도'에 해당한다. 올바른 원칙에 가치를 둔다면 '진리'를 얻을 수 있다. 결국, 원칙은 연속적인 가치를 가지고 있으므로 인간의 행동을 올바르게 제시하는 가이드라인이다.

원칙에 위배되는 가치관에 근거를 두고서 남보다 좋은 생활을 누려 보겠다는 것은 참으로 어리석은 짓이다. 즉, 부정과 속임수, 비열함과 헛된 행위, 그리고 타락은 어떤 경우에도 행복과 성공을 가져올 수 없다. 인간은 태어나면서부터 원칙과 이를 실천하는 방법을 배우고 깨우치며 성장한다. 우리가 가지고 있는 패러다임과 머릿속에 있는 지도가 원칙과 자연의 법칙에 일치하면 할수록, 제기능을 다하는 것이라고 할 수 있다.

성장과 변화의 원칙

천리 길도 한 걸음부터 시작이다(A Thousand-mile journey begins with the first step)는 교훈이 있다. 앞에서 본 개성주의(개인 중심의 윤리적 행위)가 꽤 매력적인 것은 사실이다. 그러나 개성주의는 자연법칙의 절차를 따르지 않고 손쉽게 질 높은 생활에 도달하는 방법에 치우치는 경향이 있다. 한마디로, 개성주의는 일하지 않고서 쉽게 부자가 될 수 있다는 식으로 사람들을 허황되게 유혹하며, 타인의 판단을 그르치게 하는 성향이 높다. 마치, 디트로이트의 지도에서 시카고의 어느 장소를 찾으려는 것과 다름없다.[12]

인간의 성장과정에는 꼭 지키고 따라야 할 순서와 절차가 있는 법이다. 가령, 갓난 아이의 발육과정을 보면, 누운 자세에서 엎드리는 법을 익힌 다음에, 일어나 앉고 말을 배우고 걷기 시작한다. 이 과정은 하나라도 빼 놓을 수 없다.

물론, 개인과 조직에서 절차와 순서를 지키려면 많은 시간과 비용이 필요하다. 질서정연한 절차와 순서는 사회규범의 확립과 다양한 생활의 지혜, 그리고 타인과의 커뮤니케이션을 통해 자연스럽게 몸에 익히는 것이 순리이다. 사회발전을 위해서는 정당한 시간과 비용을 치러야 한다.

절차와 순서는 꼭 거쳐 가야 한다. 다만, 문제는 이런 절차와 순서를 잘 알고 있으나, 실제로 이에 준해 살아가는 것이 매우 힘들다는 점이다. 바로 여기서 안이한 개성주의적 지름길을 택하려는 사람들이 나타날지 모른다. 큰 잘못을 범할 위험한 생각이다.

성장으로 가는 자연의 절차를 거스르고 쉬운 지름길을 가려는 행위는 참된 것을 헛되게 하는 것에 지나지 않는다. 이런 행동은 자연의 이치에 어긋나는 것이며, 낙담과 좌절이 뒤따를 뿐이다. 값지고 귀한 일은 하루아침에 이루어낼 수 없다.[13]

서양에는 옛부터 프리 런치(free lunch) 또는 무임승차(free ride)를 매우 조심하는 풍습이 있다. 동양에는 공자의 『논어』에 이런 말이 있다. "부귀는 모든 사람이 원하는 것이나, 정당한 방법에서 얻은 것이 아니면 부귀를 누리지 않아야 한다."[14] 쉽게 목적을 달성하려 하고 부를 거머쥐려 하는 경향은 예나 지금이나 다를 것이 없다. 국가 조직과 기업에서도 까다롭고 번거로운 절차와 순서를 피해, 손 쉬운 방법을 택해 명예나 이익을 얻으려는 행위는, 정치적인 스캔들과 사회적 물의에서 보듯이, 돌이킬 수 없는 패가망신으로 이어질 가능성이 높다.

신뢰성이 높은 조직문화를 가꾸고 기본원칙을 지키는 데 소홀한 사회에 올바른 발전을 기대하기란 어렵다. 반면, 바른 원칙에 따라, 충실한 삶을 꾸리는 개인, 구성원 간에 협력하는 가족, 날로 번영을 이룩해 가는 조직에는 눈길이 간다. 즉, 성숙하고 존중받을 수 있는 인품과 인격을 갖춘 사람, 서로 협력하는 가족, 사업환경의 변화에 재빠르고 유연하게 대응해 나가는 조직은 항상 깊은 감동을 안겨준다.

일상 습관에서 발휘하는 인력은 생활의 질서를 이끌어낸다

습관은 매우 강력한 인력(引力)을 가지고 있다. 일을 미룬다든가, 참을성이 부족하다든가, 매우 비판적이다든가, 자기본위적이다든가 하는 등 삶의 원칙에 어긋나는 버릇을 고친다는 것은 약한 의지와 작은 노력으로는 불가능하다. 습관의 인력은 의미 있는 생활을 확립하는 데 강력한 힘을 발휘한다.

습관을 몸에 지니려면, 지식, 스킬, 욕망과 같이 3가지 요소가 필요하다. 지식은 '무엇을 할 것인가' 에 대한 이론적인 패러다임이자, '그것을 왜 하는가' 에 대한 답이다. 스킬은 '어떻게 해야 하는가' 에 대한 내용이다. '하고자 하는 욕망' 은 '그것을 실행하는 동기가 무엇인가' 에 대한 답이다.

습관은 3가지의 각 요소에 대해 적극적으로 대응해 나가지 않으면 형성되지 않는다. 습관은 3가지 요소를 모두 갖추어야 기능을 발휘할 수 있다. 지식, 스킬, 하고자 하는 욕망(동기)의 수준이 높을수록 낡은 패러다임에서 해방되며, 생활과 인간관계에서 보다 높은 효과를 가져올 것이다. 다만, 생활을 변화시키는 것은 쉬운 일이 아니다. 보다 종합적인 동기에 따라 여러 요소가 결합될 때 이루어진다고 할 수 있다.[15]

'의존 → 자립 → 상호의존'은 무엇을 의미하는가?

앞에서 본 7가지 습관은 단편적인 행동이 아니다. 이것은 모두 원칙과 순서에 따라 종합적으로 이루어지는 것을 대전제로 한다. 이 전제는 의미 있는 삶과 바른 인간관계를 이끌어 가는 역할을 한다.

성장하는 과정을 통해, 자연계의 모든 요소는 서로 의존관계를 가지게 된다. 이처럼, 자연계와 사회는 생태계적인 시스템으로 이루져 있다. 그러므로 인간은 주위 사람들과 관계를 맺고 서로 의존해 살아가야 한다는 것을 깨닫게 된다.[16]

의존하는 사람은 얻으려는 결과를 다른 사람들에게 의뢰하지 않으면 안 된다. 자립하는 사람은 자기의 노력으로 원하는 것을 얻을 수 있다. 상호의존하는 사람은 자신의 노력, 다른 사람과의 협력으로 효과적인 성과를 올릴 수 있다. 이때 커뮤니케이션과 협력의 위력을 충분히 활용하는 점을 잊어서는 안 된다.[17]

이솝의 「거위와 황금 달걀」이 주는 교훈

코비의 '7가지 습관'은 효과성에 관한 습관이다. 이들 습관은 인격의 토대이며, 문제를 효과적으로 해결하고 기회를 최대한 활용하는 것에서 다른 원칙을 배우고 생활의 지혜로 삼을 수 있는 패러다임이라 할 수 있다.

이솝(Aesop [620?-560?], 그리스의 우화작가)우화 「거위와 황금 달걀」에 나오는 이야기를 통해 습관의 원칙을 이해할 수 있다. 어느 농부가 거위를 기른다. 언제부턴가 거위가 매일 황금 달걀을 낳는 바람에 농부는 달걀을 시장에 팔아 큰 부자가 되었다. 그런데 점점 돈이 들어오자 농부는 더욱 욕심이 생겼다. 하루 한 개의 황금 달걀을 기다리는 일이 고통스러웠다. 뱃속의 알을 모두 끄집어낸다면 단번에 거금을 손에 넣을 수 있을 것이라고 생각했다. 결국 농부는 거위의 배를 찢었다. 그러나 손을 넣어보니 뱃속에는 아무것도 없었다. 어리석은 농부는 황금 달걀은 물론, 달걀을 낳는 수단마저 잃고 말았다는 이야기이다.

이 우화는 자연의 법칙 또는 귀중한 원칙을 가르치고 있다. 어느 사회이든 황금에 눈이 먼 사람들은 있기 마련이다. 이 우화에서 효과는 두 가지 측면을 가지고 있다. 한 가지는 목표를 달성하는 것 또는 결과를 손에 넣는 것(황금 달걀)이다. 이것을 '목표달성'(P)으로 간주한다. 다른 한 가지는 결과를 얻어내는 데 필요한 자원 혹은 목표를 달성하는 능력(거위)이다. 이것을 '목표달성능력'(PC)으로 간주한다.

황금 달걀만을 추구하는 생산양식을 도입한다면, 달걀을 낳는 자원마저 잃게 된다. 반대로 거위한테만 신경 쓴다면, 경영자와 거위가 살아가는 데 필요한 자력(資力)을 모두 상실하게 된다. 효과성은 두 가지 측면의 밸런스에서 얻어진다. 이것을 목표달성 P와 목표달성능력 PC(또는 자원의 보전)에서 'P/PC 밸런스'라 한다.[18]

2

귀중한 것은
사람, 물자, 돈의 밸런스이다

글로벌화의 세찬 물결은 끊임없이 닥쳐오고 있다. 현대인은 지금 일어나고 있는 세상의 흐름을 올바르게 관찰하는 일이 시급하다. 변화의 물결이 빨라질수록 사람들은 긍정적인 생각과 능동적인 행동으로 대처하는 경우도 있으나, 반대로 적지 않은 모순과 자기결함을 자초해 깊은 상처를 입는 경우도 있다.

우리는 눈앞에 보이는 결과만을 추구하려는 것에서 때로는 귀중한 것을 영원히 잃어버리는 경우가 있다. 가령, 문화재와 자연환경의 보전, 인적자원의 부적절한 활용과 공공투자에 대한 비현실적인 계획 또는 부실한 관리로부터 발생하는 수많은 종류의 낭비를 보고 있다.

5년마다 치르는 대통령 선거 때 후보자들이 내거는 '공약'을 보면 많은 것을 느낀다. 대선 후보자들은 '대선공약'에 대한 검정을 꼭 거쳐야 한다. 검정 절차도 없이 하루아침에 거창한 대선공약들을 불쑥 내놓고는 야단법석을 떠는 것이 우리 선거풍토이다. 이제는 바로잡아야 한다.

이런 공약들이 정치적 갈등과 국론분열의 불씨로 이어진다면, 국가적 손실을 매번 되풀이하는 꼴이 된다. 누구나 대선공약의 내용과 실천에 관해서는 엄격하고 세심한 관리가 필요하다는 사실을 알고 있다.

밸런스는 무엇을 의미하는가?

물론, 이런 사안은 자유선거 원칙에 저촉되는 것일 수도 있다. 이 점은 금후 전문가들의 철저한 검토를 거쳐 조속한 시일 내에 조치를 강구해야 할 중요한 일이다. 지금까지의 대선 경험을 통해, 우리는 알 수 있다. 국론분열과 국가적 낭비를 억제하는 차원에서, 검정되지 않은 무모한 '대선공약'은 사전에 배제되어야 한다.

'행정수도의 이전'을 비롯해 '세종시' 신도시 문제나, 무리한 '대운하 건설'이나, '4대강 정비사업'으로 인해, 국민여론의 극심한 분열과 소모적인 언쟁과 정치적 갈등, 지역감정이 일어나고 있다. 이것은 성숙한 사회로 가는 힘과 꿈을 깨뜨릴 소지가 있다.

검정도 하지 않은 공약을 정당이 내세웠다 해도, 그 공약이 진정한 정책적 가치가 있는 것은 아니다. 국가적으로 리스크를 자초할 수도 있다. 그러므로 각 정당은 알맹이 있는 참신한 '공약'이 국민으로부터 존경과 신뢰를 받을 수 있다는 점과, 지나치게 '공약'에 매달리는 정치는 불신에 휘둘릴 소지가 있다는 점에 유의할 필요가 있다.

각 정당의 대선 후보자는 국가적인 대형 프로젝트와 직결되는 공약에 관해 스스로 믿을 수 있는 검정절차를 거쳐야 한다. 선진국에서는 적어도 3~4년 정도 관련분야 전문가들의 충분한 과학적 검정을 거쳐 '공약'을 공표하고 있다. 후보자들이 보다 시급하고 실현 가능성이 높은 공약을 선택하려면, 철저한 점검과 충분한 준비를 해야 한다. 그래야 짧은 임기 동안에 무난히 성과를 거둘 수 있을 것으로 본다.

글로벌 경쟁시대에 넘어야 할 허들이 얼마나 많은가. 해결해야 할 문제는 또 얼마나 쌓여 있는가. 지금 국가발전에 걸림돌이 되고 있는 시급한 문제들이 얼마나 많은가를 생각해 보면, 검정되지 않은 거대한 대선공약으로 에너지를 소모할 만큼 한가롭지 않다.

지도자는 균형있는 국가발전을 이루어낼 수 있어야 한다. 물론 수많은 문제를 극복해야 할 것이다. '부정부패의 근절'에서 시작해, '실업의 해소와 고용의 확대방안', '물가안정', '교육과 기회의 평등화', '외환관리와 국제금융관리 시스템의 확립', '고급 인적자원의 육성과 활성화', '첨단과학기술요원의 육성', '연속적인 기술혁신방안과 산업구조개혁문제'에 이르기까지 다양하다.

국가경쟁력 강화정책을 책임지는 정부는 국가와 사회 발전에 역행하는 문제가 발생하면 이를 올바르게 시정해 나가야 한다. 또한 정치권은 국가발전과 국민화합을 위해 문제를 조속히 수습할 책임이 있다.

민주주의는 제도와 절차를 저버리면 존립할 수 없다. 특히 국가 주도의 개발정책이나 정치적으로 이루어지는 대형 프로젝트의 발의에 있어서는, 관계기관과의 충분한 합의를 거쳐야 한다. 이런 절차를 거치지 않고 일방적으로 강행해서는 안 된다. 만약 강행한다면 이는 민주주의의 대원칙을 벗어난 독선이므로 국민으로부터 신뢰받을 수 없다.

민주주의라는 제도는 의회나 정부가 무엇을 어떤 방법으로 수행해 나갈 것인가에 관한 절차를 매우 중요시한다. 이를 위해서는 충분한 합의를 이끌어내는 절차와 순서를 존중해야 한다.

목표달성과 목표달성능력의 밸런스를 이룰 때 합리적인 효과를 얻을 수 있다

어떤 프로젝트를 추진한다고 가정하자. 먼저, 많은 항목—생산요소와 비용, 원가계산, 자금계획과 회계관리, 일정계획, 작업통제관리, 품질관리, 생산과 판매관리, 광고관리, 인력배치, 보수 · 유지관리, 로지스틱스의 관리 등—의 상호연관성에 세심한 관심을 기울일 필요가 있다.

항목들은 상호간에 보이지 않는 상쇄(相殺) 효과와 추가 및 가산(加算) 효과, 대체(代替)와 복합(複合)의 효과를 내포하고 있다. 항목 간의 관계를 잘 조절하면 상호간에 작용하는 효과를 높일 수 있다. 이 과정은 매우 전문적인 지식을 필요로 한다.

자원에는 크게 나누어 3가지가 있다. 즉, 물적자원, 경제적 자원, 인적자원이다. 이 3가지 자원은 합리적이고 효과적인 밸런스를 유지해야 한다.

3가지 자원, 즉 물적자원—생산요소, 자연환경, 제품과 물품, 사회적 인프라 등—과 경제적 안정을 위한 수익과 소득 등의 경제적 자원, 그리고 인적자원—물적자원과 경제적 자원을 관리함—간의 밸런스를 유지하는 것이 중요하다. 목표달성(P)과 그 목표을 달성할 수 있는 능력(PC)의 밸런스를 충분히 고려하지 않는 것에서 많은 손실을 가져온다. 사전조사와 검토 없이 행동으로 옮기는 것이 문제이다.

올바른 원칙을 폭넓게 적용하는 일은 큰 성과로 이어진다. '황금 달걀' 의 교훈에서 보았듯이 목표달성과 목표달성능력의 밸런스를 잊지 말아야 한다. 목표달성능력에 투자하는 것은 자원을 보수 · 유지하는 일이나 다름없다.

사람의 도움과 능력은 돈으로 살 수 있으나, 사람의 충성심과 창조력은 살 수 없다

조직이 인적자원을 운용하는 데 목표달성(P)과 목표달성능력(PC)의 밸런스가 중요한 역할을 한다. 기업은 입으로는 고객만족을 외치나, 실제로는 고객과 접하고 대화하는 종업원을 대수롭지 않은 존재로 생각할 수도 있다. 목표달성과 목표달성능력 간의 밸런스의 원칙으로 볼 때, 고객만족을 원한다면 종업원의 역할이 중요하다는 점을 알아야 한다.

사람의 도움은 돈으로 살 수 있으나, 마음은 살 수 없다. 열정과 충성심은 사람의 마음 속에 있다. 사람의 능력은 살 수 있으나, 머릿속에 있는 것은 살 수 없다. 창조력과 창의적인 연구력, 문제처리 능력은 모두 머릿속에 있다.[19]

조직의 목표달성을 위해서는 먼저 종업원을 고객과 동일하게 대우하는 것에서 출발할 필요가 있다. 특히 글로벌 사회에서는 종업원이 솔선력을 발휘해 열의와 지혜를 스스로 이끌어내는 것 이외에는 성공의 비법이 없을 것이다. 이런 관계가 고객과 네트워크의 측면에서 연결되어 있다면 고객이 요구하는 만족도와 조직의 목표달성 간에 더욱 효과적인 결과를 기대할 수 있다.[20]

이처럼 효과는 두 요소의 밸런스에 따라 달라진다. 이때, 어느 한 쪽으로 치우치면 만족할 수 있는 효과를 거둘 수 없다. 가령, 목표달성(P)에 과도하게 집중하면 건강을 해치게 된다. 기계가 낡아지면 기업은 슬럼프에 빠지기 쉽다. 이로써 은행의 예금잔고는 바닥이 나고, 많은 연계관계는 무너지기 쉽다. 반대로 목표달성능력(PC)에 과도하게 집중한다는 것은 마치 매일 3~4시간 조깅을 하는 것과 다름없다.

목표달성과 목표달성능력의 밸런스를 유지하려면 어려운 판단이 요구된다. 이것은 단기와 장기의 밸런스 문제이기도 하다. 즉, 좋은 성적을 올리려는 욕구와 옳은 교육에 투자하는 일이 밸런스를 유지하는 데 중요하기 때문이다. 코비의 '7가지 습관'은 목적달성과 이를 달성하기 위한 능력 간의 밸런스에 의해 효과가 결정되는 패러다임에 기초를 두고 있다.

인생에는 3종류의 중요한 가치(경험, 창조, 태도)가 있다

오스트리아의 사회심리학자 빅터 프랭클(Viktor E. Frankl)에 의하면, 유아기의 체험이 인격과 성격을 형성시키고 인생의 방향에 영향을 미친다고 한다. 그는 제2차 세계대전 때, 나치 독일의 강제수용소에서 부모와 형제들을 잃었으며, 자신도 혹독한 고문과 인간존엄 말살을 체험한 사람이다. 프랭클은 상상을 초월한 고통 속에서도 자유를 마음에 품고 주위 사람들에게 희망과 용기를 안겨준 사람으로 꼽히고 있다.[21]

유태인 대학살에서 살아남은 프랭클은 인생에 3가지 중요한 가치가 있다고 말한다. 경험, 창조, 태도이다. 이 3가지 중에서 중요한 것은 태도라고 한다. 태도는 인생경험에 어떻게 반응하는가, 어떤 패러다임을 가지고 있는가에 따라 결정된다고 한다. 그는 사람에게 가장 중요한 것은 자기 존재에 대한 의미를 발견하는 일이라고 말한다.[22]

사람들은 곤란한 상황에 직면하게 되면, 대체로 종전과 다른 태도로 자기 일에 임한다. 이런 상황에서도 주체적인 태도를 지키는 것은 자신의 가치관을 지켜 주위 사람들에게 활력소를 넣어주고 확고한 용기와 밝은 희망을 심어주는 일이다.[23]

솔선력을 발휘하는 지혜

'솔선력'(initiative)은 남에게 억지를 부린다든가, 뭔가를 강요한다든가, 불쾌한 행동을 하는 일과는 상반된 것이다. 이것은 스스로 상황을 개선해 나가는 행동을 말한다.

진취적인 능력을 가지려고 생각한다면, 솔선력을 발휘할 수 있는 방법에 대해 깊이 학습할 필요가 있다. 가령, 선호하는 일을 하고 좋은 직장을 얻으려면, 해당 분야에 대해 구체적으로 공부하고 필요한 능력을 갖추어 문제해결에 공헌할 수 있어야 한다. 말하자면, 좋은 직장을 가진다는 것은 주체적으로 문제해결에 공헌할 수 있는 능력을 갖추는 것에서 시작된다. 이런 자질을 가진 사람은 올바른 원칙의 틀 안에서 바라는 결과를 달성하기 위해 어떤 일에도 솔선수범하는 열정을 가지고 있다는 사실들이 밝혀지고 있다.

어떤 사람에게 책임을 지운다는 것은 그 사람을 괴롭히는 일이 아니다. 반대로, 그 사람의 주체성을 지지하는 일이다. 주체성은 인간이 지니고 있는 본질(인간성, human nature)의 일부이다. 이것은 발휘하지 못할 뿐이지, 모든 사람에게 주어져 있는 것이다.

다른 사람의 주체성을 인정하고 존중할 때, 주체성은 사람의 본래 모습을 정확하게 반영하는 거울이 될 것이다. 솔선력을 발휘하는 사람과 발휘하지 못하는 사람 간에는 큰 차이가 있다. 솔선력을 발휘하는 사람은 현명하고 재치있게 주변의 사정을 고려하면서 행동한다. 행동으로 옮기는 일이 중요하다. 주변에서 행동하는 것을 기다리고 있으면, 반드시 주변에 좌우된다. 이때, 중요한 것은 자신이 책임을 질 것인지, 아닌지 어느 쪽을 선택하느냐에 따라, 그 결과는 크게 달라진다는 점이다. 이는 자신이 성장하는 데 많은 영향을 미친다.

솔선력은 코비가 내세우는 '7가지 습관'을 몸에 익히는 데 가장 중요한 기반이 되는 요소이다. 솔선력으로 주체성을 발휘하는 습관이 나머지 6가지 습관을 지키는 기초로 작용한다.[24]

3

상호의존의 패러다임

성실성이 부족하면 신뢰가 사라진다. 신뢰를 잃으면 우정도 사라진다.[25] 효과적인 '상호의존' 은 '자립' 의 토대 위에서 성립한다. '상호의존' 에는 지름길이 없다. 손쉬운 지름길에는 무참하게 부서진 인간관계의 파편들이 산재하기 마련이다. 인간관계를 유지하는 데 필요한 성숙함과 인격을 지니지 않고서 오로지 효과적인 관계만을 맺으려고 한다면, '상호의존' 은 매우 어색한 결과를 가져올 것이다.

현실사회에서는 반드시 거쳐야 할 길을 따르지 않고 남을 앞질러 가더라도 그것은 결국 앞지르는 것이 아니다. 성공을 이룩하려면 그에 걸맞는 노력을 기울여야 한다.[26] 특히 이때 도덕적인 원칙과 가치를 따른다면, 우리는 자신뿐만 아니라 주변의 문화도 순조롭게 꽃 피울 수 있다.[27]

참다운 인간관계의 형성

사회생활에는 인간관계를 원만하게 이끌어 가는 것을 소홀히 할 수 없다. 스스로 자제하고 수양하는 가운데, 다른 사람과 올바르고 진실한 관계를 형성해 가야 한다. 옛말에 남을 사랑하기에 앞서 먼저 자기 자신을 사랑하라는 말이 있다. 자신을 모르고 자신을 자제할 수 없다면, 자신을 사랑한다는 것은 어려운 일이다.

자신을 존중하는 마음은 스스로를 지배하는 힘과 자립하는 힘에서 나온다고 할 수 있다. 자립은 '사적인 성공의 습관'—즉, 1) 주체성을 발휘한다(자기 책임의 원칙), 2) 목적을 가지고 시작한다(자기 리더십의 원칙), 3) 중요사항을 우선시한다(자기관리의 원칙)—을 의미한다. 인간관계는 자립성을 갖추려는 의지가 필요하다. 수완(스킬)만으로는 불가능하다. 환경과 조건이 갖추어진다면, 어느 정도 인간관계는 형성할 수 있을 것이다. 그러나 환경과 조건이 달라진다면 이 관계는 무너질 수 있다.

인간관계를 이끌어 가는 데 가장 중요한 것은 인격에 바탕을 둔 말과 행동이다. 그렇지 않고 외관상의 테크닉만에 치중한다면, 올바른 생산적 인간관계를 형성하는 일은 어려울 것이다.[28] 인간의 상호의존관계는 단순한 것이 아니라는 것을 알고 있다. 당사자들이 속해 있는 네트워크의 구조에 따라 결과가 달라진다는 연구도 있다. 개인이 그 구조에 미치는 영향력은 극히 제한적이라고 한다.

일부 네트워크는 광범위하게 뻗어나가는 연쇄작용을 허용하나, 다른 네트워크는 허용하지 않는 경우도 많다. 마치, 나무에 불을 붙였을 때 그것이 큰 화재로 확산되느냐, 아니면 모닥불로 끝나느냐의 문제와 같다. 이것은 다른 나무들과의 거리, 주변 장소의 건조한 정도에 크게 좌우된다는 것을 의미한다. 상호의존관계에도 많은 요소들이 작용한다고 볼 수 있다.[29]

상호의존의 관계가 형성되어 가는 사회를 생각해 보라. 매우 깊고 의미 있는 새로운 세계가 전개되는 것을 느낄 수 있을 것이다. 생산성이 비약적으로 향상하는 것은 물론, 도움과 나눔을 주기 위해 새로운 봉사가 나타날 것이며, 공헌과 학습과 성장의 줄기가 점차 뻗어나가는 지금까지 보기 드문 세계가 전개될 것이다.

다만, 상호의존은 고통과 좌절에 부딪히는 경우도 있을 것이다. 우리는 자기책임, 자기 리더십, 자기관리능력의 결여에서 오는 만성적인 문제에 대한 고통을 알게 모르게 안고 살아가고 있다. 그런데 다른 사람과의 관계에서 어떤 문제가 발생하면, 응급처치나 테크닉을 이용해 치료하려고 한다. 이런 사람은 아픔보다 깊은 만성적인 문제를 생각하지 않는다. 이 때문에 문제를 악화시키는 결과를 가져오기도 한다.

이미 「거위와 황금 달걀」에서 본 것처럼, 다른 사람과의 효과적인 관계는 목표달성(P)와 목표달성능력(PC) 간의 밸런스 문제로 볼 수 있다. 즉, '상호의존' 에서 본 황금 달걀은 사람과의 활발한 커뮤니케이션을 통해 나타나는 상승효과이다. 달걀을 꾸준히 손에 넣으려면 인간관계라는 거위를 소중하게 다루어야 할 것이다. 이런 상승효과를 얻으려면 높은 신뢰관계를 유지하고 소중하게 다룰 방법을 강구할 필요가 있다.

정서적인 행동에 바탕을 둔 신뢰계정

"신뢰가 쌓이면 커뮤니케이션은 보다 효과적이고 쉬워진다.[30]" 비유적인 표현이기는 하나, 신뢰계좌(emotional bank account)란 것을 생각해 본다. 많은 사람들은 금전적인 결제(예금과 인출, 결제)수단으로 은행계좌를 개설해 두고 있다. 이와 마찬가지로, 예의 바른 행동, 친절과 정직, 약속 이행 등을 산정하는 신뢰계좌를 가정해 본다. 이 계좌에 신뢰가 쌓여가는 것은 그만큼 신뢰수준이 높아지는 것이다. 사회는 신뢰수준과 정신적 여유(emotional reserve)가 더욱 충만해지지 않을까 싶다.

개인의 사회적 신뢰도를 측정하는 특별한 도구 같은 것이 생긴다면, 여태까지의 사회에서 볼 수 없었던 색다른 풍경들이 나타날 것이다. 신뢰계좌에 신뢰가 쌓여갈수록 커뮤니케이션이 보다 쉬워지고 효과적으로 이루어질 것이다. 이를 계기로 참신한 사회적 거래관행과 이에 준한 문화활동도 활발하게 이루어질 것이다. 언짢은 언행을 삼가고, 상호간의 원활한 의사소통을 통해 인정이 피어날 것이다. 서로 존중하는 풍토가 자리잡게 됨에 따라 감동적인 삶을 누릴 수 있는 새로운 인간관계를 기대할 수 있을 것이다.

경직된 사회의 모습을 생각해 보라. 무엇보다도 불편함을 느끼게 될 것이다. 이해심과 커뮤니케이션이 없는 사회라면, 무관심하고 상호간 간섭하지 않는 상태가 계속될 것이다. 관계가 보다 악화되면, 공격적이고 방위적인 싸움으로 번질지도 모른다.

가끔 부부간의 갈등, 정치적인 대립, 경제적인 이해관계의 상충 등으로 치열한 싸움이 벌어지는 경우가 있다. 이런 상태는 신뢰계좌에 신뢰가 바닥날 정도의 수준, 즉 부도상태에 놓여 있는 경우이다. 이를 회복하기 위해서는 지속적인 노력과 인내력을 담보로 신뢰를 쌓아 올리는 방법을 찾아야 한다.

신뢰계좌에 신뢰를 높일 수 있는 6가지 방법

코비는 신뢰계좌에 신뢰를 쌓아 올리는 6가지 방법을 조언한다.

1) 상대방을 이해해야 한다.
2) 작은 일에도 주의를 기울여야 한다.
3) 약속을 지켜야 한다.
4) 기대에 대한 한계와 범위를 명확하게 해둔다.
5) 성실성을 보여주어야 한다.
6) 약속을 이행하지 않았을 때는 먼저 진심으로 사죄해야 한다.[31]

신뢰계좌에 신뢰를 쌓는 일은 국가와 모든 사회조직과 개개인이 성실하게 노력해 나가야 할 중요한 과제이다. 지금 우리 사회가 6가지 방안을 어느 정도 실행하고 있는지 생각해 볼 필요가 있다.

기업조직과 공공조직이 신뢰를 잃으면 운영상 큰 문제가 발생할 수 있다. 지금까지 국가기관이 국격(國格)을 떨어뜨리거나, 금융기관과 일선 행정기관 및 교육기관, 의료기관, 지방 자치단체가 공신력을 비롯해 신뢰와 품위를 떨어뜨린 부끄러운 사건들이 무척 많았다.

이런 사건들은 우리 사회발전에 역행하는 것이며, 사회적 비용을 그만큼 낭비한 것이다. 사건이 발생한 후에 관계당국은 항상 '제도적 관리감독 시스템' 에 관한 관리를 소홀히 했다는 말로 끝난다. 결과적으로 정부와 관계기관은 당초부터 책임소재를 모호하게 만들어 놓고 이를 이용하는 것에 능숙하다고 볼 수밖에 없다.

지금 직면하고 있는 불합리한 문제를 바로잡아 가려면 기본원칙을 지켜야 하는 것은 말할 필요가 없다. 우리는 이 시점에서 낡은 타성을 털고 일어나지 않는 한, 결코 국격과 품위를 겸비한 진정한 사회적 신뢰를 쌓아 갈 수 없다. 참된 상호의존을 위한 새로운 패러다임이 무엇인가를 생각해 보아야 한다.

01. Stephen R. Covey, Seven Habits of Highly Effective People : Restoring the Character Ethic, Free Press, N.Y., 1989, 2004, p.217.

02. John Kenneth Galbraith, The Affluent Society, Fortieth Anniversary Edition, Mariner Books /Houghton Mifflin Company, 1998, p.67-68, p.186.

03. *Ibid.*, 1998, p.187, pp.188-190 참조.

04. 이 문제는 본서의 중간부분과 관계되므로, 여기서는 이의 중요성만을 지적해 두기로 한다. 케네스 애로우(Kenneth J. Arrow, 1972년 노벨경제학상 수상자)가 장자크 루소(Jean-Jacques Rosseau)의 『사회계약론』(*Le Contrat Social*, 1762)의 '개인의 의지' 와 '사회 전체의 의지' 에 착안해 '사회후생' 의 극대화에 이르는 소득분배가 완전한 평등을 나타낼 수 있다는 것을 증명한 점과 밀접한 관계가 있다.

Kenneth J. Arrow, *Social Choice and Individual Values*, 2nd Edition, 1963, Yale University Press, London.

ケネス・J・アロー 著, 長名 萱明 訳,『社会的選択と個人的評価』, 日本経済新聞社, 1993, 2印, pp.128-131 참조.

Jean-Pierre Dupuy, Orders et Désordres : Enquête sur un nouveau paradigme, 1982, Éditions du Seuil, Paris.

ジャン=ピエール・デュピュイ 著, 古田 幸男 訳,『秩序と無秩序 : 新しいパラダイムの探求』, 法政大学出版局, 1987, pp.275-280 참조.

05. John Kenneth Galbraith, *op.cit.*, 1998, pp.66-69 참조.

06. Stephen R. Covey, *The Seven Habits of Highly Effctive People*, Free Press, N.Y., London, 1989, 2004, p.23.

여기서 먼저 '7가지 습관' 에 관해 구체적인 내용을 열거해 둔다(위 문헌 1장-7장 참조).

개인적인 성공의 습관

1) 주체성을 발휘한다—자기책임의 원칙.

2) 목적을 가지고 시작한다—자기 리더십의 원칙.

3) 중요사항을 우선시한다—자기관리의 원칙.

공적인 성공의 습관

4) win-win을 고려한다—인간관계의 리더십.

5) 이해로부터 이해된다—감정이입(感情移入)에 의한 커뮤니케이션의 원칙.

6) 상승효과를 발휘한다—창조적인 협력의 원칙.

재생의 습관

7) 지성, 욕망, 기술을 발휘한다—균형을 갖춘 자기재생의 원칙.

07. Stephen Recovery, *The Seven Habits of Highly Effective People* : *Restoring the Character Ethic*, Free Press, N.Y., London, 1989, 2004, p.24, 32 참조.

08. J.S. Mill, On Liberty, 1859.

J.S. ミル 著, 塩尻　公明 · 木村 健康 訳, 『自由論』, 岩波書店, 2009, 54刷, p.105 참조.

09. Stephen R. Covey, *op.cit.*, 1989, 2004, pp.28-30, pp.32-34 참조.

Michael J. Sandel, *Justice* : *What's the right thing to do*?, International Creative Management, Inc., 2009.

마이클 샌델 저, 이상철 옮김, 『정의란 무엇인가』, 김영사, 2009, pp.33-34 참조.

10. Michael J. Sandel, *Justice*, 2009.

마이클 샌델 저, 이상철 옮김, 『정의란 무엇인가』, 김영사, 2009, pp.33.

11. Michael J. Sandel, *Justice* : *What's the right thing to do*?, International Creative Management, Inc., 2009.

마이클 샌델 저, 이상철 옮김, 『정의란 무엇인가』, 김영사, 2009, pp.360-361 참조.

12. Stephen R. Covey, *op.cit.*, 2004, pp.34-36, 37 참조.

사회심리학자인 에리히 프롬(Erich Fromm)은 지적한다. "현대사회의 많은 사람들은 로봇처럼 기계적으로 움직이며, 자기 자신이 누구인지도 모르며 이해할 것도 없다.

단지, 알고 있는 것은 사회가 요구하고 있는 이미지에만 정신이 빠져 있을 뿐이다."

Stephen R. Covey, *op.cit.*, 2004, p.36.

13. Stephen R. Covey, *op.cit.*, 2004, pp.36-37 참조.

14. 이강재, 『논어 : 개인윤리와 사회윤리의 조화』, 살림, 2006, p.136.

15. Stephen R. Covey, *op.cit.*, 2004, p.40, pp.46-47 참조.

Tom Peters, *The Little Big Things : 163 Ways to Pursue Excellence*, Harper Collins Publishers, 2010, p.147 참조.

16. '7가지 습관' = 주체성을 가진다. 목적을 가진다. 중요사항을 우선시한다. win-win을 고려한다. 이해한 후에 이해된다. 상승효과를 발휘한다. 이를 위해 학습을 한다.

17. Tom Peters, *The Little Big Things : 163 Ways to Pursue Excellence*, Harper Studio, 2010, p.29 참조.

18. Stephen R. Covey, *op.cit.*, 2004, pp.52-54 참조.

19. Stephen R. Covey, *op.cit.*, 1989, 2004, pp.54-55, 58 참조.

20. Tom Peters, *The Little Big Things : 163 Ways to Pursue Excellence*, Harper Collins Publishers, 2010, pp.163-164 참조.

21. Stephen R. Covey, *op.cit.*, 1989, 2004, p.59, pp.68-69 참조.

22. Tom Peters, *The Little Big Things*, Harper Collins Publishers, 2010, p.64 참조.

"The last of the human freedoms-the ability to choose one' s attitude in any given set of circumstances." *op.cit.*, p.64.

23. Stephen, Recovery, *op.cit.*, 1989, 2004, pp.74-75 참조.

빅터 프랭클(Viktor E. Frankl)은 목표에 도달하지 못했더라도 이를 지속적으로 실행해 나간다면, 결국은 자기실현에 도달할 수 있다는 신념을 심어주는 것에 깊은 뜻을 전하고 있다.

Peter Spiegel, *Eine Humane Weltwirtschaft*, Patmos Verlag GmbH & Co. KG, Düsseldrof, Germany, 2007.

페터 스피겔 지음, 홍이정 옮김, 『휴머노믹스』, 다산북스, 2009, p.148 참조.

24. Stephen R. Covey, *op.cit.*, 1989, 2004, pp.75-76, p.76 참조.

25. Stephen R. Covey, *op.cit.*, 2004, p.185. Samuel Johnson (1709-84), 영국의 문인, 辭書편집인의 말.

26. Stephen R. Covey, *op.cit.*, 1989, 2004, p.185 참조.

27. Peter Spiegel, *Eine Humance Weltwirschaft*, Patmos Verlag GmbH & Co. KG, Düsseldorf, Germany, 2007.
    페터 스피겔 지음, 홍이정 옮김, 『휴머노믹스』, 다산북스, 2009, p.148 참조.

28. Stephen R. Covey, *op.cit.*, 1989, 2004, pp.186-187 참조.

29. Nicholas A. Christakis and James H. Fowler, *Connected*, Brockman, Inc., 2009.
    니컬러스 크리스태키스, 제임스 파울러 지음, 이충호 옮김, 『행복은 전염된다』, 김영사, 2009, pp.205-206 참조.

30. Stephen R. Covey, *op.cit.*, 1989, 2004, pp.187-189 참조.

31. Stephen R. Covey, *op.cit.*, 1989, 2004, pp.190-199 참조.

02
chapter 2 장

새로운 시대를 열어가는 조직의 지혜

1 고슴도치와 여우의 우화
2 기업가치를 창출할 수 있는 모델구축
3 미래지향의 우량기업과 경쟁우위기업

이 세상은 부자가 말하는 어리석은 생각이 금언으로 통하고 있다.

J.K. Galbraith[1]

미시건 대학의 프라할라드(C.K. Prahalad)와 크리슈난(M.S. Krishnan) 교수가 새 저서 『새로운 혁신의 시대』(*The New Age of Innovation*, 2008)의 첫머리에서 비즈니스 세계의 혁신적인 트렌드를 예고한 것에 주목할 필요가 있다.

이들은 기업이 추구하는 가치창조의 토대가 크게 변화하는 모습에 대한 실제 케이스를 다루고 있다. 가령, 디지털화를 비롯해 어디에서도 항상 통신할 수 있는 시설과 글로벌화의 변화가 기업의 본질과 가치추구의 방법에 커다란 영향을 미치고 있다고 진단한다. 또한 교육, 보험과 헬스케어, 자동차, 신발 등의 기존 업계와 비디오 게임기와 게임 소프트웨어, 검색엔진, 소셜 네트워크의 신생 산업도 예외가 아니다. 기업의 생존과 성장을 위해서는 변화에 적극적으로 대응하는 전략을 강구해 나갈 것을 강조한다.[2]

이 같은 추세는 이미 짐 콜린즈(Jim Collins, 스탠퍼드 대학) 교수의 기업 컨설팅을 통해 유사한 결과들이 밝혀진 적이 있다. 그 내용은 장기간 베스트셀러였던 콜린즈 교수의 *Built to Last*(J.L. Porras와의 공저, 1994)와 연결되어 있는 저서 『좋은 기업을 넘어 위대한 기업으로』(*Good to Great*,

2001)에 담겨 있다.

책은 좋은 기업과 위대한 기업의 차이를 조사한 것을 바탕으로 위대한 기업으로 비약하는 데 있어 주목할 만한 법칙에 초점을 둔 야심적인 연구서이다.

■1

고슴도치와 여우의 우화

이사야 벌린(Isaiah Berlin)의 수필집 『고슴도치와 여우』(*The Hedgehog and The Fox*, 1993)는 그리스의 옛날 우화에 근거를 둔 것으로, 사람을 고슴도치형과 여우형으로 구분한다.

여우형은 항상 여러 목표를 동시에 추구하며, 복잡한 세상을 복잡한 것으로 이해하려는 타입이다. 분산 또는 확산하는 관계로 그 활동범위가 넓고, 전체를 단일화하지 않는 특성을 가지고 있다. 반면, 고슴도치형은 복잡한 세계를 하나의 체계으로 생각해 기본원리와 기본개념에 따라 단순화하며, 전체를 단일화해서 모든 행동을 결정하는 타입이다. 세계가 복잡한 것이라도 어려운 문제를 단순한 개념으로 이해하려고 한다.

지금까지 큰 업적을 남긴 사람들은 거의 고슴도치형이라고 보는 견해가 지배적이다. 프린스턴 대학의 마빈 브레슬러(Marvin Bressler) 교수는 유명한 업적을 남긴 사람들을 예로 들고 있다. 잘 알려져 있는 프로이트(Sigmund Freud [1856-1939], 오스트리아의 정신의학자)는 무의식의 세계에, 다윈(Charles Darwin [1809-1882], 영국의 박물학자)은 자연선택에, 마르크스(Karl Marx [1818-1883], 독일의 공산주의자)는 계급투쟁에, 아인슈타인(Albert Einstein [1879-1955], 미국의 물리학자)은 상대성원리에, 아담 스미스(Adam Smith [1723-1790], 스코틀랜드의 경제학자 및 철학자)는 분업에 각각 관심을 집중시켰다. 이들을 모두 고슴도치형으로 보고 있다. 이들은 복잡한 세계를 모두 단순화된 것으로 파악해 문제해결의 방향을 결정하는 스타일이다.[3]

그렇다면 비약적으로 성장한 대기업들은 어떨까. 비약적으로 성장한 대기업의 경영자들은 정도의 차이는 있겠으나, 대부분 고슴도치형이라고 볼 수 있다. 비교대상으로 부실한 기업의 경영자들을 조사해 보면 여우형이 많은 것으로 나타났다. 여우형 대상기업은 고슴도치형에서 나타나는 단순하고 명확한 특징이 없고, 집중력이 분산되고 초점이 흐리며, 방침에 일관성이 없는 것으로 드러났다.

월그린과 에커드의 상반되는 전략

월그린(Walgreens)과 에커드(Eckerd)의 두 기업을 비교해 보기로 한다. 월그린은 1975-2000년까지의 주식운용 성적이 시장평균의 15배였다. 당시의 GE, 머크(Merck), 코카콜라, 인텔(Intel)의 우량기업을 웃도는 실적을 올렸던 기업으로 주목받고 있었다.

월그린은 인터뷰에서 비결은 단지 사업의 컨셉트가 정해지면 곧 추진하는 것뿐이라고 한다. 가령, 가장 이용하기 쉬운 지역 약국에서 고객 1인당 이익을 최대로 올리는 전략이다. 이는 매우 단순한 전략을 활용한 것이다. 즉, 고객이 이용하기에 편리한 지역의 네 거리에 접한 점포 수를 확대시켜 나가는 매우 단순한 전략으로 성공한 사례이다. 이렇게 해서 인텔과 GE와 코카콜라를 능가하는 높은 실적을 올렸다. 샌프란시스코 중심가의 반경 1마일 이내에 월그린의 점포가 9개 자리 잡고 있다. 또한 몇몇 도시에서도 월그린의 점포는 시애틀의 스타벅스 점포만큼 밀집되어 있다.

콜린즈는 다음과 같이 지적하고 있다. 세상에는 허다한 종류의 사람들이 공존하고 있다. 경영의 유행을 좇는 사람들이 있는가 하면, 화려한 색채를 띤 사람들, 호언장담하는 미래파들, 공포심을 퍼뜨리는 사람들, 어떤 동기부여에서 사람을 이끄는 재주꾼들 등 가지각색이다. 이처럼 복잡한 환경에서도 단순한 개념을 내세워 상상력을 발휘해 이를 실행에 옮겨 눈부신 실적을 올리는 기업을 보면 감동을 받을 때가 많다. 월그린은 '편의성과 밀집성의 개념'(convenience and clustering concept)을 원활히 실현할 수 있는 도시에 사업을 집중시켜 왔다.

이와는 달리, 에커드는 일관성 있는 성장전략마저 확립되어 있지 않았다. 또한 에커드의 경영진은 전체를 통괄하는 명확한 개념도 없이, 점포만을 매수하는 것에 집중해 왔다.

결국, 두 기업을 비교해 보면, 월그린의 경영진은 수익성이 높은 성장을 위해, 고슴도치형 개념에 적합하지 않은 부분은 모두 제거해야 한다는 원칙을 알고 있었다. 반면, 에커드는 성장을 위한 성장만을 추구해 왔다고 할 수 있다. 20년 후 조사대상 기업 중에서, 월그린이 더욱 눈부신 업적을 쌓아가고 있는 것과는 달리, 에커드는 사라지고 말았다.[4]

고슴도치의 개념에서 본 새로운 룰

비약적으로 발전한 기업들—즉, 크로거(Kroger) 슈퍼마켓, 소비자 중심의 종이제품 시장에 주력한 킴벌리 클라크(Kimberly-Clark), 편이성에 비중을 두고 약품을 판매한 월그린은, 모두 단순한 아이디어로 기업을 키우는 데 성공했음—과 이와 비교하기 위한 대상기업 간에 어떤 결정적인 경영상의 차이가 있었는가에 대해 조직적으로 조사했다.

그 결과, 비약적 발전을 한 기업이 확립한 '고슴도치 개념' 이 단지 단순한 것이 아니었다는 것으로 드러났다. 큰 실적을 내고 비약적으로 발전한 기업과 그렇지 못한 비교대상 기업 간에는 전략상 두 가지 기본적인 점에서 결정적인 차이가 있다는 사실을 알게 되었다.

첫 번째 차이로, 비약적으로 성공한 기업은 전략의 기초로서 3가지 주요한 측면—1) 자기 기업이 세계 최고가 되는 것, 2) 경제적 원동력이 되는 것, 3) 열정적으로 업무에 임하는 것—에 관해 모두 깊이 이해하고 있었다는 점이다. 이 측면을 '3개의 서클' 이라 표현한다.

두 번째 차이로, 비약적으로 성공한 기업은 위의 3가지 측면을 깊이 이해하고 이를 단순한 개념으로 정리해 모든 활동의 지침으로 삼고 있었다는 점이다. 이것이 '고슴도치 개념' 이다.

'고슴도치 개념' 은 단순하고 명확한 것이다. 이 개념은 다음 [그림 4]에서 3개의 원이 겹치는 부분을 보면 이해할 수 있다.

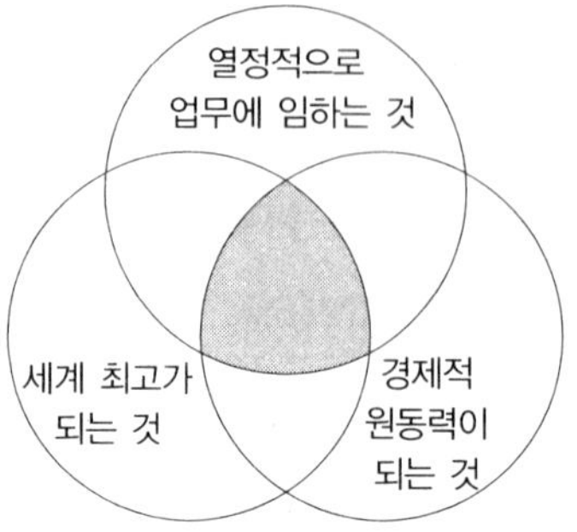

[그림 4] **고슴도치 개념과 3개의 서클**

1) 자기 기업이 세계 최고가 되는 것은 어느 분야인가. 이 기준은 핵심적인 능력(core competence : 주력)이 어디에 있는가에 비해 엄격하다. 핵심적인 능력을 가졌다 하더라도 세계 최고가 된다고는 할 수 없다. 반대로, 세계 최고가 되는 것은 그 시점에 관계하고 있지 않은 것일지도 모른다.

2) 경제적 원동력이 되는 것은 무엇인가. 비약적으로 발전한 기업은 모두 통찰력을 가지고 캐시플로(cash flow : 현금유출입)와 이익을 계속적으로 높게 유지할 수 있는 효율적인 방법을 알고 있다. 특히 경제적 상태에 커다란 영향을 미치는 분모(分母)를 한 가지 선택해, 'X당의 이익'으로서 목표를 설정하고 있는 점에 주목할 수 있다.[5]

3) 열정적으로 업무에 임하는 것은 무엇인가. 위대한 기업은 대체로 열정을 쏟는 사업에 초점을 두고 있다. 어떤 사업이면 열정을 쏟을 수 있는가를 찾아내는 것이 중요하다.

앞의 [그림 4]에서 3개의 서클이 중복되는 부분에 대해 세부적으로 분석해, 이를 단순화해 필요한 개념으로 만든다. 그러나 현실적으로, '고슴도치 개념' 을 확립한다는 과정 자체가 매우 추상적이다. 추상적이라는 한계를 벗어나기 위해서는, 다른 많은 방법과 조건을 고려할 필요가 있다.

위의 3개의 서클에 해당하는 각각의 주요 항목을 보자. ① 자기 기업이 세계 최고가 될 수 있는 것은 어느 분야인가. ② 경제적 원동력이 될 수 있는 것은 무엇인가. ③ 열정을 쏟아 일할 수 있는 것은 어느 분야인가. 이에 대해 콜린즈는 추가적인 설명을 한다.

첫째, 큰 수익을 올릴 수는 있으나, 세계 최고가 되지 않는 사업이라면, 성공은 가능하나 위대한 기업으로 성장하는 것은 불가능하다.

둘째, 어느 사업분야에서 세계 최고가 된다 해도, 그 사업에 처음부터 열정을 쏟지 않으면, 세계 최고의 자리를 유지할 수 없다.

셋째, 그 사업에 열정을 불태우고 있어도, 세계 최고가 되지 못한다든가, 경제적 문제에 시달린다면, 높은 실적은 올릴 수 없다.

지금 본 '고슴도치의 개념' 은 최고를 위한 목표도 아니며, 최고가 되기 위한 전략도 아니다. 즉, 최고가 되려는 의도도 없으며, 최고가 되기 위한 계획이 아니라는 점을 명확하게 할 필요가 있다. 다만, 최고가 될 수 있는 부분이 어디에 있는가를 찾아내는 개념이다.

위대한 기업으로 도약하는 일에는 능력에 대한 악담(저주, the curse of competence)의 문제를 극복하지 않으면 안 된다. 이에 대비하기 위해 여러 가지 문제에 신경을 쓸 필요가 있다. 가령, 이익을 올리고 성장하는 것만으로 최고가 된다고는 할 수 없는 것처럼, 판단하는 규율이 없으면 안 된다. 비약적 발전을 달성한 기업은 꼭 승리할 수 있는 분야에 한해 주력해 왔으며, 이것이 위대한 기업으로 성장할 수 있는 유일한 길이었다.

비약적으로 발전한 기업의 경우는 핵심적 전략지표를 분모로 선정해 활용해 왔다는 것을 알 수 있다. 이와는 반대로 비교대상 기업에서는 핵심적인 지표를 거의 발견할 수 없었다.[6]

비교대상 기업들에서는 복잡하고 불투명한 구조를 볼 수 있었다. 즉, 이들 기업은 앞에서 본 3개 서클의 항목을 정확하게 설정하지 않은 것에 문제가 있다. 그리고 목표와 전략을 설정함에 있어 현실에 대한 이해 없이 허세에 의존하는 경향이 있었다.[7]

2
기업가치를 창출할 수 있는 모델구축

최근 미국에서는 1964년경 발족한 자원봉사제도(VISTA; Volunteers in Service to America)에 근거를 둔 '튜터 비스터'(Tutor Vista, 미국의 가정교사)라는 새로운 형태의 교육지도를 담당하는 소규모 신흥기업이 등장해 5~6년 전부터 좋은 반응을 얻고 있다.

이 시스템은 수요자(주로 중고등학생) 측에서 자신의 수준에 맞춰 교사와 학습시간과 과목을 선택할 수 있게 하는 맞춤식 교육방식이다. 물론, 이에 참가하는 '튜터' 들은 모두 교육을 잘 받은 사람들이다. 프로그램에 참가하는 교사들은 일정한 연수를 받도록 의무화되어 있다. 연수는 교사로서 필요한 발음과 학습의 훈련을 거쳐야 하며, 소요시간은 60~100시간 정도이다.

최근 조사에 따르면, '튜터 비스터' 에서 배운 학생들의 이해도와 성적이 획기적으로 향상되고 있다. 학습은 온라인을 통한 개인지도이고, 수강료는 99달러/월이며, 시간은 몇 시간 더 연장할 수 있으며 무료이다. '튜터 비스터' 교육 프로그램에 대한 유효성은 금후 평가될 과제이다. 중요한 것은 온라인 교육을 통해 실용적인 기술과 다른 각종 기능을 육성할 수 있다는 점이다.

'튜터 비스터' 에 참가하고 있는 지도교사는 2007년 시점으로 미국과 인도와 기타 외국에서 채용한 수가 6백 명이다. 학생 수는 1만 명이며, 교사 수도 5천 명 이상으로 증원될 것으로 보고 있다.

'튜터 비스터'를 운영하는 주최 측의 방침은 매우 까다롭다. 학습은 인터넷을 통한 원거리 지도방식이다. 지도교사의 자격과 계약, 지켜야 할 행동과 윤리규정, 업무량과 학습지도상의 지침조건을 따져 선발한다.

'튜터 비스터' 시스템의 활용과 기업활동의 활성화

'튜터 비스터' 시스템은 기업이 개별적 니즈를 신속하게 충족시키는 마케팅전략으로 활용하면 큰 효과를 기대할 수 있다. 이 시스템은 국가적 차원에서도 고용창출과 글로벌 인적자원의 양성을 활성화하는 방안으로서 연구해 볼 가치가 있다.

물론, '튜터 비스터' 시스템을 활용하려면, 여건과 목적에 따라 적용대상과 방법은 다를 것이다. 지금의 메가 트렌드 시대에 기업은 가치를 만들어내지 않으면 무의미한 조직으로 끝난다. 이에 '튜터 비스터' 시스템은 매우 중요한 의미를 가지고 있다.

메가 트렌드는 지금까지의 인재관리와 제품관리, 가격책정, 물류와 마케팅, 브랜드 매니지먼트의 문제에 도전하고 있다. 더욱이 기업의 기술적 기반—핵심이 되는 IT와 그 구조를 개선하는 일—과 경영자와 매니저의 업무방식도 포함되어 있다.

새 시대를 리드하는 이노베이션의 모습

1) 기업가치의 토대는 상품생산에서 솔루션과 경험으로 옮겨간다. 이에 알맞은 기업모델을 구축해야 한다

기업가치의 원천은 점차 '제품과 서비스 생산 → 솔루션(코스트 절감과 품질과 신뢰도 등) → 개별 고객이 체험한 경험'으로 옮겨가고 있다. 이것은 기업생존을 위해 경쟁 시스템 그 자체를 개선해 나가는 것이다. 이에 관해 보다 구체적인 케이스를 간략하게 살펴보기로 한다.

【케이스 1】

제품과 서비스 생산 부문 : 자동차 타이어 산업의 새로운 모델개발 케이스

트럭 타이어는 주로 제품의 가격, 내구성과 브랜드의 인지도에서 경쟁하고 있다. 이처럼 타이어 산업은 종전방식에만 의존할 것인가. 아니면, 새로운 기술을 도입해 종전의 시스템과 결합해 나갈 것인가.

여기서는 타이어를 대여해 주고 그에 대한 사용료를 받는 새로운 비즈니스 모델을 구상해 본다. 즉, 소유주와 주행거리에 대한 사용료를 계약하는 방식이다. 이런 방식의 계약관계에서는 화물 무게, 시내주행과 장거리주행, 운전자의 운전 습숙도(習熟度), 타이어의 압력과 타이어의 위치교환 사항을 계약에 반영시킬 수 있다.

물론 여기까지의 단계를 모델화하려면, 어려운 문제들이 나타날 것이다. 양자 간에 주행거리와 타이어 마모도의 확인방식, 운전자의 준수사항을 체크할 수 있는 과학적인 측정방법이 개발되어 있어야 한다.

이미 미국의 굿이어(Goodyear), 유럽의 브릿지스톤(Bridgestone)은 타이어의 주행거리를 기준으로 해서 운송업자들에게 서비스를 제공하고 있다. 이 모델의 실용화의 어려운 문제들—센서개발과 원거리 감시장치와 측정수단—은 점차 해결되고 있다. 이 모델을 응용한다면 교통사고를 어느 정도 예방할 수 있는 과학적 시스템의 개발을 기대할 수 있을 것이다.

특히 운전자에 대한 과학적 데이터—주행속도, 브레이크 조작, 운전자 주의력—를 토대로 타이어 마모율 등의 필요한 데이터는 모두 리얼타임으로 처리된다. 만약, 운행 도중에 문제가 발생했을 경우에는, 다음 서비스 지역에서 모든 것을 점검할 수 있다. 이런 모델개발은 제품개발 이외에도 교통안전에 필요한 가치를 창출하는 데 크게 기여할 수 있다. 이에 준한 모델을 우리나라의 보험 및 교통관계 연구기관에서도 시도해 볼 필요가 있을 것이다.

지금 본 타이어 산업에 대한 새로운 모델에서는, 3가지의 각각 다른 변화가 일어나는 점에 주목할 수 있다.

1) '물건을 판매한다' 에서 '서비스를 판매한다' 와 같이, 기업의 발상을 전환한 점이다. 여기서 서비스를 제공하는 것은 제품이 되겠으나, 가치를 만들어내는 것은 서비스이다.

2) 기업은 고객과 판매거래를 한다기보다는 서비스를 주체로 하는 관계를 만들어 가는 것이 중요하다. 즉, 코스트 절감, 안전성과 운전기능의 향상, 상세한 주행상황 파악, 효율적인 차량관리를 핵심적인 전략으로 한다면, 고객의 주요 가치는 제품—여기서는 타이어—에서 서비스와 솔루션(코스트의 절감)으로 옮겨질 것이다. 이런 방식의 도입은 안전운전과 올바른 운전습관을 쌓아가는 데 큰 도움이 될 것이다.

3) 생산업자인 타이어 제조회사는 제품을 운송업자에게 판매하는 것이므로 기업 간—기업 대 기업—의 거래이다. 그러나 개별 운전자의 안전과 운전기능 향상에도 도움이 된다. 이때는 소비자와 거래하는 기업으로 간주할 수 있다. 따라서 글로벌 자원을 이용하는 새로운 경쟁무대에서 기업 간 거래와 소비자와 기업 간 거래의 구분이 사라져 갈 것이다.

【케이스 2】

NCR의 경쟁력 향상에 관한 케이스

NCR ; National Cash Register Company(이전의 미국 내셔널 금전등록기 회사)의 경쟁력 향상의 과정을 살펴보기로 한다. NCR은 BOA(Bank of America)와 웰스 파고(Wells Fargo, 1852년에 설립한, 미국 서부개척 시대에 역마차를 이용한 급행역마차 운송회사)와 글로벌 대규모 은행에 ATM(현금자동지급기)을 납품하는 기업이다. 또한 판매시점(POS ; point of sales) 정보관리 시스템의 대규모 소매업체인 테스코(Tesco)와 홈디포(Home Depot)에도 납품하고 있다.

NCR은 법인조직의 고객에게 가치를 제공하기 위해 최종고객인 소비자가 기대하는 기계를 조작할 수 있는 능력과 행동을 이해하지 않으면 안 된다는 점을 알았다. 이에 따라 소비자의 구매경험에 주목함으로써 새로운 시스템과 솔루션을 개발해 웰스 파고와 홈디포의 업적향상에도 기여할 수 있었다.

NCR은 다음 단계의 필요성을 강화한다.

1) 소매 고객들의 행동을 주의 깊게 관찰해, 이를 토대로 구매에 도움이 되는 시스템을 만들어 간다.

2) 홈디포(Home Depot)의 OEM 고객(위탁받은 상대방 기업의 상표로 완성품 및 반완성품을 생산하는 기업 간의 거래)에 협조해 고객기업과 소비자의 가치를 배려한다.

3) 다른 경쟁기업의 동향을 주시하며, 경쟁기업에 비해 앞서 제품과 서비스를 제공하는 데 중점을 둔다.[8]

【케이스 3】

거대금융복합기업 ING그룹의 업무처리능력 향상에 관한 케이스

네덜란드의 ING그룹은 전 세계 5천 개 이상의 대리점을 가진 글로벌 금융복합기업이다. 2005년 고객 수는 수만 명이며, 순이익 100억 달러의 기업으로서 업무혁신의 딜레마를 탈출하지 않을 수 없었다. 경쟁격화로 상품판매가 힘들어지는 상황에서 5천 개 이상의 대리점은 보다 빠른 정보입수가 필요했다.

글로벌 시장에서는 보험상품에 대한 규제변경이 되풀이되고 있었다. 이로 인해 생명보험, 배상책임보험, 손해보험 등 여러 분야에서 신상품의 개발에 나서지 않을 수 없었다. 당시 대리점 경유의 보험관련 업무는 신청에서 승인까지 10일간, 심지어 1~2개월간 소요되는 경우도 있었다.

그러다가 IT기업인 유니시스(Unisys)가 새로운 시스템을 개발한 덕분에 10일간 소요되던 것이 30초로 단축되었다. 이로써 보험의 리스크와 보험료의 설정, 결과통보는 리얼타임으로 처리되었다. 또한 필요에 따라 보험기준을 변경할 수 있는 기능을 도입할 수 있었다.

현재 보험증서의 80%는 이 시스템에서 자동적으로 발행되고 있다. 이로써 보험의 인수 건수는 500% 상승했다. 개별 고객과 가치창출을 동시에 달성하려면 코스트가 증가한다는 견해도 있으나, ING의 경우는 코스트를 절감하고 매출을 크게 증가시켰다.

가령, 당뇨병은 보험회사로서 다루기 힘든 질병에 속한다. 여기에는 보험료 설정 문제, 환자의 생활치료법 문제, 센서에 의한 혈당치 자료측정에 필요한 기술개발 등 풀어야 할 문제가 많다.

당뇨병 환자에 대한 정보처리회사 측은 의사와 보험회사, 환자가 공동으로 리스크를 관리할 책임이 있다. 환자에 대한 모니터링 시스템이 성과를 거두려면, 일정한 조건 아래서 원거리 센서로 데이터를 수집해야 하며, 이들 3자(의사, 보험회사, 환자)가 동일한 데이터베이스에서 접근하지 않으면 안 된다.

가령, 1천만 명의 환자 데이터를 관리할 수 있는 거대한 데이터베이스가 필요하다. 여기에는 리스크가 높아지는 환자, 혹은 의사의 지도에 의해 리스크를 억제할 수 있는 환자를 선별할 수 있는 기능과, 환자와 의사, 보험회사에 알릴 수 있는 기능도 필요하다.

물론, 이외에도 보험업무 중심에서 본다면, 환자와 의사, 보험사와 의사, 환자와 보험사 간의 복잡한 업무상의 협력관계, 환자 지도상의 협력관계 등의 많은 문제를 해결해 나가야 한다.[9]

이상은 NCR과 ING의 경쟁력 강화에 관한 케이스를 소개한 것이다. 프라할라드(C.K. Prahalad) 교수는 많은 분야에 걸친 케이스를 다루고 있다. 의료와 교육, 영화를 비롯해 거의 모든 서비스 산업, 제트 엔진과 같은 주요 제조업에서도, 공급자와 소비자, 거래기업과의 공동이익 창출에 대한 새로운 변화와 그에 따른 경쟁환경에 적응하는 문제를 자세하게 설명하고 있다.

2) 우량기업의 마켓지향(market orientation)과 고객지향(customer orientation)

여기서 잠시 동안, 우수기업의 경영에 관해 오래된 케이스이기는 하나, 이를 간략하게 살펴보는 것이 도움이 될 듯하다. 경영의 중요한 기본원칙은 항상 고객의 니즈와 고객의 경험을 정확하게 이해하는 것에 있다. 이에 대해서는, 이미 톰 피터스(Thomas J. Peters)와 로버트 워터만(Robert H. Waterman Jr.)의 『우량기업』(*In Search of Excellence*, 1982)에서 중요한 내용을 밝히고 있다.

1980년대 초까지 미국에서 초우량기업으로 성장하려면, 어떤 조건들을 갖추어야 할 것인가에 관해 구체적으로 연구한 내용이다. 30년 전의 연구결과이기는 하나, 지금도 내용에는 아무런 손색이 없다. 먼저, 우량기업은 필요한 요건과 조건을 갖추어야 한다. 그중에서도 고객에 밀착하는 일이 중요하다. 즉, 고객지향이 마켓지향(market orientation)을 리드한다. 현실에서 고객은 무시되거나 다루기 어려운 존재로 취급되는 경우가 많다.

우량기업은 판매, 제조, 조사, 경리 등의 모든 업무에 이르기까지 고객과 깊은 관계가 있다. 사실, 우량기업이 어느 정도로 고객지향성이 강한 것인가에 대해서는 미국의 실업계에서도 잘 알려지지 않았다. 고객에게 집중하는 것이 우량기업의 최대 비밀이라는 것을 전혀 이해하지 못하고 있었던 것이다.

비즈니스는 가치를 유지할 수 있는 길을 찾아 내는 일이 유일한 생존 방안이다. 시대의 파도를 헤쳐 살아남기 위해서는, 항시 외부를 의식해야 하며, 외부에 초점을 맞추어 나가야 한다. 당시 우량기업의 대부분은 주로 품질, 신뢰성과 서비스의 측면에서 고객과의 관계에 대해 적지 않은 강박감을 느끼고 있었다.

결국, 기업은 서비스와 품질을 높이고, 신뢰를 쌓고, 고객에게 집중해 장기적 수익증대의 전략에 집중할 필요가 있다.[10] 글로벌 시대가 전개됨에 따라, 눈 앞의 이익만을 노리지 않고 먼 장래의 목표를 어디에 둘지 분석하는 것에 노력하더라도, 성공할 수 있는 기회는 점점 감소하고 있다.

누구라도 새로운 시대의 불확실성에 대해 겸허하게 대처해 나가야 한다. 최근에 톰 피터스는 보다 총체적인 차원에서 기업조직원의 실리적인 활동방향을 제시하고 있다. 그는 새로운 저서 『리틀 빅 씽』(*The Little Big Things*, 2010)에서 사소한 것에서 훌륭한 것을 이루어낼 수 있다는 점을 강조한다.

먼저 전문인은 지속적으로 학습하고 헌신적인 직업의식과 행동자세를 가지고 있어야 한다. 어떤 일에도 '감사한다'는 자세로 실천하는 마음을 가지고 인관관계를 소중하게 여겨야 한다. 다른 의견에 귀를 기울여야 한다. 이로써 현장을 이해하는 실천자로서 조직에 생기를 불어넣고 기능을 통합해 전략적 무기로 이끌어 가야 한다.[11]

3
미래지향의 우량기업과 경쟁우위기업

미국의 재무장관을 지낸 행크 폴슨(Hank Paulson)은 "당신이 버릴 수 없는 유일한 일은 바로 학습이다"라고 말했다.[12] 배움이라는 학습과 훈련은 시대를 떠나 항상 지혜를 안겨 주는 유일무일한 가치의 원천이라 할 수 있다.

IBM의 중요한 경영철학의 일부인 고객밀착(close-to-customer)은 철저한 교육에 기초를 두고 있다. IBM은 고객의 불평을 24시간 내에 처리한다는 원칙을 세워두고 있다. 한 예로, 애틀랜타의 어느 데이터 처리회사의 고장처리에서 있었던 일이다. 신고 이후 불과 몇 시간 내에 8명의 기술자들—네 사람은 유럽, 한 사람은 캐나다, 한 사람은 남미, 나머지 두 사람은 다른 지역—이 모여들었다는 이야기는 유명하다.

한마디로, IBM은 고객과 시장을 최우선으로 하는 경영목표를 고수해 왔다. 세일즈맨은 고객에게 고용된 사람이나 다름없다. IBM은 모든 노하우를 고객에게 제공하는 것을 원칙으로 한다. 판매보다 AS를 더욱 중요시하는 경영철학은 철저하게 실천되고 있다.

고객과의 접촉을 유지하는 것을 확인하기 위해, IBM은 매월 국내외 고객의 만족도를 측정한다. 고객 만족도는 특히 선임 경영자의 업적보상금에 크게 반영된다. 종업원의 업무태도 조사는 3개월마다 실시하는 데, 이때 고객 서비스 유지에 대한 종업원의 의식은 항시 체크하고 있다. 이를 뒷받침하기 위해 IBM은 철저한 훈련을 실시한다. 기본적 세일즈 트레이닝 기한은 15개월이며, 약 70%는 지점, 나머지 30%는 연구기관에 배치된다. 또한 1980년대 전후로 연간 1천 명 이상의 '사장급'(president's class)들이 훈련을 받았다.

다른 1천 명의 세일즈맨은 하버드 대학과의 제휴로 '재무담당 임원 코스'에서 임원에 필요한 과정을 이수했다. 물론 최근에는 시대의 변화로 사내교육 프로그램과 투자규모도 크게 달라졌다. 1980년대 전후에는 전원에게 매년 최고 15일간의 사내 교육훈련을 실시해 왔다.[13]

톰 피터스는 성의 있고 정직한 고객들이 문제를 제기한다고 지적한다. 이 말은 성난 고객을 감동하는 고객으로 정성껏 바꿔가는 과정에서 새로운 비즈니스 기회를 찾는다는 뜻으로 볼 수 있다.[14]

평생학습은 지속적인 발전과 성공으로 이어진다

현재의 기업교육 내용은 위에서 본 1980년대 IBM 사내교육 프로그램과는 크게 달라졌다. 최근 자료에 의하면, 미국 내에서 이루어지는 기업의 각종 기술교육과 사내훈련은 점점 전문화되어 가고 있다.

2003-2004년의 미국 기업의 교육 프로그램은 주로 전문기술과 매니지먼트 중심으로 피교육자에 따라 각각 다른 내용으로 편성 · 운영되고 있었다. IBM에서는 경영자와 근로자들 모두가 특정 문제를 해결할 수 있도록 높은 수준의 기술을 훈련시키고 있다.

최근 IBM은 경영진이 원하는 시기에 선택할 수 있는 프로그램 중심의 교육훈련 모듈(training modules)개발에 5억 달러 이상 투자했다. IBM은 다른 기업의 경영자를 위해 필요한 교육 프로그램을 판매하고 있다. 이처럼, 미국의 대기업에서 직접 기업대학을 경영하는 경우가 크게 늘어가고 있다.

2001년 GM의 기업대학은 8만 6천 명의 행정, 사무, 전문, 기술직 직원에게 1,500개의 교과과정을 제공했다. 여기서 직원 1인당 과정을 이수한 일수(日數)를 합산하면, 약 20만 일수이다. GM이 사원들에게 1년간 제공한 교육량은 펜실베이니아 대학 와튼스쿨 MBA과정의 1년차와 2년차 학생들에게 제공하는 수업량과 거의 같은 수준이다.

기업의 교육투자를 보면, GE는 약 10억 달러를 투자했으며, 대부분 크로톤빌(GE Crotonville)의 연수원에 투입했다. 모토롤라는 자체 교육 또는 명문대학과 영리교육기관과 제휴한 전문교육연수에 천문학적 규모의 투자를 하고 있다.[15] 이미 오래전부터 미국과 프랑스, 영국, 독일의 주요 기업에서는, 대학과 제휴해 기업이 필요로 하는 전문기술의 교육훈련을 위탁하는 시스템(맞춤식 교육, customized education systems)이 확산되고 있다.

최근 자료에 따르면, 미국 내에 약 2천 개의 기업대학(corporate universities)이 있는 것으로 추산하고 있다. 정확한 통계는 없으나, 이들 기업교육 전체의 시장규모는 2003년에 100억 달러에서 300억 달러로 추산한 바 있다.[16] 2010년경에는 적어도 1천억 달러 이상의 규모로 확대된다고 예상한 바 있다.

선진국 거대기업들의 장기적 전략은 모두 동일한 목표, 즉 미래의 생존경쟁을 위해 다차원에서 확고한 플랫폼을 구축하는 것이다. 이 중에서도 기업 간의 제휴과정에서 산업 클러스터(industry clusters)—동종의 산업집단—를 경쟁우위의 강력한 요소로 이끌어 갈 기능을 보여주고 있다. 기업의 클러스터는 성장엔진과도 같다. 즉, 경쟁상대가 존재한다는 것은 경쟁에 대한 지혜와 구조를 정확하게 파악할 수 있는 기회가 될 수 있기 때문이다.[17]

급변하는 경쟁환경에서 글로벌 자원의 활용은 피해갈 수 없다

금후의 이노베이션은 세 가지의 새로운 원칙이 부각되고 있다. 이미 케이스에서 본 것처럼, 첫째로, 개별 고객은 서비스나 제품의 구입을 통해 많은 것을 체험하게 된다. 서비스를 제공하는 기업은 소비자의 가치도 동시에 충족시킬 수 있어야 한다. 둘째로, 대기업은 경영자원의 활용방법을 연구하고 낮은 코스트에서 양질의 글로벌 자원을 활용하는 것을 최우선으로 한다. 셋째로, 위의 두 가지 원칙에 준한 영향력을 받는 경우가 있다. 이로 인해 글로벌 기업은 새로운 경영전략의 흐름을 주시하게 될 것이다. 이 과정에서 고객과 기업의 상호간 가치를 창조할 수 있는 경영자원의 조달과 이를 강화 · 확대해 나가는 방향을 모색하게 될 것이다.

톰 피터스의 말을 빌리자면, 우월성(excellence)을 넘어 '보다 폭넓은 표준'(berserk standard)에서 접근하는 사업들이 나타나는 것을 지적하고 있다. 앞에서 본 것처럼, 이미 2000년 초부터 세계의 젊은이들은 소셜 네트워킹(SNW; social networking) 중심의 사업화에 적극적으로 뛰어들고 있다. 오늘날 소셜 네트워킹의 중심에는 아마존(Amazon), 이베이(Ebay), 마이 스페이스(MySpace), 유튜브(YouTube), 오르컷(Orkut), 페이스북(Facebook) 등이 있다.[18] 또한 온라인에서 주목을 끌고 있는 크레이그리스트(Craigslist)는 신문의 수명을 단축시킬 만한 큰 변화를 예고하고 있다. 크레이그리스트는 아마존이나 이베이보다도 고객 접촉 면에서 앞서고 있다.

아마존의 고용직원이 약 2만 명, 이베이가 1만 6천 명인 것에 비해 크레이그리스트는 겨우 30명으로 운영하고 있다는 사실에 놀라지 않을 수 없다. 한마디로 이는 혁신적인 케이스이며, '실용적 비즈니스 활동' (pragmatic action)의 승리라 할 수 있다.[19] 이처럼, 가까운 장래에 소셜 네트워크 서비스 분야의 비즈니스는 더욱 놀라운 비약을 예고하고 있다.

지금 선진국의 경쟁환경은 단순한 변화를 부르는 차원을 넘어, 커다란 사회적 변동을 불러올 만큼 어마어마하다. 예를 들면, 개개인은 구매행동의 경험을 통해, 서비스 제공자와 같은 입장에서 이익(혹은 편익)을 얻을 수 있는 기회가 급속하게 확산되고 있다.

가령, 타이어의 구입, 보험가입, TV 시청, 공항의 자동 체크인, 슈퍼마켓의 자동지불 시스템 등 개별적인 지불 시스템이 확산되고 있다. 특히 개인의 경험과 글로벌 자원의 활용은 금후의 기업 발전과정에서 중요한 가치창출을 가져올 것이다.

1984년생인 마크 주커버그(Mark Zuckerberg)가 설립한 페이스북은 2010년 가입자 약 6억 명—세계 인구의 약 10%—이고, 자산 40억 달러 이상이다. 골드먼삭스는 아직 상장도 하지 않은 이 회사에 장래의 잠재력 측면에서 기업가치를 약 450억~500억 달러로 부여하고 있다.

현재 재산 10억 달러 이상의 20~30대 웹사이트 재벌들은 약 15~20명으로 추산하고 있다. 이 웹사이트에서는 고객과 서비스 제공자가 동시에 시장을 형성할 것이며, 이는 IT의 유비쿼터스(Ubiquittous) 기능을 활용한 산물이라 할 수 있다.

이런 흐름은 가속화되고 있다. 즉, 개인 중심의 사회 네트워크 사이트의 이용자는 급격하게 증가하고 있다. 마이 스페이스는 4년간에 2억 명, 페이스북은 2년간에 4,700만 명 이상으로 이용자가 늘었다. 2011년 현재는 상상을 초월할 정도의 규모이다.

이들 두 기업이 단시일에 많은 이용자를 획득할 수 있었던 것은 고객과 서비스 제공자가 동시에 가치를 창출할 수 있는 환경을 갖추어 왔기 때문이다. 페이스북은 어플리케이션 시스템 개발을 공개한 지 18개월 만에 5천 종류 이상의 성과를 거두었다. 바로 이것이 글로벌 자원을 활용한 실례이다.[20]

프라할라드와 크리슈난 교수는 혁신적인 사업운영을 위한 이노베이션 전략에 관한 세계적인 케이스를 알기 쉽게 소개한다. 물론, 이노베이션 전략은 새로운 기능과 부수적 조건과 CEO와 관리자들의 리더십과 인내력, 명석한 판단력을 전제로 한다.

조직을 개혁하려는 매니지먼트는 자산만으로 모든 것을 이루어낼 수 없다. 이 문제는 어떤 방식으로 조직의 과거유산으로부터 탈출할 것인가, 또한 이노베이션을 추진할 수 있는 새로운 적응능력을 어떻게 갖출 것인가에 있다.

여기에는 유연성과 효율성, 신뢰성을 동시에 갖추어 나가야 한다. 또한 매니저의 명석한 사고방식과 판단력, 경영의 투명성과 선명도(鮮明度)를 높여가는 방안을 강구해 나가야 한다. 기업은 사업기회에 알맞은 인재와 자원을 적절하게 배치해야 한다. 특히 팀의 역량, 과제의 내용에 알맞은 최고의 인재를 세계에서 물색하려는 노력이 있어야 한다.

가령, 아마존닷컴, ING보험회사, ICICI의 당뇨병 대책 프로그램 등은 몇 백만 명의 고객을 상대하는 업무를 취급하고 있다. 이 회사들은 개별 고객의 행동과 니즈를 독자적으로 취급하고 있는 관계로, 집중적인 분석력이 뒷받침되어야 한다. 이 같은 업무는 인재 발굴의 경우에도 적용되고 있다.

기업은 고객뿐만 아니라, 종업원과 판매자에 대해서도 각자의 개성을 존중해야 한다. 개개의 업무에 알맞게 인재를 배치전환할 수 있다면, 경쟁우위를 차지하는 데 유리할 것이다. 사내외 인재의 능력을 기동적으로 활용하는 방식이다. 이것은 틀에 박힌 계층제도와 종적인 조직에 따른 행동과 발상과는 양립할 수 없다.

인재활용의 가치는 글로벌 경쟁력을 지배한다

원래 아웃소싱(outsourcing, 외부조달 혹은 外注)은 제품 또는 업무의 코스트를 절감하기 위해 외부에 위탁 또는 의뢰한 것에서 나온 것이다. 지금의 아웃소싱의 내용은 글로벌화에 따라 신흥시장을 기반으로 해 여러 가지 형태로 진화되고 있다. 그 형태를 보면, '① 비용절감을 위한 아웃소싱 → ② R&D활동의 외국거점 확보 → ③ 신제품개발과 판매활동의 강화 → ④ 글로벌시장을 향한 제품개발' 로 연결되고 있다.

글로벌화는 끊임없이 새로운 활력소를 만들어낸다. 선진국의 글로벌 기업은 성장에 집중하는 중국과 인도와 같은 신흥시장에 매력을 느꼈다. 한편, 신흥국에서는 일부 기업들이 성장함에 따라 국내시장을 뛰어넘어 글로벌화로 진화하고 있다. 가령, 인도의 타타 그룹(TaTa Group), ICICI, 인포시스(Infosys)와 같은 새로운 다국적기업은 구미의 선진시장에 초점을 맞추고 있다.

선진국 기업은 아시아의 낮은 임금에 매력을 느꼈으나, 이젠 선진국 기업과 신흥국 기업 할 것 없이, 모두가 세계 어디에서도 필요한 인재 발굴에 경합하고 있다. 이미 알고 있듯이, 인도 기업들도 이젠 낮은 임금을 내세우는 시대에 살고 있지 않다. 인도 기업의 우위성은 점차 낮은 코스트에서 고품질과 높은 혁신체제로 빠르게 이동하고 있다. 이들의 변혁은 업무 프로세스에 대한 이노베이션(TQM : 수법, 소프트웨어 개발, 업무관련의 서비스)에 집중하고 있다.

문제는 기업의 경쟁력이다. 일류기업은 글로벌 시장에서 누구와든 경합하지 않을 수 없다. 높은 경쟁력을 갖추고 고객에게 최고의 서비스를 제공해야 살아남을 수 있다. 세계적인 인재와 기능을 집중시켜 나가지 않으면, 그 지위는 유지할 수 없기 때문이다.[21]

산업구조의 고도화 과정에도 커다란 변화를 가져온다. 종전의 대량 생산에 의한 제품의 반복라인과 단조로운 서프라이 첸과 조립라인은, 이미 위축되어 소량주문의 생산라인으로 옮겨갔다. 가령, 자동차, 타이어, 보험업과 같은 대량생산 상품만을 판매해서는 그다지 커다란 가치를 얻을 수 없다. 필요에 따라 상품에 다른 서비스를 추가해 고객에게 특별한 경험을 주는 방향으로 옮겨가야 한다.

타이어 그 자체보다, 운전자 개개인의 타이어 사용의 습관에 착안할 필요가 있다. 통계수치로 설계한 보험상품보다, 각 계약자의 리스크의 특성과 진단에 근거를 두는 건강관리체제에서 유익한 결과를 얻을 수 있다.

이처럼, 진화하는 사업기회에 대응할 수 있는 방안은 점점 복잡한 요소와 내용으로 변하고 있다. 제품과 서비스를 개별 고객의 경험과 연결해야 보다 효과적인 공동가치를 창출할 수 있다는 것을 알 수 있다.

가령, 델 컴퓨터 판매점에 데스크탑 컴퓨터 주문이 들어올 때, '모니터 필요 없다' 는 주문과 '모니터 필요하다' 는 주문이 있을 것이다. '모니터 필요 없다' 는 주문일 때는 모니터 제조업체에 발주하지 않는다.

여기서 생각해 볼 일은, 공동가치를 창출할 수 있는 기회와 고객과의 관계이며, 또한 그때그때의 다른 경영자원을 개별 프로젝트 단위로 보아야 한다는 점이다. 기업의 업무가 거의 프로젝트 단위로 이루진다고 할 때는, 자원과 인재도 프로젝트 단위이다. 프로젝트를 수행하기 위해서는, 적합한 사업지식과 소프트웨어의 기능이 투입되어야 한다. 매니저는 적기에 대처하기 위해 인재배치에 각별히 신경 써야 한다.

프라할라드는 다음과 같은 주요 사항을 강조한다. 사내외의 인재파악과 지휘명령계통, 문화 간의 조정, 조직의 편성(팀의 구성과 해산)을 쉽게 단행할 수 있도록 준비해 나간다. 경영자원을 자유로이 개선할 수 있도록 조치해야 할 것이며, 여기서 발생하는 마찰을 최소화해 업무의 지연과 창조성의 저하에 적극적으로 대처해야 한다.[22]

01. John Kenneth Galbraith, *The Affluent Society : Fortieth Anniversary Edition*, A Mariner Book, Houghton Mifflin Company, Boston, N.Y., 1992, p.51.

02. C.K. Prahalad and M.S. Krishnan, *The New Age of Innovation : Driving Cocreated Value Through Global Networks*, McGraw Hill, 2008, p.11.

03. Jim Collins, *Good to Great : Why Some Companies Make the Leap … and Others Don't*, Collins (An Imprint of Harper Collins Publishers), 2001, pp.90-91 참조.

04. *Ibid.*, 2001, pp.91-92, pp.93-94 참조.

05. *Ibid.*, 2001, pp.104-105, p.111 참조.

각 기업과 각 산업의 경제적 현실에는 차이가 있다. 이들 각각의 경제적 현실를 깊이 이해하고, 경제적 원동력을 강화하는 주요 구동체(驅動體, 동력을 주어 움직이게 하는 것)의 이해에서 사업 시스템을 구축하고 있다. 여기서 가장 중요한 것은 비약적으로 발전한 모든 기업에서 '재무지표의 분모'(economic denominator)라는 개념을 도입해 평가하고 있다는 점이다.

가령, 기준이 되는 재무지표를 선정해, 이를 장기적으로 상승시켜 가는 목표로 삼는 경우이다. 이때, 지표의 분모는 자기 기업에서 경제적 원동력이 가장 높고 지속적인 영향을 미칠 수 있는 것을 선정한다.

앞에서 본, 높은 편의성을 전략무기로 사용해 대비약한 약품판매업의 세계 최고인 월그린(Walgreens)은 다음과 같은 방법을 쓰고 있었다. 월그린은 1개 점포당의 이익(profit per store)을 사용하는 재무지표를 버리고, 고객 1인당의 이익(profit per customer visit)을 지표로 선정했다.

이로써 반경 1마일 내에 점포 수를 9개로 확대시키고 편의성을 높임으로써, 동시에 전체의 이익을 올릴 수 있었다. 일반적인 지표인 1개 점포당의 이익을 중시한다면,

편의성의 내용과 모순된다. 즉, 1개 점포당의 이익을 올리려면, 점포 수를 줄이고 낮은 코스트로 점포를 낼 수 있는 측면에서 축소하는 편이 간단한 방식이다. 이것은 편의성의 개념을 파괴하는 것이 된다 → 즉, 월그린의 핵심전략은 무너진다.

다른 실례로서, 주택 론(mortgages)으로 세계 최고의 자본시장의 참가자인 패니 맥(Fannie Mac)의 분모는, 주택 론 1건당 이익(profit per mortgage)이 아닌, 주택 론의 리스크 수준당 이익(profit per mortgage risk level)이다.

이것은 패니 맥의 주택 론의 채무불이행 리스크를 판별하는 가장 중요한 지표이다. 이들은 주택증권의 판매보다도 리스크관리에 초점을 맞추어 사업을 전개하는 것에서 최고 기업으로 발전하고 있다.

06. *Ibid.*, 2001, pp.95-98, p.100, p.108 참조.

07. *Ibid.*, 2001, p.111.

08. C.K. Prahalad and M.S. Krishnan, *The New Age of Innovation*, 2008, p.17, pp.12-14, pp.15-17 참조.

09. C.K. Prahalad and M.S. Krishnan, *op.cit.*, 2008, pp.19-20, pp.142-143 참조.

10. Thomas J. Peters and Robert H. Waterman Jr., *In Search of Excellence : Lessons from America's Best-Run Companies*, Harper & Row, Publishers, N.Y., 1982, pp.156-157 참조.

11. Thomas J. Peters, *The Little Big Things*, Harper Collins Publishers, 2010, pp.125-126 참조.

12. Thomas J. Peters, *The Little Big Things*, Harper Collins Publishers, 2010, p.351.

13. Thomas J. Peters and Robert H. Waterman Jr., *In Search of Excellence. Lessons for America's Best-Run Companies*, Harper & Row, Publishers, N.Y., 1982, pp.159-162 참조.

14. Thomas J. Peters, *The Little Big Things*, Harper Collins Publishers, 2010, pp.203-204 참조.

15. Clayton M. Christensen, Scott D. Anthony and Erik A. Roth, *Seeing What's*

Next : Using the Theoris of Innovation to Predict Industry Change, Harvard Business School Press, Boston, Massachusetts, 2004, p.111 참조.

16. *Ibid.*, What' s Next, 2004, p.111.

17. *Ibid.*, What' s Next, 2004, p.212 참조.

18. C.K. Prahalad and M.S. Krishnan, *op.cit.*, 2008, p.26, pp.31-32, p.33 참조.

19. Thomas J. Peters, *The Little Big Things*, 2010, pp.311-312 참조.

20. C.K. Prahalad and M.S. Krishnan, *op.cit.*, 2008, pp.39-40 참조.

21. C.K. Prahalad and M.S. Krishnan, *op.cit.*, 2008, pp.205-208 참조.

22. C.K. Prahalad and M.S. Krishnan, *op.cit.*, 2008, pp.206-208, pp.216-218 참조.

03 chapter 3 장

지속 가능한 성장과 발전의 틀

1 경제성장과 발전의 올바른 틀

2 '애니멀 스피릿츠'(animal spirits)의 가설

3 신뢰성, 공평성, 부패와 반사회적 행위

인류의 변하지 않는 나쁜 악몽의 하나는, 기술적인 성장이 끊임없이 기술의 지혜와 배려와 공감을 가질 수 있는 이용방법보다 먼저 달려온 것에 있다. 즉, 외면적인 발달이 내면적인 발달에 앞서가는 것에 있다.

Ken Wliber[1]

모든 국가가 지속 가능한 발전을 위해 고심하는 것은 예나 지금이나 다를 바가 없다. 국가의 장기적 정책목표는 크게 나누어 국민생활의 안녕, 지속적인 경제발전을 통한 고용확대와 공평한 분배와 자원배분의 적정화에 있다. 이런 목표는 항상 국민경제의 장기적인 발전방향을 규정하는 엄격한 틀을 벗어나서는 달성할 수 없다.

장기적인 경제목표를 지향하는 정책운영의 기본원칙은 1) 높은 고용수준 유지, 2) 물가안정, 3) 국제수지의 개선과 안정화와 국제통화의 안전관리에 있다. 물론, 경제불황에서 오는 고용기회의 위축과 실업증대, 수요와 공급의 차질에 의한 인플레이션 억제의 실패, 통화가치의 하락과 외환관리상의 리스크는 모두 사회적 · 경제적 불안으로 이어진다.

과거에는 경제운영을 마치 엔진과 같은 것으로 이해하기도 했었다. 이런 시대에는 한 국가의 고용과 물가안정, 국제수지 등을 반영한 적절한 매뉴얼을 따르면, 경제운영을 원활하게 관리할 수 있었다. 그러나 글로벌화의 영향으로 경제환경이 급변하는 시대에는 많은 난제로 인해 정책적인 의사결정에 차질을 가져온다.

장기적 정책목표를 수행하기에 앞서 각 관계기관은 평소의 관리 시스템의 운영에 관한 절차와 과정을 철저하게 점검해 나가야 한다. 이것은 급격한 환경변화에 따르는 정책운영상의 유연성과 업무수행의 책임감과 투명성의 시스템을 재확인하는 절차이다.

경제성장의 성과가 모든 것을 해결할 수 있는 것은 아니다. 세계의 경제활동 규모는 1950년 이래 8배 확대되었으며, 2050년까지 6배 확대될 것으로 전망하고 있다. 이것은 인류역사상에서 볼 수 없었던 규모이며, 동시에 환경파괴도 그만큼 확대될 것이다.

우려스런 것은 인간에 의한 모든 경제활동이 자연자원을 이용하는 것에서 이루어지고 있는 이상, 자연환경을 파괴할 가능성도 그만큼 높아질 것이라는 점이다. 가령, 강우량, 하천 흐름, 광합성(녹색식물이 광에너지를 이용해 탄산가스와 물에서 탄수화물을 만드는 것)의 수단 등과 같이 자연의 공급을 들 수 있다.[2]

세계 인구가 급격하게 증가하고 인간의 경제활동이 더욱 넓어짐에 따라 생태계는 큰 위협을 받고 있다. 이런 현상이 더욱 심화된다면, 지구상의 모든 생명체가 어떻게 될 것인지를 생각하지 않을 수 없다.

지속적 경제성장과 발전은 폭넓은 차원에서 올바른 정책조율이 뒷받침되어야 한다. 글로벌 환경에서의 성장과 발전은 투자와 기술력의 절대적인 역할과, 이들 요소 간의 상호보완적인 기능을 합리적으로 가동시켜 나가야 한다. 바로 여기에 성장과 발전을 안전하게 이끌어 나갈 수 있는 잠재적인 가능성이 주어져 있다.

시급한 과제는 일자리를 창출해서 국민 각자가 삶을 보람있게 누릴 수 있게 하는 일이다. 정부와 기업은 선진국 대열에 올라서고, 국민소득 3만 불, 4만 불 시대를 맞이하려고 애쓴다. 물론, 꼭 실현되어야 할 일이다.

그러나 젊은 사람들의 일자리 창출과 중년층 이상 세대의 안정된 직장을 보장하기 위한 다각적인 노력이 선행되어야 한다. 이런 해결방안이 늦어지면 소득불균형이 더욱 심화되어 사회 전체의 불안요소가 확대될 것이다. 고용창출, 창업 지원, 전문직종 개발을 위해 현실적인 대안이 시급하다.

1
경제성장과 발전의 올바른 틀

런던 서클의 경제학 교수인 미샨(E.J. Mishan)은 약 40년 전에 생태환경 또는 에코 경제, 그린 비즈니스 중심의 경제발전에 관해 선구적 역할을 했다. 미샨 교수는 런던 서클에서 1940-1980년대 말까지 재직하면서 주로 1939-1960년에 『이코노믹 저널』의 학술지에 자원배분론과 후생경제학 분야의 많은 논문을 발표했다.

당시 미샨 교수는 이단론적인 견해를 펼쳤기에 정통파 경제학자와 경제성장론자들의 비판을 면치 못했다. 그의 주장은 지금의 글로벌화 시대에 문제되고 있는 자원낭비와 환경파괴를 비롯한 국제통화 및 무역거래상에서 발생하는 많은 문제에도 직접적인 영향을 미쳤다.[3]

이미 그는, 원활하게 기능하고 있다는 시장기구에는 모든 가격과 수량이 서로 조절되는 반응 이외에도 별도의 다른 영향력이 작용하고 있다는 사실을 지적한 바 있다. 가령, 한 기업이 제조과정에서 공해를 배출한다고 가정하면, 제품생산으로 인해 사회에 피해를 줄 수 있는 환경오염을 일으키므로 결국 사회적 비용을 부담시키는 결과를 가져온다는 것이다. 이런 사실에 대해 오늘날에는 모르는 사람이 없다.

당시 미샨 교수의 이단적인 견해

'만병통치적인 경제성장론'에 대한 최초의 경종 = 이단적인 논객

미샨 교수는 누구보다도 먼저, 당시 영국의 고도성장으로 인한 사회적인 모순에 대한 정책적인 제안을 한 것으로 유명하다. 경제성장에 대한 은혜를 부정하려는 것은 아니다. 2세기 동안 고도성장이 가져온 것은 모두 참다운 가치가 아니라는 점을 강조한다.

미샨 교수의 『경제성장의 대가』(*The Costs of Economic Growth*, 1967)는 오늘날 지구촌에 심각한 위협을 주고 있는 문제를 다룬 것으로, 그 당시 그린 운동과 에코로지 운동을 통해 정책방향에 많은 영향을 주었다. 그는 경제발전과 진보 그 자체가 빈부의 격차를 가져온다면, 사회를 더욱 극심한 혼란 속으로 빠뜨릴 것이라는 점을 제기한다. 결국 인간 스스로가 물질문명에 사로잡혀 옛날과는 달리, 자연의 힘으로부터 점점 멀어져 퇴화해 가는 것을 우려하고 있었다. 이는 경제성장 전체의 가치에 대한 우려의 목소리로 받아들일 수 있다. 그러나 당시의 경제학자들은 이런 정책적인 제안을 외면했다.[4]

어느 한 기업이 다른 기업과 소비자들을 고려하지 않은 채 경제활동을 함으로써 각종 문제를 유발할 수 있다. 문제를 조정할 수 있는 시장기능이 조성되어 있다면 나쁜 영향력을 어느 정도 억제할 수 있다.

그가 강조하는 것은 외부효과(spillover effects, 유출효과. 또는 경제주체의 행동이 시장거래 이외에 미치는 효과)[5]이다. 이 외부효과를 장차 어떤 방법으로 억제할 수 있을 것인가에 대해 많은 제안을 한다. 도시개발, 대규모

이주, 관광여행, 교통 등과 관계된 외부효과에 관한 제안이다.

외부효과는 모든 경제행동이 시장거래 이외의 곳까지 커다란 영향을 미치는 것을 말한다. 이때 조정 능력을 갖추고 있다면, 경제성장과 발전과정 간에 어느 정도의 조화를 기대할 수 있다. 그러나 이것만으로 사회 전체에 복지후생 증진과 균등한 혜택이 돌아간다고는 보증할 수 없다. 이처럼, 경제성장의 과정과 결과에서 나타나는 불안정한 요소와 경제성장이 가져다 주는 복지적 가치에 관한 연구는 매우 중요한 의미를 가지고 있다.

이 문제는 현재 우리나라에서도 정치적 이슈로 가열될 조짐을 보이고 있다. 물론 사회발전을 위한 최종적인 목표는 북지국가의 실현이다. 그러나 경제성장과 성숙사회 간의 밸런스는 단순하고 쉬운 것이 아니다. 성장과 분배과정에서 문제해결을 위한 원칙적인 틀을 벗어난다면 복지의 황금 항아리를 깨뜨리는 결과를 가져온다는 서구의 교훈을 잊지 말아야 한다.

미샨 교수는 당시의 변화와 발전과정에서 발생하는 문제의 대안에 깊은 관심을 가지고 있었다. 특히 제2차 세계대전 이후의 시대적 변화의 윤곽을 거의 정확하게 예상하고 있었다. 이것은 주로 과학과 기술의 발전이 인간 생활에 미치는 획기적인 변화와 자유라는 교의(liberal doctrines)가 어느 정도의 타당성을 가지고 있는가에 대한 의문이었다.

이 과정에서 다음 3가지 문제를 지적한다. 1) 인구 증가로 인해 생태학적 귀결에 대한 의미를 인식한 점, 2) 기술진보의 속도가 빠를수록 숙련도와 지식, 교양의 쇠퇴화가 급속하게 진행될 것이라는 점, 3) 전후 서구의 윤택한 시대를 맞이해 통신 및 운송, TV, 자동차, 여가와 관광 분야의 확대로 점차 복잡한 문제들이 발생할 것이라는 점이다.

미래의 변화에 대한 올바른 학습

이처럼 미샨 교수의 제안은 당시에 보다 적극적이고 근원적인 문제 해결의 방향을 제시한 것이라 평가할 수 있다. 당시의 영국이 급격한 변화에 대한 인식과 대처방안을 소홀히 다루어 왔다는 것에 주목한다. 특히 당시의 정책상의 착오는 변화가 서서히 진행될 것이라고 인식한 것에 있었다.

인간은 과거의 안이한 습관에 빠져 파국이 눈앞에 다가왔어도 그 변화를 착각하고 스스로 불안을 잠재우려는 버릇이 있다. 이 점에 대해 미샨 교수는 정확한 진단을 내렸다. 도덕적 기반(moral foundation)을 깨뜨리는 과학과 기술개발이 일반 사람의 복지에 어떤 영향을 미칠 것인가를 판단할 수 있는 치밀한 학습훈련이 거의 준비되어 있지 않았고, 준비하려고 해도 아마 뜻대로 되지 않았다는 것이다.

그는 권력을 장악하려는 현대의 젊은 계층들마저 시대를 진단할 때, 지금 발생하고 있는 사회분쟁과 사회적 불만의 원천이 어디에 있는가를 등한시하는 것에 점차 무감각해진다는 점에 주목한다.[6]

부의 증대가 가져다 주는 수확이 우리에게 어떤 가능성을 열어줄 수 있는가에 대해 항상 신중하게 대처해 나가야 한다. 달리 말해, 형성되어 가는 부의 증대부분을 보다 합리적으로 유효 · 적절하게 활용 · 배분할 수 있다면, 발전의 가능성은 더욱 착실하게 확대된다.

미샤 교수는 40년 전에 지금의 글로벌 사회에서 일어나고 있는 변화의 흐름을 거의 정확하게 예측하고 있었다. 즉, 사회 · 경제 정책과 새로운 기술진보에 따른 기업활동과 자원관리는 모두 일상생활에 밀접한 자연환경을 충분히 고려할 필요가 있다는 점을 강조한다.

특히 도시개발과 도로확충 등과 같은 개발에 따른 환경파괴, 해안선에 접한 지역도시의 추악화(uglification), 화학폐기물에 의한 대기와 하천의 오염, 해안지역의 두꺼운 기름층 퇴적, 해수를 오염시키는 각종 시설과 하수도, 살충제의 무차별 사용에서 오는 야생동식물과 생태계의 파괴, 살림 파괴, 지구표면의 콘크리트화, 방사선 물질에 노출된 토양의 황폐 등에서 보듯이 인간은 잘못된 생각 탓에 아름다운 자연 유산을 포기하는 꼴을 자초한다.[7]

이처럼 자연환경을 고려하지 않는 것에는 많은 원인이 있다. 초기에는 경험하지 못한 발전 속도와 규모, 기술력 확대, 기업화에 대한 인간의 기회주의적 사고가 그것이다.

거의 모든 경제학자들은 성장이 개인적 복지증대를 가져오는 중요한 정책목표라고 믿어 왔다. 그러나 일부 경제학자들과 갤브레이스(J.K. Galbraith [1908-2008])와 미샤 교수는 성장이 복지를 증대시키는 방법이라는 주장은 옳지 않다고 지적한다.[8] 오늘날 이 문제는 보다 다각적인 차원에서 충분한 검토를 거쳐야 한다.

갤브레이스는 자신의 한 저서의 마지막 장에서 간접적으로 이에 대답하고 있다. 즉, 도시환경, 빈곤계층의 생활고와 절망에 대해 정책목표가 어떤 것이어야 하는가를 지적하고 있다.[9] 미샤 교수는 비단 경제성장에만 치중할 것이 아니라, '500년간 이어져 온 과학과 세속화 시대의 절정에 놓여 있는 정신적인 허전함' (spiritual void, 정신적인 공허감)을 다시 채우는 데 필요한 가치관의 전환이 아쉽다는 점을 강조한다.

이는 인류의 문화적 가치와 정신적 가치에서 형성되는 모든 합성물과 분리할 수 없다는 것을 의미한다. 미샨 교수을 비판하는 일부 사람들은 미샨 교수가 성장에 대한 문화적 가치와 경제적 가치를 융합하는 것에서 논점을 올바르게 파악하지 못한 것이 아니냐고 지적한 적이 있다. 이런 사고는 사실 미샨 교수의 깊은 논리적인 근거를 충분히 이해하지 못한 것에서 비롯된 것이다.[10]

미샨 교수가 제시하는 경제정책은 1) 경제성장, 2) 국민생산물의 분배와 공평성, 3) 자원배분의 적정화를 강조하며, 특히 자원의 배분에 중점을 두고 있다. 그런데 중요한 것은 경제가 나아가는 방향, 즉 경제의 장기적인 정책방향이 중요한 열쇠를 쥐고 있다는 점이다.

경제를 움직이는 엔진에만 논의를 너무 집중하다 보면, 경제성장에 따른 급격한 변화에 대해 사후적인 대안만을 제시하는 것에 그치게 된다. 이로 인해 정책대안에 필요한 선택의 폭은 더욱 좁아질 뿐이다.[11]

3가지 경제정책 중에서도 가장 중요한 사항이 있다. 경제성장을 나타내는 지수는 생산력이 증대할수록 높아진다. 그러나 이 지수의 상승과 동시에 '마이너스의 재화' (negative goods) = '환경악화에 대한 부담' (burden of disamenities)을 계산에 넣지 않으면 안 된다고 지적한다.[12]

지속적 경제성장의 미래상

미샤 교수의 견해는 오늘날의 경제현상을 이해하는 데 유익한 도움이 되고 있다. 그의 주장을 요약해 보면 알 수 있다. 기업은 동일한 제품을 계속 생산할 수 없다. 새롭고 부가가치가 높은 제품과 서비스를 제공하지 않으면 기업조직은 유지될 수 없다. 사회가 부유해 갈수록 인간의 욕구는 확대되어 가기 때문이다.

핵심적인 과제는 사회 발전과정에서 중요한 기술진보에 의한 성과와 결과가 인간의 복지에 공헌하는 구성요소를 파괴해서는 안 된다는 것이다. 사회적인 병폐로 나타날 많은 징조는 경제성장의 과정에서 발생하는 문제와 밀접한 관계가 있기 때문이다.

미샤 교수는 '경제성장의 귀결'(consequences of economic growth)로서 측정할 수 없는 것들이 너무나 많다는 점을 주시한다. 좋든 나쁘든 간에, 실제로 기술진보는 제도의 틀 안에 있는 것이므로 계획적인 것이라기보다는 강제성을 띤 것으로 이해한다.

한편, 경제성장을 추구하는 주요 정책을 거부하는 사람들도 있다. 이들은 과학진흥과 산업투자에 동의하지 않는다. 짧은 인생을 보다 즐겁게 살아가는 것이 보다 귀중한 보람이라고 믿기 때문이다.[13]

문명사회는 물질적 또는 교육적 기회가 확대 · 개방되는 과정을 거치게 되므로 진보의 길은 항상 순탄하지 않다. 우리가 경험한 것처럼, 많은 노력과 인내심을 필요로 한다. 지속적 경제성장과 도약에 필요한 전제조건의 하나는 낡은 전통적 가치관의 붕괴와 현재에 품는 불만에 대해 적극적 방안을 강구해 나가는 일이다.

이것은 진화과정에서 일어나는 쇠퇴화(obsolescence)이며, 이를 버나드 쇼(Bernard Shaw [1856-1950], 아일랜드 태생의 영국 극작가 및 비평가)는 '불만이 곧 진보의 추진력'이라고 말한 바 있다. 특히 산업계가 급격하게 변화하는 과정에서 노동자의 불안감은 조합의 힘이나 복지국가의 힘만으로 해소되지 않는 것이며 그들의 기능이 단시일에 쇠퇴될 가능성이 높다.[14]

변화의 속도가 빠르고 거침없이 진행되면, 경영자든 노동자든 과학자든 쇠퇴화의 낭떠러지에 서게 될지도 모른다. 이에 따라 지금까지 습득한 기술과 방법론이 짧은 시일에 쓸모없는 것으로 바뀔 위험이 더욱 높아질 것이다.

미샨 교수는 오늘날의 소비시장에서 일어나고 있는 현상을 거의 정확하게 예측한 셈이다. 기술혁신은 새로운 제품을 만들어내고, 치열한 광고를 통해 상품은 다양화된다. 소비자는 품질과 효능을 평가할 능력마저 떨어질 것이며, 때로는 싫증과 반발을 표출할 것이다.

광고를 무시하더라도, 오랫동안 인간의 의식을 자극하면, 탐욕과 허영, 욕망과 야심을 불러일으키게 될 것이다. 이런 사태가 누적되면 인간의 성격에 어떤 영향을 미칠지 모른다.

이처럼, 지나친 광고와 대중을 향한 저널리즘의 영향으로, 인간은 점점 속되고 물질적으로 바뀌어 갈 것이다. 인생의 커다란 수확을 돈으로 살 수 있다는 위험한 발상이 가치판단의 기준에 작용하게 된다면, 그 사회는 크나큰 시행착오를 범할 것이라고 경고한다.

경제성장은 제품과 서비스의 성장만으로 이루어지는 것이 아니다. 이것은 급격한 기술진보에서 나타나는 많은 사회적 귀결에서 이루어지는 것으로 생각할 수 있다. 이런 결과는 보다 건전한 제도와 시스템을 운영해 불편을 완화할 수 있고, 생활을 즐기려는 욕구와 능력을 약화시키는 경우도 있을 것이다. 이 점을 감안하면, 지속적 경제성장이 순수한 사회적 이익을 가져올 것이라는 낙관적인 생각은 모두 그대로 받아들이기 어려울 것이다.

미샨 교수가 본 글로벌화의 귀결

지구상의 거리단축은 다양성의 소멸을 가져온다. 이에 따라 빠른 변화와 미래지향적 사회를 추구하기에, 중요한 문제들을 올바르고 공평하게 해결하기가 어려워진다는 점에 주목할 필요가 있다.[15]

이미 경험하고 있듯이, 고도 경제성장 과정에는 장애물(보틀넥)이 나타날 것이다. 사회안전과 복지 문제, 분배문제, 이해관계 문제, 사회 불균형 문제, 부당한 정책 문제 등으로 인해 사회갈등은 더욱 확산될 것이다. 이런 현상은 이윤을 추구하는 과정에서 발생하는 것으로서, 때로는 사회 전체의 불행한 사태를 초래할 수도 있다.

끝으로 미샨 교수는 플라톤(Plato [B.C.427?-B.C.347])의 견해를 따를 것을 권유한다. 플라톤은 전제제도에 의한 부패보다 자유에 의한 부패를 더욱 무서워해야 한다고 했다. 플라톤에 따르면, 완전한 생활, 즉 알맞게 균형을 갖춘 보람있는 생활의 조화를 강조한다. 마치 오케스트라에서 모든 악기가 각각 제대로 역할을 담당해야 훌륭한 연주를 관객에게 선사할 수 있는 것과 같다.

과거 선진국에서 경험한 급속한 성장은 사회발전에 매우 충격적 영향을 미쳤다. 계층 간에 긴장과 불안과 갈등과 불균형을 조성하는, 돌이킬 수 없는 과오를 범했다는 역사적 사실들을 잊어서는 안 된다.

우리나라도 오랫동안 겪고 있는 사회 갈등과 불균형은 한마디로 균형 잃은 성장의 그늘에서 싹터 온 측면을 잊어서는 안 된다. 취득본능(acquisitive instinct)에만 집중하는 것은 전체의 불행을 자초하기 때문이다.[16]

두려운 것은 글로벌 금융 위주의 난잡한 돈의 게임이다. 이는 책임있는 사람들이 감독하고 감시하는 시스템을 올바르게 정착시키지 못한 데 문제가 있다. 권력을 지닌 극소수자들이 자본주의라는 제도를 자신들의 탐욕을 충족하는 수단으로 전락시켜 가려는 데 잘못이 있다.

물론, 글로벌 금융시장이 새로운 활력소와 국제경쟁력을 가져오기는 하나, 문제는 금융시장의 변화에 민감하게 반응하는 함정이 항상 도사리고 있는 중대한 결함을 내포하고 있다.[17]

2 '애니멀 스피릿츠'(animal spirits)의 가설

성숙한 사회로 가려면 길을 안내하는 성실한 가이드를 믿어야 한다. 원만한 사회에서 아름다운 삶을 누리기 위해서는 모두가 안전하고 공평한 보금자리를 유지할 수 있는 상호간의 신뢰가 구축되어야 한다. 여기에는 여러 가지 방안이 있겠으나, 그중에는 개개인의 '의지'가 중요한 역할을 한다고 볼 수 있다. 이것은 둥지문화를 형성하는 기반이라 할 수 있다.

사람은 올바르고 정직한 행동과 규율을 지키는 환경에서 각자의 열정과 삶을 일구어 갈 수 있는 성숙한 사회를 바라고 있다. 이런 희망에 찬 세계를 상상해 본다면, 누구나 아름다운 그 세계를 동경하게 될 것이다.

공동사회의 둥지문화를 꽃 피우고 건전한 사회발전의 꿈은 인간의 강한 '의지'에 의해 이루어진다. 버트란드 러셀(Bertrand Russell [1872-1970], 영국의 논리학자 및 철학자)은 인간의 불행은 사회의 밸런스를 깨뜨리는 가혹한 경쟁에 몰입하는 것에서 온다고 말했다. 이 결함은 인간의 감성과 지성을 희생시키고 의지만을 부당하게 키우는 결과를 낳게 된다.[18]

인간의 이성은 인간에게 주어져 있는 양식(良識)에 지나지 않는 것이라고 강조한 프랑스의 알랭(Alain [1868-1951], 본명은 Emile Charter, 철학자이며 윤리학자)는, 행복은 생각하는 것에서 오는 것이라고 가르친다. 인간의 행동은 규율 있는 올바른 처세와 정의를 위한 것이어야 한다고 말한다.[19]

성숙한 사회는 무엇을 요구하는가

물질문명은 인간의 지혜와 지식과 기술이 이루어낸 산물이다. 물질문명은 인간에게 절대적 존재이며 귀중한 역할을 한다. 그러나 물질문명에는 사회를 구성하는 각 계층 간 조화와 도덕적 관행의 틀을 깨뜨리는 중대한 결함도 있다. 이로 인해 사회갈등과 불공평한 일들이 꼬리를 물고 일어나기도 한다. 물질문명에 대한 잘못된 생각(결함)이 사회 전체의 불화와 갈등의 씨앗을 뿌리는 결정적 요소이기도 하다.

선진국 대열에 진입하려면, 지금의 우리 사회가 겪고 있는 내부적 갈등과 상호 불신에서 벗어나야 한다. 아마 우리는 상호 불신으로 인해 엄청난 자원과 시간과 열정을 낭비하고 있는 국가일지도 모른다. 정신적 · 물질적인 낭비는 사회발전을 늦추는 장애물의 하나이다. 이를 극복하려는 의지와 자세가 아쉽기만 하다.

성숙한 사회는 계층 간에 폭넓은 소통과 대화의 문화를 가꾸어 나가는 사회이다. 타인과의 대화에서는 서로 다른 의견이 나오기 마련이다. 이런 경우에는 커뮤니케이션 테이블에 마주앉아 상호간의 의견을 충분히 경청하는 것이 올바른 자세일 것이다.

때때로 TV에서 문제해결을 위한 토론을 보고 있으면, 실리 없는 낡은 이념에 휩쓸리는 경우가 많다. 특히 정치적인 이념을 앞세워 아직도 진보다, 보수다 하는 식으로 주장하는 것은 안타까운 일이다. 그럴 만한 사정이 있는지는 알 수 없으나, 각자의 주장만을 내세운다면 아무것도 얻을 수 없다.

지금까지 우리 사회에서, 시대적 난제를 정확하게 파악하려는 노력과 이를 극복하고 해결하는 자세와 절차를 보면 부족한 점이 많다. 문제해결에 미숙해 사후에 또 문제가 발생하는 경우를 자주 볼 수 있다. 주로 업무처리상의 준비성과 정확성 또는 안전성을 세심하게 관리하지 않는 평소의 안이한 습관에서 오는 결함이 아닐까 싶다.

사회갈등과 불공정성을 해소하려는 정책적인 노력은 경제발전에 집중하고 있는 노력만큼 중요한 가치를 가지고 있다. 그러므로 이 문제에 대한 정책적 배려와 업무상의 지침에 따른 엄격한 관리감독과 검사기능을 충실하게 실행해 나가야 한다.

부정부패의 척결은 물론, 공평하고 투명한 사회질서의 확립, 부와 소득의 불균형에 대한 시정책, 반사회적 행위 해결, 무책임한 언동과 적대심과 시기심으로 인한 갈등의 해소도 시급하다. 시대적 난제를 풀어가기 위해서는 국민과 국가의 굳은 의지가 필요하다. 굳은 의지는 사회질서의 확립과 사회기반을 구축해 나가는 데 가장 중요한 정신적인 지주이다.

따라서 공정한 사회의 실현과 사회갈등의 해소는 사회적 규범과 규칙—창조력에 의한 혁신력과 경쟁력의 강화, 국민의지력의 확립, 올바른 사회의 건설,

소통과 화합, 협력과 대화의 문화창달, 인재육성을 위한 실천적인 대안, 고용창출, 사회지도층의 도덕성 확립, 정부의 준법정신, 공존사회의 확립 등—의 커다란 틀 안에서 구체적인 실천의 해법을 찾아야 할 것이다. 이런 실천적인 노력 여하에 따라 문제해결의 성과는 크게 달라질 것이다.

우리는 어려운 과제들에 대해 어떤 방법과 수단으로 해소해 나갈 수 있는가에 대해, 먼저 스스로가 진지하게 생각해 볼 필요가 있다. 생활습관이 크게 변하는 환경에서 내 자신이 어디에 서 있고, 하는 일이 무엇이며, 자기 일에 충실하게 임하고 있는가, 남에게 불리한 행동을 하지 않았는가에 대해 수시로 자신을 되돌아보는 마음가짐이 필요하다.

글로벌 사회는 창조력을 바탕으로 한 무한경쟁으로 달려가고 있다. 세계의 흐름은 인터넷과 신문과 TV보도자료를 통해 그 흐름을 대략 짐작할 수 있다. 물론 매체의 내용에 따라, 각자의 생각과 행동이 달라질 수도 있다.

가령, 하루 종일 전쟁 실황을 보도하는 TV채널이 있는가 하면, 증권과 주식 시세를 알리는 채널, 제품만을 선전하는 채널도 허다하다. 어떤 채널에서는 상업적이고 비도덕적 영화와 오락이 헤아릴 수 없이 흘러 나온다. 세상은 참으로 다양하고 별천지로 치닫고 있다. 이런 현실을 그저 받아들일 수밖에 없는 일인지 한번쯤 생각해 볼 일이다.

밤낮 없이 쏟아져 나오고, 좋고 값이 싸다며 미친듯이 서로 외치는 광고는 도깨비 세상 같다. 어쩌면 현대인은 비싼 돈을 지불하면서 도깨비 시장바닥을 누비며 만족하고 살아가야 할 운명인지도 모른다. 그러나 이런 현실 속의 무서운 허구적 행위가 암울한 미래를 감추려는 것에 지나지 않는 것인지도 모른다.

경제현실의 설명에 도움이 되는 '애니멀 스피릿츠'의 가정

캘리포니아 대학의 조지 애커로프(George A. Akerlof, 2001년 노벨경제학상 수상자)와 예일 대학의 로버트 쉴러(Robert J. Shiller, *The Subprime Solution*, 2008, 베스트셀러)는 『애니멀 스피릿츠』(*Animal Spirits*, 2009)라는 다소 이색적인 제목의 책을 내놓았다. 이들은 '애니멀 스피릿츠'의 측면에서 경제현상을 주시한다면, 지금까지의 분석결과와는 달리 보다 정확하게 경제의 움직임을 파악할 수 있다는 점에 주목한다.

'애니멀 스피릿츠'라는 용어는 고대 · 중세의 라틴어이다. '애니멀'은 '마음에'(of the mind), '활기를 불어넣다'(animating)는 뜻으로 '심적인 에너지와 생명력'(mental energy and force)을 의미한다. 현대경제학에서는 불안하고 일관성이 없는 요소를 말한다. 이 같은 일관성 없는 요소가 사람들의 불명확하고 불확실한 판단과 부딪힐 때 독특한 관계로 나타난다는 것이다.

이런 요소들은 신선한 활력을 가져다주는 경우가 있고 공포와 불투명한 상태에서도 무사히 넘어가는 경우도 있다. 실제로 전체 경제를 보더라도, 상황이 좋은 때와 그렇지 않는 때가 있다. 사회적인 구조도 변하며, 상호간의 신념도 변할 때가 있다.

가령, 경제위기가 주로 사고의 유형에 의해 발생한다는 발상은 표준적인 경제학의 발상과는 위배되는 것이다. 그런데 실제로, 현재의 위기는 위에서 본 사고의 변화의 역할에 의해 발생하는 것을 증명하고 있다. 이것은 안심(신뢰)과 유혹, 질투(시기), 원한, 착각 등의 변화, 경제가 가지고 있는 본질에 대한 이야기(설명)의 변화에 의해 발생한 것이다.[20]

현대경제학이 현실과 거리가 먼 합리성을 내세우고 있는 것은 때때로 비판의 대상이 되기도 한다. 이 책은 인간이 '애니멀 스피릿츠' 라는 합리적이지 않은 사고를 가지고 있다는 차원에서 논의하고 있다. 말하자면, '애니멀 스피릿츠' 가 있기 때문에 경제적인 현실에 문제가 발생한다는 것이다. 이런 현실을 무시한다면 좋지 못한 결과를 초래할 가능성이 높아진다는 견해이다.

자본주의 경제는 점차 전통적인 구조를 벗어나 점점 복합적 구조로 생존경쟁의 패러다임을 모색하고 있다. '애니멀 스피릿츠' 는 은행의 파산을 비롯해 실업, 론의 차압, 기업도산과 가계부채의 확대, 공적자금의 투입 등에서 볼 수 있는 책임을 묻지 않는 '무한무책임' 의 시대로부터 탈출하기 위한 방법론을 제안하는 것이라 볼 수 있다.

한마디로, 지금까지 자본주의 시장 기능을 맹목적으로 믿는 것, 즉 시장에서의 '애니멀 스피릿츠' 의 영향을 무시해 온 것에 더욱 큰 문제가 있다. 결국 지금까지 지배해 왔던 자유시장에 대한 신념, 즉 자율적 시장 메커니즘이 중대한 기로에 와 있는 것을 의미한다. 이런 측면에서 본다면 '애니멀 스피릿츠' 의 타당성을 합리화할 수 있는 근거를 찾아낼 수 있을 것 같다.

이처럼, '애니멀 스피릿츠' 가 경제에 어떻게 작용하는가를 파악할 필요성이 높아져 가고 있다. 마치, 아담 스미스의 '보이지 않는 손' 이

고전파 경제학의 기초가 되었듯이, 케인즈의 '애니멀 스피릿츠'는 경제를 다른 각도에서 파악하려는 것에 중요한 내용을 가지고 있다. 이것으로 자본주의가 지니고 있는 불안정성의 측면을 보다 합리적으로 규명하려는 것이다.

경제구조를 관리하는 방법을 이해하는 데 인간의 사고방식과 감정을 규정하는 요소들을 고려할 필요가 있다는 주장이다. '애니멀 스피릿츠'에 근거를 두는 경제분석이다. 이런 방식으로 접근한다면 현실적인 경제현상을 보다 올바게 이해할 수 있다는 것이다.

'애니멀 스피릿츠'의 발상과 목적

아담 스미스는 인간이 합리적으로 자기 이익을 추구한다고 가정한다. 그러나 지금은 스미스의 기본가정에 문제를 제기하고 있다. 즉, 사람은 경제 이외의 동기에 의해서도 행동한다는 것이다. 스미스의 기본가정은 인간이 불합리하고 잘못된 방향으로 행동하지 않는다는 것이다. 바로 이 점이 '애니멀 스피릿츠'를 간과한 것이다.[21]

이와는 달리, 케인즈는 완전고용에 대한 생각에서 벗어나 경제행위에서 '애니멀 스피릿츠'의 중요성을 강조한 셈이다. 즉, '철도, 동산(銅山), 특허의약품, 영업권, 대서양 횡단노선, 런던시 빌딩 등에 대해 10년 후 가치를 추정하는 데 필요한 지식기반은 거의 없어지거나, 때로는 흔적도 남지 않는다'고 지적했다. 불확실한 상태에서 인간이 결단을 어떻게 내리게 되는가? 이때 '애니멀 스피릿츠'가 작용하게 되므로 행

동은 무의식적 충동의 결과라 할 수 있다.[22]

19세기에 경제학을 '우울한 과학'(dismal science)이라 하다가 그 뒤 반 세기가량 '행복한 과학'(euphoria science)으로 다루었으나, 지금은 끝나고 말았다. 말하자면 경제학은 힘을 상실한 것으로 보고 있다. 현대 경제학의 기본적인 가정이 실정에 맞지 않으며, 그 타당성을 상실한 것으로 간주된다.

한편, 합리적이라고 생각할 수 있는 경제학의 분석은 역시 생산성과 이노베이션 두 개의 지표 향상에 집중할 필요가 있다. 인간이 관계하는 업무에 지식을 적용해 부의 원천으로 삼는 것에서 경제조직의 기능을 더욱 강화할 수 있기 때문이다.[23] 그러나 생산성과 이노베이션은 인간의 경제활동과 시장의 메커니즘을 고려하는 것에서 결정되는 일종의 순환론의 관계에 있다.

드러커(Peter F. Drucker [1909-2008]) 교수는 금후 경제정책의 관심이 경제환경으로 옮겨가고 있는 몇 가지 징후를 지적했다. 그것은 경제적 구조, 즉 생산성, 경쟁력, 장기적 경영관리, 산업구조, 연구개발의 역할과 조직, 정부와 민간의 관계, 노사관계 등을 중요시하는 흐름이다.

더욱이, 고용과 생산의 이름 아래서 경제학의 유일한 목적인 소비자의 이익을 소홀히 다루는 것은 곧 가격조작, 독점 등 비효율을 가져올 것이다. 결국은 고용을 위태롭게 하는 것이나 다름없다고 지적한다.

지금까지 부의 생산은 장기적 능력과 소비자의 단기적 이익을 극대화하는 것에서 자동적으로 얻을 수 있다는 경제학의 가정은, 지금과 같은 급격한 변화와 인플레이션 시기에는 설득력이 없다. 그러므로 소비자에 대한 단기적 관심과 생산성과 경쟁력에 대한 장기적 관심 간의 균형을 유지해 나가는 것이 보다 합리적인 대안이라 할 수 있다.[24]

경제는 상황에 따라 좋은 때와 나쁜 때가 있다. 사회적 구조는 점차 변화하며, 인간의 사고와 행동과 신념마저 변해 간다. 주식 시세가 올라갈 때도 있고 곤두박질칠 때도 있다. 이것은 모두 사람들의 생각과 행동의 결과에서 일어나는 변동이므로, 누구나 얻는 경우와 잃는 경우를 경험하면서 살아갈 수밖에 없다. 이런 경제의 변동을 피해 가기는 어려운 일이다.

경제학 이론은 모두 엄밀한 가정 아래서 전개되는 것이므로 때때로 인위적 돌발현상이 발생할 경우에는 아무런 근거를 제시할 수 없다. 가령, 최근의 금융위기나 미국의 주택투기로 인한 시장 대혼란과 예기치 못한 경기불황은 시장을 둘러싼 사람들의 심리와 사고의 변화에서 일어나는 결과에 지나지 않는다. 이런 현상들은 표준적 경제학의 사고방식을 벗어난 것이다.

정상적인 경제이론의 틀을 벗어난 전형적인 케이스가 2008-2009년의 미국발 금융위기라 할 수 있다. 이 사태는 흔히 사회에서 말하는 신뢰와 시기심, 원한과 착각(오해)이 불러일으킨 것이다. 결과가 어떻게 되었을까? 일반 주택구입자들은 은행으로부터 거액의 융자를 받아 집을 구입했으나, 하루아침에 집을 내놓아야 했다. 평균주식가격(다우존스)은 1만 4천 달러에서 1년 후에 7,500달러로 곤두박질했다.

미국의 실업률은 2년간에 2.5% 증가했다. 세계 최대 투자은행 중의 하나인 베어스턴스(Bear Stearns)는 연방준비은행(FRB, 중앙은행)의 도움으로 겨우 목숨을 구했고, 1년 후에 리만 브라더스(Leman Brothers)는 도산하고 말았다. 금후 도산 위기에 빠져들 가능성이 높은 미국의 은행들이 수없이 많은 것도 사실이다.

애커로프와 쉴러 교수는 지금까지의 표준적 경제학 교과서와는 다른 차원에서 접근하는 것이 분석의 정확성을 기대할 수 있다고 말한다. 다시 말하면, 경제변동에 영향을 미칠 수 있는 인간의 중요한 행동을 경제분석에 도입하자는 제안이다.

제안의 요점은 스미스의 이론체계에다가 실제로 일어나는 현상들을 접목해 경제이론을 구축하려는 것이다. 경제의 참 구조를 설명하는 것에 필요한 '애니멀 스피릿츠' 의 요소를 고려에 넣는 것이다.[25]

'애니멀 스피릿츠' 는 5가지 측면에서 영향력을 파악한다. 5가지 측면이 경제적 의사결정에 어떤 영향을 미치는가를 파악하려는 것이다. 이것은 1) 신뢰, 2) 공평성, 3) 부패와 반사회적 행위, 4) 화폐착각,[26] 5) 일상적인 대화 등이다.

1) 신뢰(confidence)

신뢰와 안심은 이론의 기반을 이룬다. 신뢰와 경제 간의 피드백(feedback, 나타난 결과를 원인에 되돌려 반영시키는 방법)의 메커니즘이다.

2) 공평성(fairness)

임금과 가격의 결정은 공평성에 의해 크게 좌우된다.

3) 부패와 반사회적 행위(corruption and antisocial behavior)

부패와 반사회적 행위의 유혹을 인식하고 이것이 경제에 어떤 영향을 미치는가를 고려한다.

4) 화폐착각(money illusion)

화폐착각은 이론구성에 중요한 초석 중 하나이다. 일반 사람은 인플레이션과 디플레이션을 잘 이해하지 못하는 탓에 화폐착각을 철저하게 생각하지 않는 경향이 있다.

5) 일상적인 대화(stories)

인간은 대화를 통해 많은 것을 생각한다. 즉, 대화를 통해 흡수한 정보는 전달될 뿐 아니라, 관련이 있는 기억을 떠올리는 역할을 한다. 결국, 인간의 행동을 활성화시키는 데 상호간의 대화가 중요한 역할을 하고 있다.[27]

이상의 5가지 '애니멀 스피릿츠' 가 경제적 판단에 어떤 영향을 미치는가를 이해하고, 이것이 다음 8가지의 질문에 답하는 데 어떤 영향을 미치는가를 밝히는 것에 주요한 목적이 있다.

1. 왜 경제는 불황에 빠지게 되는가?
2. 왜 중앙은행은 경제에 대한 권한(power over the economy)을 가지고 있는가?
3. 왜 일이 없는 사람(실업자)이 나타나는가?
4. 왜 장기적인 인플레이션과 실업은 트레이드 오프 관계(trade off, 상반관계), 즉 실업률과 물가 간에 한쪽이 떨어지면 다른 한 쪽은 상승하는 관계가 있는가?

5. 왜 미래를 위한 저축은 변덕스러운 것인가?

6. 왜 금융가격과 기업투자는 변동이 심한가?

7. 왜 부동산가격에는 주기성이 있는가?

8. 왜 빈곤은 조건이 좋지 않은 흑인들 사이에 몇 세대로 이어지는가?

이상의 8가지 질문은 5가지 '애니멀 스피릿츠'의 측면에서 해답을 구해야 할 항목들이다. 만약, 아담 스미스의 '보이지 않는 손'에 의해 경제가 움직일 수 있다고 생각한다면, 위의 8가지 질문의 어느 것과도 맞지 않는 사고방식에 속한다.

애커로프와 쉴러 교수는 '애니멀 스피릿츠'의 이론이 경제구조를 제대로 설명할 수 있다는 것을 보여주려 한다. '애니멀 스피릿츠'가 기존의 경제이론에서는 설명할 수 없었던 것이며, 지금의 세계경제 위기에 대한 문제점과 해결책을 자연스럽게 제시할 수 있는 것임을 강조한다.[28]

경제분석도 시대에 따라 변화했다. 드러커 교수가 지적한 견해가 도움이 될 것이다. 이를 간략하게 요약하면 다음과 같다.

첫째, 자유방임시대인 1776년에 아담 스미스의 『국부론』이 출간되었다. 그 후 1873년에 비엔나 주식시장의 대혼란으로 인해 단기간에 파리와 런던, 뉴욕에 공황이 몰아쳤다. 이를 계기로 정치에 많은 변화가 일어났다. 즉, 산업혁명으로 불거진 사회안전 문제와 이익보호 문제가 정치적인 핵심과제로 등장하게 되었다. 독일의 비스마르크(Otto von

Bismark [1815-1898], 독일제국의 초대 재상)는 국민건강보험제도와 노령연금보험제도를 고안해 냈다. 미국에서는 1880년대 이후 독점금지법과 각 주정부의 증권규제법이 제정되었다.

둘째, 1873년에 자유방임시대가 끝난 것처럼, 1973년은 계발원칙(啓發原則, principles of the Enlightment)을 부르짖는 데 한계에 다다른 시점으로 구분한다. 이 시기를 계기로 복지국가의 정책적 슬로건이 뿌리 내리기 시작한다.[29]

3 신뢰성, 공평성, 부패와 반사회적 행위

이제 애커로프와 쉴러 교수의 5가지 '애니멀 스피릿츠' 중에서 신뢰, 공평성, 부패와 반사회적 행위의 3가지 내용에 관해 간략하게 살펴보려고 한다.

신뢰성

신뢰는 인간사회의 기본적 요소이다. 사회에 신뢰가 구축되는 것과 구축되지 않는 것은 하늘과 땅 차이이다. 신뢰할 수 있는 사회와 신뢰할 수 없는 사회는 무엇을 의미하는가에 대해서는 말할 필요도 없다.

신뢰한다는 것은 뭔가를 확실히 믿는다는 것이므로, 어느 정도 안심할 수 있는 상태로 볼 수 있다. 이에 비해 신뢰할 수 없다는 것은 곧 안심할 수 없어 불안정한 상태를 의미한다.

신뢰는 개인, 기업, 국가, 공공기관에서 모두 같은 의미를 가지고 있다. 특히 기업과 국가, 공공조직이 신뢰를 상실하면 어떤 결과를 초래할 것인가에 대해서는 논의할 필요조차 없다. 기업은 신뢰를 상실하면 치명적 타격을 받는다. 국가가 국민에게 신뢰를 잃으면 국가의 품위(國格)가 떨어지는 것은 말할 필요도 없다.

국가의 신뢰가 떨어지면, 올바른 정책이나 합리적 행정을 수행해 나가는 데 많은 어려움이 따르고, 모든 정치적 기능을 약화시켜 심각한 딜레마에 빠질 수도 있다. 이처럼, 신뢰가 떨어지거나 상실되면, 신용 사회에서 살아남기 어렵다.

경제학에서 말하는 신뢰는 거시적 경제현실에서 중요한 역할을 한다. 경제행위는 상황이 안정된 정도에 따라 각자 합리적 의사를 결정한다. 즉, 경제적 여건을 높이 신뢰하면 행동으로 옮길 것이며, 신뢰하지 않으면 행동을 자제할 것이다.

그러나 이런 상황을 정확하게 예측할 수 없는 경우가 많다. 17세기에 네덜란드에서는 튤립 버블이 있었고, 18세기에 위대한 과학자 아이작 뉴턴(Isaac Newton [1642-1727], 영국의 물리학자)은 주식 버블로 모든 것을 잃었다. 예일 대학의 화폐통화론과 이자율결정이론 및 수리통계학의 최고 권위자였던 어빙 피셔(Irving Fisher [1867-1947], 미국 경제학자) 교수는 하루아침에 1억 달러를 잃은 실화로 유명하다.

공평성

성서에서도 음식이나 생필품의 분배에서 공평성을 무시하면, 매우 심각한 지경에 이른다고 가르치고 있다. 그러나 지금까지 경제학에서는 공평성에 대한 개념을 거의 무시해 왔다. 물론, 많은 경제학자들이 공평성을 논하고 다루어 왔으나, 경제학적 사고에서 보면 먼 거리에 있다. 특히 소득의 불균형과 조세의 불공평성은 물론이거니와, 주요 상품에 대한 시장의 불공정한 거래는 거의 방치된 채로 놓여 있던 때도 많았다. 이제라도, 경제학적 분석에서 공평성 문제를 등한시해서는 안 된다는 인식이 확산되어 가는 것은 그나마 다행한 일이다.

공평성에 관해서는, 1986년에 심리학자인 다니얼 카너먼(Daniel Kahneman)과 두 경제학자 잭 크넷쉬(Jack Knetsch)와 리처드 탈러(Richard H. Thaler)가 중요한 사실들을 밝혔다. 즉, 공평성을 배려하는 것에서 나타나는 영향력이 합리적 경제동기에서 나타나는 영향력에 비해 클 가능성이 있다는 것이다.[30]

이에 대한 간략한 실례를 보면 쉽게 알 수 있다. 실제로 경험자를 대상으로 실험한 질문이다. 즉, 겨울철 폭설이 내린 후에 눈을 치우는 데 필요한 삽의 가격에 대한 반응과 여름철 해변에서 마시는 맥주 가격에 대한 반응이다.

[케이스 1]

눈이 내린 후에 동네 공구점이 삽 값을 올렸다고 가정하자. 이런 행위가 정당한 처사인가, 혹은 불공평한 처사인가? 경제학적인 견해로는 그와 같은 구별은 무의미한 것이다. 한마디로 수요의 증가가 가격을 올리기 때문이다. 그런데 실제로 체험한 사람들의 82%는 삽 값을 눈이 내린 후에 15$에서 20$로 올린 것은 불공평하다고 생각하고 있다. 이때 공구점은 삽의 구입가격이 상승한 것이 아니라, 고객이 운이 좋지 않은 것에 문제를 돌리고 있었다.[31]

[케이스 2]

더운 여름철 해변에서 차가운 맥주구입에 대한 가정이다. 근처에서 맥주를 판매하는 곳은 리조트 호텔과 슈퍼마켓뿐이다. 이때, 사전에 한정된 가격(reservation price, 어느 가격 이상 또는 이하이면 구매를 유보하는 가격수준) 이하이면 구입할 것이며, 그 이상의 가격이면 구입하지 않는 것을 가정한다. 과연 가격이 어느 수준이면 구입할 것인가?

맥주를 판매하는 곳이 호화로운 호텔일 경우에는, 회답자의 평균가격이 슈퍼보다 높은 가격으로 제시되었다. 즉, 평균 75% 정도 비싼 가격을 제시한 셈이다. 이런 결과는 중요한 의미를 가지고 있다. 이때 공평성에 대한 배려가 합리적 경제동기를 웃도는 것을 입증하는 것에 주목한다.[32]

만약 이때, 회답자들이 해변에 누워 시원한 맥주를 마시는 만족감을 생각한다면, 구입하는 상점이 호텔이든 슈퍼이든 지불하려는 값어치는 동일할 것이다. 이때, 그들은 굳이 호텔의 비싼 맥주값을 지불하지 않고 슈퍼의 맥주값만 지불해도 해변에 누워 같은 만족감을 누릴 수 있다고 생각한다. 결과적으로 맥주에 그 정도의 값을 지불해도 상관없는 것으로 생각한 것이다.

지금까지는 공평성의 문제가 경제현상을 설명하고 의사결정을 하는 과정에서 중요한 요소로 다루어지지 않았다. 실제로는 이 요소가 동기부여와 협력에 영향을 미쳐 업무수행 능력과 깊은 관계가 있는데도 말이다.

경제학에서는 교환이론을 중요하게 다루어 왔다. 즉, 누가 무엇을 어느 시장에서 누구와 교환하는가에 주목한다. 그런데 교환은 사회학적인 이론에서도 중요한 과제이다. 이 두 이론 간의 큰 차이는 공평성의 역할을 어떻게 보느냐이다. 즉, 무엇이 공평한 것이며, 무엇이 불공평한가의 문제는 생각하기에 따라 달라진다.

말하자면, 사회학자들은 경제학자들보다 교환개념을 훨씬 넓은 것으로 이해한다. 사회학적 입장은 매우 폭이 넓다. 누가 어느 시장에서 교환하는가를 설명하는 것에 그치지 않고, 기업 내, 친구끼리, 가족 내 등과 같은 비시장의 교환도 포함해 설명하려고 한다. 이들이 주장하는 것은 공평한 거래가 이루어지지 않을 경우, 반드시 손해를 입은 사람이 있다는 것에 무게를 두고 있기 때문이다.

사회심리학에서는 교환문제를 형평이론(衡平理論, equity theory)으로 다룬다. 이것은 쌍방의 거래자가 투입한 몫과 얻은 몫이 균등해야 한다는 입장이다. 경제학에서의 교환은 쌍방의 투입으로써 계산한 것이며, 사회학에서의 교환은 투입과 산출로써 계산한 것이므로 양자 간의 차이가 클 수밖에 없다.

공평성은 경제적 의사결정에 중요한 동기를 부여한다. 이것은 신뢰감과 다함께 효과적으로 일하는 능력과 관계가 있다. 특히 비자발적인 실업이나, 인플레이션과 총생산량의 관계와 같은 기본적 현상도 공평성을 고려하면 간단하게 설명할 수 있다. 공평성을 고려하지 않으면 해명할 수 없다.[33]

위의 간략한 케이스에서 보듯이, 임금을 비롯해 모든 제품과 서비스의 가격이 시장거래에서 어느 정도의 수칙과 양심에 따라 결정되는가에 따라 공평성은 결정된다고 할 수 있다. 실제로, 기업의 가격설정(pricing)에는 여러 가지의 방식이 사용되고 있다. 특히 기업의 가격설정은 주로 외적인 여건과 그때그때의 경쟁상대의 가격전략과 시장환경에 의해 크게 달라진다.

일반적으로 종전에는 코스트 플러스 마크업(cost-plus markup, 재료비와 생산원가+일정한 가산율) 방식을 적용하는 경우가 많았다. 그러나 이 방식은 경쟁이 치열할 때는 중개인이 개입하게 되므로, 결국 공급자나 소비자에게는 공평성의 원칙과 멀어지는 결함을 가지고 있다.

가령, 시장의 지배력을 가진 생산자인 공급자의 코스트가 감소할 때는, 코스트 플러스 가격설정 방식에 대한 공평성은 거의 믿을 수 없다. 그렇기 때문에 이 방식은 생산자나 공급자가 아닌 중개인의 경우와, 효율을 올리려는 목적이 아닌 투입 코스트의 감소의 경우에 한정해야 한다.[34]

그뿐만이 아니다. 각종 업종—제조업, 목공, 도매업, 가구점—에 따라 각기 다른 효과와 반응을 나타낸다. 일반적으로 경제현상은 공평성에 대한 원칙 혹은 규정이 기업행동에 많은 영향을 미친다는 가정 아래서 예측할 수 있다. 그런데 공평성의 원칙은 임금이나 가격에 대해 불균형의 경직성과 같은 결함을 유발한다. 이런 점을 감안한다면, 경제분석 모델에 도움이 되는 측면을 가지고 있다는 것을 지적하고 있다.

따라서 공평성의 원칙은 표준적 경제모델과 주먹구구식의 단순한 코스트 플러스 원칙으로는 설명할 수 없다. 공평성에 관한 판정은 보다 많은 정보와 다른 요소들에 의해 영향을 받고 있기 때문이다.[35]

노벨상 수상자인 애커로프 교수는 다음과 같이 강조하고 있다. 사람이 행복하려면 자신이 해야 할 일을 올바르게 실천하는 것이 중요하다. 타인을 고려해 수치스럽지 않게끔 처신해 나가야 한다. 타인이 공평하지 않다고 생각하는 것을 알면, 모욕감을 느낄 것이다. 이처럼 공평성을 고려한다는 것은 경제적 의사결정에서 중요한 동기를 주는 것이므로 모두 안심하고 효과적으로 일할 수 있는 능력과 밀접한 관계가 있다.

현재의 경제학에서는 애매한 견해를 취하고 있다. 이 점을 정당화할 수 있다면, 비자발적인 실업과 인플레이션과 총생산량의 관계에 대한 기본적인 현상과 공평성을 고려해 간단하게 설명할 수 있을 것이다.

부패와 반사회적 행위

'애니멀 스피릿츠'를 이해하려면, 경제의 나쁜 측면—반사회적 행위, 보이지 않는 음지, 경제를 해치는 충격—을 고려하지 않으면 안 된다. 부분적인 경제변동의 원인은 부패와 부패할 가능성이 주는 영향에서 찾아볼 수 있다. 배신행위의 유행도 시간과 함께 변화하고 있다. 배신은 형식적으로 합법일지라도 나쁜 동기에서 일어나는 경제활동으로 규정한다.[36]

경제성장 과정에서 일어나는 부패를 경고하는 것은 비교적 최근의 일이다. 적어도 제2차 세계대전 이전까지는, 경제성장에 대한 인식과 갈망이 희박했고, 조직적 사회부패는 거의 거론되지 않았다. 경제성장에 주목하게 된 것은 제2차 대전이 끝난 후 런던 대학의 해러드 교수(R.F. Harrod)의 경제성장에 관한 연구를 비롯해 많은 학자들의 '경제성장론'과 후진국의 '경제개발론'이 전개된 이후라고 할 수 있다.

이처럼 부정부패는 주로 경제개발과 고도성장의 과정에서 조직적으로 나타난 부산물이다. 부정부패가 경제성장과 사회발전에 미치는 나쁜 영향이 어떤 결과를 가져오며, 이를 어떻게 방지하고 근절할 수 있는가의 문제는 현대 국가의 가장 중요한 정책과제이다.

실제로 과거부터 대부분의 개발도상국과 선진국에서 뇌물수수와 부정부패가 공공연하게 성행되어 왔다. 이런 현상은 한국을 비롯해, 아프리카와 아시아, 중남미 등 대부분의 개발도상국에서 권력형 부정부패로 변질되고 있다.[37] 일반적으로 거버넌스(통치) 질의 저하가 부정부패를 부채질한다.

빈곤한 국가의 부정부패지수를 보면 거의 예외없이, 소득이 높은 국가에 비해 부정부패지수가 낮다는 점을 발견할 수 있다. 국가의 거버넌스의 질과 소득수준은 비례하는 경향이 있다. 건전한 거버넌스는 소득수준을 상승시키며, 높은 소득이 거버넌스를 향상시키는 것으로 연결된다.[38]

'애니멀 스프릿츠'와 부패 및 반사회적 행위는 어떤 관계가 있는가?

1990년대 이후에 일어난 3번의 불경기(1990.7-1991.3의 불경기, 2001.3-2001.11의 불경기, 2007.12에 시작된 서브프라임 위기 이후의 불경기)는 부패 스캔들과 관련되어 있는 것으로 규정한다. 각 스캔들은 당시의 불경기의 심각성을 나타내는 것이다.

불경기는 주로 수탈적 행동(predatory activity)과 관련성이 있으며, 또한 수탈적 행동 내용의 변화와도 관계가 있는 것으로 보고 있다. 올바른 행동원칙을 준수하는 개별적 계약의 변화와 수탈적 활동의 변화는, 비즈니스 사이클과 연결되기 쉽기 때문이다. 수탈적 활동은 활동기회의 변화와 관련되어 있는 것도 사실이다.[39]

새로운 수법의 부패와 반사회적 행위는 왜 발생하는가? 이에 대한 해답은 범죄행위에 대한 처벌의 인식이 시대의 변화에 따라 달라지고 있는 점에서 부분적으로 찾을 수 있다. 특히 미국에서도 대규모 부정부패에 대한 단호하고 엄격한 법률의 시행이 점차 약화되고 있는 것을 보면 짐작할 수 있다. 하버드 대학의 경제사학자인 랜즈(David Landes)의 말을 빌리면, 관료라는 것은 유혹 혹은 뇌물에 약하며, 이것은 인간의 특질이기도 하다. 뇌물의 규모는 경제발전을 이룩하는 정도에 비례해 증가한다.[40]

특히 현재 OECD 국가 중에서 부정부패율이 최상위권에 있는 우리나라는 다른 설명이 필요 없을 것 같다. 반사회적 범죄를 저질렀을 때 이에 상응한 처벌이 따르지 않는다면 범죄행위를 더욱 조장할 뿐 아니라, 범죄행위의 합법화의 길을 열어주는 것이나 다름없다. 법의 원칙이 무너지면 부정부패는 날개칠 수밖에 없다. 부패가 다른 부패를 낳고 길을 더 크게 열어주는 것과 다를 바 없다.

왜 부정부패와 배신 행위의 심도가 시대에 따라 변화하는가?

부정부패와 배신 행위의 심도가 시대의 변화에 따라 달라지는 것에는 여러 가지 원인이 있다. 최근 미국사회에서 일어나는 주요한 부정부패를 보자. 금융상품의 개발과 개발기법, 금융규제의 실시방법, 인허가제도와 규제 등이 바뀌는 틈을 타 기회를 포착하는 것에서 발생한다. 각종 금융상품을 설계하고 개발하는 방법 및 절차와 내용에 대해서는, 직접 참가한 자 이외는 아무도 알아낼 수 없다.

변화는 기술변화 외에도 문화적 변화도 있다. 이 변화는 '애니멀 스피릿츠'의 범주 안에 있다. 문화적 변화는 공격적 경쟁과 수탈 행동을 조성하기도 하고, 때로는 억제하기도 한다. 문화적 변화는 경제학에서 수량화할 수 없으므로 경제 전문가들이 이를 경제변동과 연결하려고 하지 않는다.[41]

'애니멀 스피릿츠' 이론의 요약

애커로프와 쉴러 교수가 '애니멀 스피릿츠'를 경제분석에 도입하자고 한 제의는 보다 유익한 결과를 기대할 수 있다. 특히 경제현실에 대한 폭넓은 접근방식은 지금까지 경제학 분석의 경직된 가정과 가설의 틀에서 크게 벗어나는 것이므로, 보다 현실적 문제에 대한 정확한 해답을 얻을 수 있는 기회일 것이다.

핵심은 현대사회의 경제적 변화를 가져오는 경제의 본질적 구조를 파악하고, 구체적으로 기술할 수 있다는 점이다. 즉, 지금의 금융위기와 주택버블 등으로 인한 경제위기는 인간의 지나친 탐욕과 정책과오에서 원인을 찾아볼 수 있다. 이것은 여태까지의 표준적 경제학의 발상에는 위배되는 것이다. 그러나 사고의 틀을 바꿈으로써 지금의 경제위기에 대한 본질적 역학관계를 파악할 수 있는 좋은 기회가 될 수 있다.

인간의 생각의 틀을 바꾸는 문제는 신뢰(안심), 공평성, 부패와 반사회적 행위, 화폐착각,[42] 일상적인 대화(이야기)와 같은 현실적 측면에서 접근하는 편이 보다 합리적이다. 신뢰, 공평성, 부패와 반사회적 행위, 화폐착각, 일상적인 대화에서 '애니멀 스피릿츠'를 확인할 수 있다. 이 요소들은 모두 현실적인 동기를 제공하는 것이다.[43] 이것은 사고방식의 변화에 따라 경제의 성질과 거래내용들이 변화해 가는 것을 추적할 수 있다.

사고의 틀을 바꿈으로써 변화하는 관계를 파악할 수 있다는 점을 전제로 하면, 전체 사회구조와 상호간의 신념마저 바꾸는 중요한 요소들을 미시경제 분석에도 도입할 수 있다.[44]

실제로 오늘날 경제학 이론의 기반을 이루는 것에는, 대부분 통념(널리 공통적으로 생각하는 개념)에 의한 것들이 많다. 미시 경제학과 파이낸셜 전문가들은 '합리적 기대'(rational expectations)[45]와 '효율적 시장'(efficient markets)[46]의 흐름만을 지나치게 중요시한다. 그러나 경제위기의 바탕에 있는 중요한 역학적인 관계들을 고려하지 않은 중대한 결함이 있다.

전통적 경제학 모델은 '애니멀 스피릿츠'의 요소를 도입하지 않았기 때문에 문제의 근본적인 원인을 파악하는 것이 어려웠다고 할 수 있다. 실제의 경제현실을 파악하는 데 있어서 많은 요소들을 배제한 것에 커다란 결함이 있다.

전통적인 경제이론은 위기를 가져올 수 있는 사고의 변화와 비즈니스 방법의 변화를 배제한다. 신뢰와 안심의 상실을 배제하고, 경제를 안정시키는 임금과 가격의 유연성을 저해하는 공평성의 감각을 배제하고, 가격등귀 이면에서 작용하는 부패와 나쁜 상품이 판매에 미치는 영향을 배제한다.

버블이 꺼져 진상이 폭로될 때 벌어지는 상황도 고려하지 않는다. 그리고 일상의 경제현상을 해석하는 데 필요한 상호간의 대화의 역할도 무시해 버린다. 경제위기를 초래하는 주요 원인이 되는 사회심리적 요소를 거의 배제한다. 말하자면, 이런 현실적인 주요 요소들을 배제하는 것에서 오늘날의 위기가 발생한 것이다.

사실 금융시장의 계란은 깨진 것이다. 한번 부서지면 원상복구는 어렵다. 시장구조에 대해 정확한 검토와 관리가 있었더라면 깨지지는 않았을 것이다. 자산을 구입하는 사람들이 정확한 경제구조를 파악하고 있었더라면, 신중하게 대처할 수 있었을 것이다.

이처럼, 경제가 움직이는 구조를 잘못 보고 있었기 때문에, 정책 분석가들은 '험프티 덤프티'(Humpty Dumpty, 영국의 동요집인 '머더 구스'[Mother Goose]에서 나오는 이야기. 한번 부서지면, 원상으로 돌이킬 수 없다는 것)에 빠진 격이다. 이로 인해 지금까지 유지해 온 시장구조가 파행적 상태에 빠지게 될 것이며, 결국 완전고용 수준에 알맞은 신용의 흐름을 유지해 나갈 수 없게 된다.[47]

01. Ken Wilber, *A Theory of Everything : An Integral Vision for Business, Politics, Science, and Spirituality*, Shambhala, Boston, 2000, p.130.

02. Jeffrey D. Sachs, *Common Wealth : Economics for a Crowded Planet*, The Penguin Press, N.Y., pp.28-29 참조.

Lester R. Brown, *Eco-Economy : Building an Economy for the Earth*, W.W. Norton & Company, N.Y., London, 2001, p.78 참조.

03. Alexander H. Shand, *Free Market Morality : The Political Economy of The Austrian School*, Routledge, London and New York, 1990, pp.26-27 참조.

04. Alexander H. Shand, *Free Market Morality*, 1990, p.58 참조.

E.J. Mishan, *Technology and Growth : The Price We Pay, Praeger Publishers*, N.Y., Washington, Third Printing, 1971 (All Rights Reserved), Preface, vii 참조.

05. 유출효과는 처음에 계획한 판매 또는 구입과 실현한 판매 또는 구입 간의 차이를 반영해, 수요와 공급이 변화하는 효과이다.

06. E.J. Mishan, *Technology and Growth : The Price We Pay*, 1971, Preface, vii-ix, xiv-xv 참조.

07. *Ibid.*, 1971, pp.4-7.

Alexander H. Shand, *Free Market Morality : The Political Economy of The Austrian School*, Routledge, London and New York, 1990, pp.114-115, p.182, p.183, pp.183-184 참조.

E.J. Mishan, *Economic Myths and The Mythology of Economics*, Brighton : Wheatsheaf, 1986. 더욱 구체적인 내용이 전개되어 있다.

08. Alexander H. Shand, *Free Market Morality*, 1990, p.179.

09. J.K. Galbraith, *The Culture of Contentment*, Sinclair-Stevenson LTD., 1992, pp.169-172 참조.

10. Alexander H. Shand, *Free Market Morality*, 1990, pp.183-184.

11. Alexander H. Shand, *Free Market Morality*, 1990, pp.10-11.
위의 3가지 경제정책에 대한 설명은 3장의 '우리들에게 공개된 선택'(The choices open to us)에서 구체적으로 설명하고 있다. pp.18-25.

12. Alexsander H. Shand, *Free Market Morality*, 1990, p.20.

13. E.J. Mishan, *op.cit.*, 1971, pp.105-108 참조.

14. E.J. Mishan, *op.cit.*, 1971, pp.113-115.
Richard Sennett, *The Culture of the New Capitalism*, Yale University Press, New Haven & London, 2006, pp.65-66, pp.71-72 참조.
리처드 세넷은 이 문제와 관련해 세 가지 사회적 결함으로서 조직에 대한 충성심의 저하, 노동자 간의 신뢰성의 붕괴, 기업조직에 대한 인식부족 등의 보다 폭넓은 측면에서 관찰하고 있기 때문에 도움이 될 것 같다.

15. E.J. Mishan, *op.cit.*, 1971, p.121, pp.115-117, pp.121-122 참조.
The annihilation of distance is accompanied by the annihilation of variety', p.121.
Peter Spiegel, *Eine Humane Weltwirtschaft*, 2007, Patmos Verlag GmbH & Co. KG, Düsseldorf, Germany. 홍이정 옮김, 『휴머노믹스』, 인간 중심의 새로운 대안 경제학, 다산북스, 2009, pp.69-71 참조.

16. E.J. Mishan, *op.cit.*, 1971, p.147 참조.
William Easterly, *The Elusive Quest for Growth : Economists' Adventures and Misadventures in the Tropics*, The MIT Press, Cambridge, Massachusetts, London, England, 2001, p.267 참조.

17. David M. Smick, *The World is Curved : Hidden Dangers to the Global Economy*, Portfolio, 2008, p.196, pp.196-197 참조.
Richard Bookstaber, *A Demon of Our Oen Design : Markets, Hedge Funds, and*

the Perils of Financial Innovation, John Wiley & Sons, Inc., 2007, pp.255-256 참조.

Larry Elliot and Don Atikinson, *The Gods That Failed*, Nation Books, 2009, p.195 참조.

18. Bertrand Russell, *The Conquest of Happines*, Allen & Unwin, 1930, 1948, 10th ed.

ラッセル 著, 安藤 貞雄 訳,『幸福論』, 岩波書店, 1991, 2009, 26印, pp.59-60 참조.

19. Alain, Propos surle Bonheur, 1928.

アラン 著, 神谷・幹夫 訳,『幸福論』, 岩波書店, 2009, pp.135-136 참조.

20. George A. Akerlof and Robert J. Shiller, *Animal Spirits*, Princeton University Press, 2009, pp.3-4 참조.

21. *Ibid.*, 2009, pp.1-3.

22. J.M. Keynes, *The General Theory of Employment*, Interest and Money, 1973 (1936), N.Y., Macmillan, pp.149-150, pp.161-162 참조.

George A. Akerlof and Robert J. Shiller, *op.cit.*, 2009, p.3.

23. Peter F. Drucker, *Managing for The Future*, Butterworth Heinemann, First published as paperback edition, 1993, pp.25-26 참조.

24. Peter F. Drucker, *The New Realities : In Government and Politics/In Economics and Business/In Society and World View*, Harper & Row, Publishers, N.Y., 1989, pp.3-9, pp.18-19, pp.168-169 참조.

25. George A. Akerlof and Robert J. Shiller, *op.cit.*, 2009, pp.4-5 참조.

26. 화폐임금의 명목수준이 상승하면, 실질임금은 떨어질 것이다. 이때 노동자 측은 표면상의 화폐가치에만 주목하게 된다는 가정에서 현실의 임금가치를 따지지 않는 경우를 화폐적 착각이라 한다.

27. George A. Akerlof and Robert J. Shiller, *op.cit.*, 2009, pp.51-52.

28. George A. Akerlof and Robert J. Shiller, *op.cit.*, 2009, pp.5-7.

29. Peter F. Drucker, *Managing for The Future*, Butterworth-Heineman Ltd.,

First published as a paperback edltion, 1993, 'Interview : Notes on the Post-Business Society', p.2 참조.

30. George A. Akerlof and Robert J. Shiller, *op.cit.*, 2009, p.13, pp.20-22, p.42 참조.

31. Daniel Kahneman, Jack L. Knetach, and Richard Thaler, "Fairness as a Constraint on Profit Seeking : Entitlements in the Market", *The American Economic Review*, Vol.76, No.4 (Sep., 1986), p.729 참조.

32. Daniel Kahneman, Jack L. Knetsch and Richard Thaler, "Fairness and the Assumptios of Economics", *The Journal of Business*, Vol.59, No.4, Part 2 : The Behavioral Foundations of Economic Theory (Oct., 1986), pp.286-287 참조.

33. George A. Akerlof and Robert J. Shiller, *op.cit.*, 2009, pp.21-25 참조.

34. Daniel Kahneman, Jack L. Knetsch and Richard H. Thaler, "Fairness and the Assumptions of Economics", *The Journal of Business*, Vol.59, No.4, Part 2 : The Behavioral Foundations of Economic Theory, (Oct., 1986), p.288, p.292 참조.

35. Daniel Kahneman, Jack L. Knetsch, Richard H. Thaler, *op.cit.*, 1986, p.292, pp.298-299 참조.

36. George A. Akerlof and Robert J. Shiller, *op.cit.*, 2009, p.25, p.26.

37. William Easterly, *The Elusive Quest for Growth : Economists' Adventures and Misadventures in the Tropics*, The MIT Press, Massachusetts Institute of Technology, Cambridge, Massachusetts, London, England, 2001, pp.241-245, pp.246-247 참조.

Palo Mauro, "Corruption and Growth", *The Quarterly Journal of Economics*, August 1995, pp.681-682, pp.705-706 참조.

38. Jeffrey Sachs, *The End of Poverty : How We can Make it Happen in Our Lifetime*, Penguin Books, 2005, pp.311-312 참조.

본서 6장 '미래를 향한 약동성과 시행착오의 밸런스', p.248 참조.

39. George A. Akerlof and Robert J. Shiller, *op.cit.*, 2009, p.29, p.38 참조.

위의 3번의 불황기와 연결되는 스캔들은 다음과 같다. 1990.7-1991.3은 미국의 저축대부조합(S&L; Saving and Loan Associations)의 위기, 제1차 이라크전쟁과 원유가격의 폭등, 2001.3-2001.11은 엔론의 부정사건, 2007.12 이후의 서브프라임론 사건이다.

Ibid., 2009, pp.30-32, pp.33-35, pp.36-37 참조.

40. David S. Landes, *The Wealth and Poverty of Nations : Why Some are So Rich and Some So Poor*, W.W. Norton & Company, N.Y., London, 1998, p.520.

41. George A. Akerlof and Robert J. Shiller, *op.cit.*, 2009, p.28, p.39 참조.

42. 화폐임금의 명목수준이 상승한다면, 실질임금은 떨어질 것이다. 이때 노동자 측은 표면상의 화폐가치에만 주목하게 된다는 가정에서 현실의 임금가치를 따지지 않는 경우를 말함.

43. George A. Akerlof and Robert J. Shiller, *op.cit.*, 2009, p.174 참조.

44. George A. Akerlof and Robert J. Shiller, *op.cit.*, 2009, pp.3-5.

45. 경제주체—가계, 기업, 정부—는 모두 가능한 모든 정보를 가지고 장차의 예상물가를 고려해 생산과 지출을 어떻게 할 것인가를 결정한다는 가설적인 이론임.

46. 시장에서 성립하는 가격이 항상 이용 가능한 정보를 완전히 반영한 시장이라는 것이다.

47. George A. Akerlof and Robert J. Shiller, *op.cit.*, 2009, pp.167-169 참조.

04
chapter 4 장

지식창조와 고용시장의 변화

1 인적자본과 고용시장

2 다운사이징의 딜레마

3 지식공급시장의 역할

인간은 과거의 안이한 습관 탓에 파국이 눈앞에 다가왔어도 그 변화를 착각해 스스로 불안을 잠재우려는 버릇이 있다.

E.J. Mishan[1]

세계는 빠른 속도로 지식사회로 이행하는 동시에 '탈비즈니스'(post-business) 사회로 진화하고 있다. 한마디로, 지식 집중의 사회로 변모해 가는 것을 의미한다. 이를 계기로 사람들은 새로운 가치관과 기대감을 가지고 수입과 사회적인 지위 향상의 기회를 맞이하게 된다.

'탈비즈니스 사회'의 지속적 진화는 산업구조에 커다란 변화를 가져올 뿐 아니라, 사회교육 시스템의 개혁을 재촉한다. 특히 이 영향력은 조그마한 기술적 또는 부분적 문제가 아닌, 매우 광범위한 분야로 확산되고 있다. 그러므로 고등교육의 제도적 개선과 운영에 관한 책임은 물론, 철저한 학습이론과 직업훈련을 통해 전문지식과 기술 및 기능의 체계적 지원책과 이에 대한 시스템 관리가 중요한 국가정책 과제로 등장한다. 선진국에서는 이미 지식이 경제의 중심적 자본 역할을 하고 있으며, 지식노동자가 경제활동의 중심에서 사회가치와 규범을 결정하는 존재로 등장하고 있다.[2]

앨런 버튼-존스(Alan Burton-Jones)는 『지식자본주의』(*Knowledge Capitalism*, 1999)에서 지식 주도의 성장모델(Knowledge Growth Model)을

제시한 바 있다. 지식이 현대사회에 큰 변화를 가져오는 중요한 역할을 담당하게 된다. 기업과 시장 간의 높은 장벽과 지금까지의 전통적 취업 형태와 소유형태가, 지식을 기반으로 하는 경제성장과 발전에 저해되는 요인으로 작용할 가능성이 높아질 것이다.

이와 같은 현상은 빠른 속도로 진행되고 있으며, 노동과 원재료, 화폐자본과 같은 전통적 생산요소의 역할이 크게 변해 가고 있다. 가령, 추상적 자원이 실물 자원과 같은 역할을 하고, 두뇌 노동이 물리적 노동을 대체하고, 지식자본이 화폐자본과 동등한 역할을 하게 된다. 재화와 서비스, 생산 및 유통에 이르기까지 새로운 방법이 동원되어 글로벌 시장의 활성화를 이끌어 간다. 물론, 이의 원동력은 정보와 지식에 근거를 두고 있다.[3]

지식이 자산이라는 말이 있다. 결과적으로 '새로운 경제는 반도체와 통신 네트워크와 같은 기술 속에 있는 것이 아니다. 그것은 인간의 마음 속에 있다' 고 할 수 있다.[4] 지식 그 자체가 기업자산이라는 인식은 지식이 새로운 가치를 창출하는 원천적 요소라는 뜻이다. 가령, 50년 전 미국 GDP 규모가 세계의 53%를 점했으나, 2005년에는 11~12%로 축소되었다. 이것은 세계경제의 글로벌화에 따른 커다란 변화를 의미하는 것이다.[5]

사람과 물자와 아이디어가 자유롭게 이동하는 환경에서, 리버스 엔지니어링(reverse engineering, 분해공학, 즉 외국기술을 자국의 것으로 바꾸는 것)은 손쉬운 일이다. 그래서 경쟁 상대방이 모방하는 것을 방지하기는 어렵다. 기술의 경쟁논리가 바뀌어 감에 따라 기술 자체가 경쟁우위를 차지하는 현상이 점차 사라져 간다. 가령, ATM(현금자동인출기)을 처음에 시티은행과 케미칼 은행이 가지고 있었을 때는, 경쟁우위를 유지하면서 고객 서비스를 제공할 수 있었다. 그러나 ATM이 모든 은행에 보급된 이후에는 그 실효성이 낮아졌다.

지식은 기술과는 달리 지속적 우위를 점할 기반을 갖추고 있다. 일반적으로 경쟁 상대방은 마켓리더(시장선도)의 제품 또는 서비스의 품질과 가격을 추격한다. 이때, 지식이 풍부한 기업이라면, 품질 면에서나 창의성과 효율성 면에서 경쟁력을 지켜 나갈 수 있다.

지식우위는 지속적이어야 의미가 크다. 사용할수록 줄어드는 물질적 자산과는 달리, 지식 자산은 사용할수록 늘어난다. 종업원에게 학습의 기회를 적극 열어줘야 한다. 그것이 곧 회사의 지식축적이며, 새로운 아이디어 창출이다.

지식을 창조하는 기업이 승리한다. 건실한 기업으로 성장하려면 지식을 창조하고 활용하는 능력이 쌓여가야 한다. 조직은 환경과 상호작용함으로써 정보를 흡수·분석해 이를 지식으로 전환하고 경험과 가치, 내부 규칙과 결합해 활용해야 한다.

다벤포트(Thomas Davenport) 교수는 지식노동의 개선에 관해 30개의 실험결과를 소개한다. 결과를 보면, 지식창조의 프로세스보다 오히려 장소와 팀의 구조 등 외부적인 환경을 중요시하는 프로젝트에서 성공하는 확률이 높은 것으로 나타난다.[6] 개인의 지식에 비해 조직의 지식은 매우 역동성 있고 여러 분야의 힘을 결합시키는 장점을 가지고 있다.

시장에서 상품이 이동하는 것처럼 지식도 마찬가지이다. 조직 내에서도 지식 시장이 형성되어 있다. 즉, 서비스를 사고파는 것처럼, 지식 시장에도 구매자와 판매자가 서로 만족할 수준에서 가격이 형성된다.[7]

1 인적자본과 고용시장

IT를 활용한 기업혁신은 데이터와 정보, 지식을 충분히 고려해야 한다. 경쟁우위를 점하기 위한 IT관련 전략은 규칙 베이스의 정보(rule-based information)만이 아니라 사례 베이스의 정보(case-based information)를 제공하고, 정보의 투명성을 개선하고, 외부로 노출하지 않는 암묵적 지식(tacit knowledge)을 창조하는 일과 연결되고 있다.[8]

인적자원(human resource) 또는 지식자본(intellectual capital)은 경영학에서 1980년대부터 활발히 논의되어 왔다. 다벤포트(T. Davenport)와 프루삭(L. Prusak)에 따르면, 지식은 경험과 가치, 연관관계가 있는 정보를 평가하고 통합하는 데 필요한 기초로 보고 있다.[9]

또한 바니(Jay Barney)에 의하면, 인적자본(human capital)은 관리자와 종업원이 쌓은 훈련, 경험, 판단력, 지성, 통찰력, 인간관계와 연관되는 측면을 중요시한다. 그러므로 인적자본은 새로운 지식에 근거를 둔 이론발전에 중요한 일을 하는 셈이다. 특히 지식 베이스 이론(knowledge-based theory)은 자원 베이스 이론 이외에도, 인식론과 조직학습, 조직능력, 이노베이션, 새로운 제품개발 등의 각 분야와 관련되어 있다.[10]

지식관리에서 중요한 것은 지식을 형성하는 프로세스나, 지식 자체가 아니다. 지식관리는 팀 구성의 문제이며, 업무 관련의 외부환경과 경쟁력과 연결되는 전략적 기업조직의 구축에 관한 문제이다. 즉, 지식관리는 정보기술과 그 밖의 수단을 효율적으로 활용하고 기업활동상의 구조를 원활하게 개혁하는 역할을 한다.

기업의 지식보호는 점점 어려워진다

기업의 전략분석에서는 변화에 초점을 맞추어 가는 것을 중요시한다. 이때 프로세스에 대한 개혁은 정보와 정보기술만으로 건전한 성과를 거둘 수 없을 것이다. 프로세스의 개혁은 정보와 기술 및 조직과 인적자원의 조합에서 효율적으로 이끌어 갈 것을 권유해야 한다.[11]

한마디로 지식은 조직원의 능력을 축적하기 위한 숙련기능과 재능, 사고능력, 아이디어, 직감, 공약성과 동기부여, 상상력 등을 의미한다. 사실 지식자본은 금융자본의 개념을 초월한 흐름 속에서 관리와 통제 및 지배, 합리화, 경영계획과 회계관례 등의 많은 분야와 연계되어 있는 것으로 이해할 필요가 있다.[12]

과거의 전통적 노동관행도 변화하고 있다. 이것은 지식에 대한 경제적 가치가 날로 높아가는 것과 깊은 관계가 있다. 금후, 지식을 통합하는 기업과 지식을 공급하는 노동자 간의 관계가 양극화로 나타날 가능성이 높아갈 것이다.

이런 시장환경은 기업과 노동자 간의 관계를 강화하는 경우와, 이와 반대로 기업이 노동시장을 통해 계약하려는 경우로 나뉠 것이다. 이렇게 된다면, 고용에 대한 인식과 취업형태에도 근본적인 변화를 가져와 종전과는 다른 방식의 지식공급이 나타날 것이다.

OECD의 주요 국가에서는, 이미 1990년대 이후 고용형태(총취업자에서 점하는 비중)가 크게 변했다. 다소 오래된 자료이기는 하나 1973-1993년의 자료에 의하면, 18개국의 총취업자 중 비정규 노동자가 점하는 비율이 크게 증가한 것으로 나타났다. 특히 유럽 국가에서는 풀타임 고용이 크게 감소하며, 파트타임 노동자와 임시고용 노동자가 증가하고 있다. 2000년 이후 미국의 비정규 노동자 수는 전체의 30%를 점할 것으로 추산한 적이 있다.[13]

실제로, 파트타임 노동자와 조직에 속해 있지 않은 프리에이전트(free agent)가 급격하게 증가하는 것도 주목을 끈다. 프리에이전트는 2010년 미국 노동인구의 약 41%로 증가할 것으로 보고 있었다. 동시에 이들의 구성비율은 미국 생산인구의 연령층에 따라, 각각 다른 변화의 특성—가령, 프리에이젠트화의 역행—을 나타내기 때문에 금후의 고용형태에 다양한 영향을 미치게 될 것 같다.[14]

어떤 형식이든 전통적 노동관행은 변화하고 있다. 직접적 원인은 노동자의 인구구성상의 변화와 글로벌화에 따른 기술적 변화의 영향이 있을 것이다. 또한 기업이 노동력을 유연하게 다루어 온 것에도 중요한 원인이 있을 것이다.

경영학에서는 이런 현상을 플렉시블 기업모델(flexible firm model, 혹은 핵심주변모델[core periphery model])이라고도 한다. 영국의 경영철학가 찰스 핸디(Charles Handy)에 의하면, 노동자는 유연한 고용형태에 적응할 수 있는 다양한 능력을 갖추고 단기적 업무를 처리하는 '포트폴리오 인생'(portfolio lives)으로 살아가야 할지 모른다고 말한 적이 있다. 즉, '포트폴리오 노동자'로서 한 조직에 속하지 않고 업무처를 분산해 가는 것을 의미한다.[15]

다양한 고용계약이 복잡한 변화를 가져온다

고용계약은 많은 형태로 나타나고 있다. 최근에 유행하는 재택근무 형태, 업적에 따라 보수를 결정하는 형태가 확대되고 있다. 주로 비숙련 노동자와 영업담당자 또는 중간관리자를 평가할 경우에는 개인의 업적을 중요시한다. 핵심 지식노동자의 경우에는 팀과 조직 전체의 업적을 중요시한다.

이런 흐름이 강화된다면, 지식노동자와 다른 종업원 간의 차별화가 커질 것이다. 그렇게 되면 일반 종업원은 기업목표에 무관심해질 수 있다. 이 경우 일반 종업원들이 기업과 거리를 두는 시장 베이스의 계약 방식을 취하게 될 것이다. 가령, GE에서 채택하는 특정 프로젝트의 경우로 '1일 단위의 계약'(one day contract) 방식을 들 수 있다.[16]

시장은 짧은 기간에 상품과 서비스 공급시간을 크게 단축시키는 특징이 있다. 변화의 속도가 기업과 사회조직에 많은 영향을 미친다. 즉, 생산과 서비스의 공급과 수요, 라이프사이클을 비롯해, 기술혁신, 마케팅 등의 시장환경의 개선과 기업조직의 재편성에도 적지 않은 영향을 미치게 될 것이다.

빠른 변화의 속도는 노동시장에도 침투해 고용불안과 실업을 불러온다. 리스크 확대로 주식시장이 교란되고 경기침체을 우려하는 사회적 분위기가 나타날 가능성이 크다.[17]

이처럼, 고용과 취업형태를 지배하려는 시장의 힘이 나타난다면, 조직 내부에 많은 문제점이 발생할지 모른다. 기업과 노동자의 고용관계는 더욱 복잡한 문제로 확산될 소지가 있다. 이런 관계가 시장을 통해 새로운 조직의 변화를 가져온다.

결국 기업은 종업원에 대한 커미트먼트(적극적 관여 또는 공약)를 줄이려고 할 것이다. 또한 기업의 관료적 관리 시스템이 점차 종업원에 대한 감시와 억제로 나타나기 쉽다. 그런데 종업원은 종전에 비해 커미트먼트를 더욱 요구하고 나설 것이다. 동시에 기업은 더욱 높은 레벨의 기술과 기능, 지식을 요구하게 될 것이다. 그럼에도 경영자는 종업원 능력향상에 필요한 투자를 점차 줄이게 될 것이다.

새로운 시장주의의 고용관계는 노동과 지식을 둘러싼 수요와 공급의 변동에 의해 사정이 크게 달라지고 있다. 가령, 기술과 기능을 갖춘 노동자는 그에 상응한 이익을 얻을 수 있다. 그러나 기술과 기능을 갖추지 못한 노동자는 종전의 전통적 고용관계에서 보장받았던 공정성을 기대할 수 없게 될 것이다.

이처럼, 기술과 기능, 고용정보가 부족한 노동자는 심각한 상황에 놓이게 된다. 이런 고용시장의 환경이 선진국에서는 이미 오래전부터 형성되고 있다. 이것은 노동시장에서 일어나고 있는 '불평등' 을 가속화시키고 있다.

새로운 고용형태의 변화가 사회 전반에 복합적 영향을 미친다

바로 여기에 주시해야 할 문제가 있다. 새로운 시장 조절과정에서 발생하는 기술과 기능을 어떻게 평가하고 개발할 것인가의 문제이다. 여태까지 사회에서 인정받고 있었던 대부분의 기술과 기능은 주로 기업이 종업원에게 각종 교육훈련을 투자해서 개발된 것이다. 그러나 시장의 새로운 변화로 교육훈련 투자는 감소하고 기술과 기능에 대한 총수요가 급증하게 된다면, 다른 대안과 해결책을 모색하지 않을 수 없다.

교육과 기술 · 기능 개발의 노력과 경제적 부담은 노동자의 몫으로 돌아 갈 가능성이 높다. 물론, 경쟁우위를 위해 빠뜨릴 수 없는 전략적 대안이라고 생각해 교육훈련을 지원하는 기업들도 있다.

결국, 개별 노동자는 종전에 비해 기술과 기능 개발과 커리어(career) 설계를 위해 무거운 책임을 지게 된다. 또한 비즈니스에서 발생하는 리스크와 불확실성에 대한 책임도 지게 된다. 이때 필요한 것이 자기 자신의 '커리어 매니지먼트' 이며, 이에 필요한 기술과 기능, 정보를 어떤 방식으로 충족해 나갈 것인가를 고려하지 않을 수 없다.[18]

이런 문제를 해결하기 위해, 이미 대기업 위주로 2천 수백 개의 미국식 기업대학(corporate university, 가령, GE Crotonville과 Motorola University)과 커뮤니티 칼리지(community colleges, 가령, University of Phonix와 Concord Law University)가 운영되고 있는 것을 알 수 있다. 주로 주문식 교육 시스템 또는 기업우선의 교육기관들이 폭넓게 운영되고 있다.[19]

고용형태의 변화가 사회 전체에 미치는 영향이 점점 확산되고 있다. 기업과 노동자는 쌍방 간의 계약이 필요하게 될 것이다. 기업이 고용을 할 때 노동자에게 기술과 업무숙련도의 제시를 요구한다든가, 기업의 목표설정을 위한 적절한 자격규정을 요구하는 케이스도 있다. 또한 채용에 응하는 종업원은 취업 이후의 교육훈련의 수준을 알아둘 필요도 있다.

종래의 내부노동시장의 고용관계에서는 기업주가 종업원에게 정보를 제공해 왔으나, 이런 관행은 외부노동시장이 활성화됨에 따라 사라지고 있다. 일반적으로 채용과 해고가 증가할수록 기업활동을 둘러싼 규제와 통제에 대한 노동법들이 나타나게 된다.

어쨌든, 노동시장을 정직하게 효율적으로 이끌어 가기 위해서는 충분한 인프라를 필요로 한다. 즉, 노동시장의 중요성을 높이는 방향으로 업무와 노동자에 관한 정보, 가이드라인과 계약의 엄격한 시행을 강화하는 수단 등의 많은 인프라가 뒤따라야 할 것이다.[20] 고용 시스템을 둘러싼 새로운 노동시장의 급격한 변화에 대해서는, 정부기관과 기업단체의 장기적인 협력체제에서 구체적이고 효율적인 제도방안을 강구하지 않으면 안 될 것이다.

1990년대 이후 빠른 변화에 비해, 인간의 노동력은 매우 느리게 대응해 왔다. 기업은 변화에 대처하기 위한 수단으로 다운사이징(downsizing)과 조직의 구조조정, 임시고용제도의 도입을 서두르게 되었다. 당시 미국의 대기업인 IBM, AT&A, 코닥, 제록스는 종업원의 해고를 단행했다. 이로 인해, 노사 간의 암묵적인 보장과 약속이행이 어렵게 됨에 따라, 상호간의 신뢰관계와 고용계약은 악화되기 시작했다.

조직 내에서 지식을 공급하는 핵심 종업원과 일반 종업원 간의 차별화로 인해, 기업목적에 기여하려는 동기와 행동이 각각 다르게 나타났다. 이것은 1980년대 중반부터 1990년대 중반에 이르기까지 중대한 사회적 문제로 나타나게 되었다.[21]

결국 노사관계는 시대와 환경변화의 기폭에 따라 그 성격과 관행이 달라져 간다. 가령, 핵심적 지식을 공급하는 종업원의 경우에는, 기업의 목표달성에 부응하는 측면에서 노사 모두의 편익을 증진시킬 수 있는 고용계약의 형태가 성립될 것이다.

반면에 일반 종업원의 경우에는, 장기적 고용과 직업훈련, 내부승진의 기회가 감소할 것이다. 그러므로 종전의 고용계약의 내용과는 다른 취업형태를 선택할 가능성이 높아간다.[22]

지식과 직능을 갖춘 노사모델

[표 2]는 1997년 조사한 내용이다. 1980년대 이후 미국의 대기업의 고용관계 변화는 옛 협정의 범위를 벗어나려는 경향을 보인다. 이 변화에는 고용보장의 저하와 내부 인재육성의 축소, 종업원이 감수해야 할 리스크의 증대 등이 있다. 즉, 기업은 환경이 변화함에 따라 계약조건을 변경하려고 할 것이다.

[표 2]에서 '고용계약에 고용보장을 포함하지 않음' 의 비율이 전체 산업의 2/3이다. 그러나 기업 측이 옛 협정을 파기하는 것은 쉽지 않다.[23]

[표 2] **고용계약의 변화(%)** 1997년

	1. 고용계약에 고용 보장을 포함함	2. 고용계약의 변경	3. 고용계약에 고용보장을 포함하지 않음
(산업별)			
전 체	6	67	27
제조업	4	67	29
서비스	9	71	20
(지역별)			
미국 국내	3	69	28
미국 국외	10	63	27

자료 : Peter Capelli, *The New Deal at Work*, 1999, p.23, Table 1-1에서 작성.
HR Executive Review Implementing, the New Employment Compact (New York Conference Board, 1997), Reprinted with Permission.

변화하는 고용계약에서 새로운 딜레마가 등장하고 있다. 오늘날의 고용관계는 과거와는 달리, 지식과 기술을 매개로 하기 때문에 기업과 노동자 간에 변화를 가져온다. 지금의 노사관계는 30년 전에 경험한 것과 그 내용이 크게 달라지고 있다. 이 같은 흐름은 1950-1970년대 영국과 1960-1970년대 미국, 1980년대 일본의 노사관계에서 명확하게 나타났다.

영국은 20세기의 절반을 노사 간의 지루한 교섭과 재계약을 반복하면서 세월을 낭비했다. 당시의 영국 기업들은 작업 진척에 영향을 미칠 수 있는 변화가 발생할 때마다 직장의 대표와 감독자 간에 할증임금 지불의 요구를 둘러싼 줄다리기 교섭으로 쓰라린 경험을 했다. 이것은 상호간에 신뢰가 구축되어 있지 않았기 때문이다. 교섭이 끝날 때까지 모든 작업은 중단되었다.

노사 간의 신뢰관계 구축을 먼저 종업원 측에서 본다면, 고용관계가 장기적으로 보장되고 정당한 보수를 받을 수 있는 환경조성이 되어 있어야 한다. 또한 퇴직 후의 연금문제도 있으나, 그것보다는 폭넓은 승진기회를 제공하는 편이 더욱 효과적이다.

승진기회의 확대는 기업이 훌륭한 업적에 동기를 주고 보수의 수단으로 활용할 수 있는 효과적인 방안이다. 또한 종업원 간에 승진 경쟁을 조성해 업적향상의 촉진과 기업의 니즈를 충족시키는 의욕을 발휘할 수 있는 수단이므로 노사 모두 유익한 성과를 거둘 수 있다.[24]

앞에서 본 지식형 종업원의 등장에는 노사 간의 갈등이 유발되는 것에 적절한 대안을 강구해 나가야 한다. 동시에, 자본주의 시장에 새로운 형태의 고용모델(고용계약 이외의 취업형태)이 형성되고 있는 환경에 주시할 필요가 있다.

지금까지의 고용모델은 기업을 둘러싼 경쟁환경이 변화하면 곧 소멸하는 결함을 가지고 있었다. 특히 장차 필요한 기술과 기능의 예측이 어려운 기업은 종업원에 대한 투자와 의무이행의 조건이 무거운 짐이 되기도 했다. 또한 종업원이 충성심을 발휘할 만한 항목을 계약에 넣지 않은 기업은 종업원의 자주성에 의존할 수밖에 없었다.[25]

기업은 종업원에게 많은 것을 기대하나, 종업원은 그에 부응하지 않는다. 기업은 종업원이 자율적으로 조직에 공헌한다는 전제 아래서 높은 작업 시스템을 적극적으로 도입한다. 한편, 종업원은 커미트먼트(약속과 책임)를 떨어뜨리는 것에서 고용관계를 변경하려는 경향이 나타난

다. 이런 환경에서의 새로운 고용관계는 기대하지 않은 결함들을 안고 있다.[26]

고용계약의 새로운 패러다임

미국의 대표적 프리에이전트(자유계약자, free agent)인 다니얼 핑크(Daniel Pink)는 금후의 노동시장에 나타날 새로운 거래의 흐름을 지적한다. 지금까지의 기업과 종업원 간의 고용계약에서 보이던 보장과 충성심의 내용이 크게 달라질 것으로 보고 있다.

여태까지 종업원이 기업으로부터 보장받은 내용과는 크게 달라질 것이라는 점이다. 금후의 기업은 리스크 헷지(risk hedge, 위험대책으로서 변동으로 인한 손실을 회피하기 위한 일종의 위험관리)[27]를 높이고 고객별, 프로젝트별로 업무를 분산시키고 외부위탁을 확대해 나갈 것으로 보고 있다. 프리에이전트의 역할이 더욱 활발히 전개될 것으로 본다.

지식과 기능으로 무장된 프리에이전트의 등장으로, 기업조직의 경직화와 노사 간의 갈등이 나타나고, 종업원 개인의 지식과 능력 발휘가 시장원리의 당연한 흐름으로 나타날 가능성이 높다. 과거의 고용계약에서 볼 수 있었던 충성심과 고용보장은 크게 달라질 것이다.

충성심과 고용보장을 교환하는 거래는 수십 년간 미국의 노사관계를 지배해 왔으나, 새로운 형태로 변화하고 있다. 선진사회의 노사관계는 우리가 생각하는 것과는 달리, 무서운 속도로 관행상의 변화를 가져오고 있다. 지식과 기술 및 기능을 매개로 한 기업과 종업원 간의 관계에 충격적인 변화를 가져오고 있다. 이런 현실을 어떻게 받아들일 것인가에 대해 현명한 판단이 있어야 할 것이다. 이것은 분명 노사문화에 대한 패러다임의 변화이다.

1) 노사 간의 새로운 문화의 등장이다.
2) 고용주와 종업원의 관계, 상사와 부하의 관계는, 옛날과는 달리 동료 관계이며, 비즈니스의 관계로 서로 대등하다.

프리에이전트는 능력을 제공하고 그에 대한 대가를 받는다. 그것을 발판으로 기회를 얻어 새로운 계약에 참가하는 일종의 고용거래라 할 수 있다. 기업이 노동을 구입하는 것이 아니라, 그들의 능력을 구입하는 것으로 보면 된다. 프리에이전트가 얻는 기회는 능력을 발휘할 수 있는 새로운 기회이다. 프로젝트 수행, 새로운 기능의 습득, 다른 분야의 사람들 또는 고객과의 접촉, 인맥의 확대 등을 통해 금전적 수입을 얻을 수 있다.

이것은 능력과 기회를 통한 거래이므로, 시장을 활성화시키고 시장의 효율성을 높이는 일종의 시장원리를 제시하는 계기가 될 것이다. 노동시장의 상황에 따라 노사 간의 힘의 관계도 달라질 것이다. 능력을 제공할 사람이 부족할 때는 능력을 제공하는 측이 유리할 것이다. 이와 반대로 능력을 발휘할 기회가 부족할 때는 기회를 제공하는 측이 유리할 것이다.

능력과 기회의 교환은 노동시장을 바꾸어 놓는다

능력과 기회를 교환하는 거래는 기업에 대한 충성심과 기업으로부터 받는 보장을 단순히 서로 교환하는 거래가 아니라, 충성심과 보장을 동시에 강화하는 거래이다. 다시 말하면, 프리에이전트는 기회(돈, 학습기회와 인맥)를 얻는 대신에 능력(상품, 서비스, 어드바이스)을 제공한다.[28]

종업원의 윤리 면을 중요시하는 기업풍토를 조사한 결과, 노동시장의 외부요인이 윤리적인 것에 영향을 미치는 것으로 나타난다. 종업원의 커미트먼트에 관해 조사한 결과, 커미트먼트가 직장이동의 기회와 서로 관계가 있는 것으로 나타난다. 즉, 종업원의 직장이동 기회가 많을수록 몸 담고 있는 직장에 대한 커미트먼트는 낮아진다. 반대로 경기가 침체되어 직장이동 기회가 적을수록 현재 업무에 대한 만족도와 커미트먼트는 높아진다.

결국, 종업원의 공헌을 유도하는 방안 중에는 승진기회를 제공하는 것이 가장 효과적이다. 그런데 조직의 플랫화(flat)와 재구축화(restructuring), 고용보장의 감소로 인해 승진기회가 좁아지므로 인센티브 효력이 떨어지고 있다. 최근 미국의 대기업은 인재와 기술 및 기능에 대한 투자효과에 만족하지 않아, 인재육성을 위한 투자를 회피하는 경향이 높아가고 있다. 그 대안으로 외부시장을 활용하고 있다.

기업은 중요한 기술과 기능을 외부 노동시장에 의존하면서 조건에 알맞은 인재를 선별하는 길을 열어간다. 이에 따라 종업원은 구직경쟁과 인맥관리를 중요시하지 않을 수 없다. 이미 본 것처럼, 미국의 대기업 취업자들은 커뮤니티 칼리지(community college, 2년제 지역대학)와 외부 교육기관에서 필요한 훈련을 받는 것으로 나타나고 있다.[29]

지식공급이 노동공급을 바꾸어 놓는다

지금까지 기업은 생산요소와 기술을 최대로 활용하는 것에서 충분한 성장을 이끌어 왔다. 그러나 인간의 노동요소에 커다란 변화가 나타남에 따라, 기업은 스스로 변혁의 길을 선택하지 않을 수 없다.

지식을 제공하는 것은 인간만이 아니다. 이용 가능한 지식을 표준화해 업무와 시스템에 도입해 둔다면 사람 대신에 충분히 활용할 수 있다. 유연한 고용을 중시해 온 종전의 전통적 노동시장의 모델과 전략은 지식에 대한 수요패턴이 변동하는 시스템에는 걸맞지 않다는 것을 알 수 있다.

기업은 직접적 고용을 하지 않아도 필요한 지식을 얻을 수 있다. 아웃소싱 서비스와 프렌차이즈 계약, 인력공급 서비스 등 여러 가지 방법이 있다. 새로운 것과 낡은 것의 차이점은 기업이 노동이 아닌 지식을 요구하는 것에 있다. 즉, 노동의 공급이 지식의 공급으로 바뀐 것이다.[30]

2
다운사이징의 딜레마

1970년대 세계 경제가 대변혁을 할 당시, 기업은 고용주와 노동자 간, 진보와 보수 간의 투쟁 장소로 변해 가고 있었다. 1970년대의 대혼란에서 벗어나 1980년대에는 새로운 기업문화가 점차 형성되고 있었다. 1980년대에는 민영화의 물결이 일면서 산업을 둘러싼 법적 제약, M&A, 전략적 제휴, 조인트 벤처, 기업의 구조조정, 실업, 이직 등의 '과보호적 전략문화'(hot-house culture)가 자리 잡게 되었다.

1980-1990년대 세계 경제의 장기 불황으로 말미암아, 기업은 다운사이징(규모축소화, downsizing)과 도산 문제 등으로 골머리를 앓았다. M&A, 조직의 재구축과 다운사이징 등 조직의 변화를 가져온 것에는 몇 가지 공통적인 특징이 있다.

첫째, 조직의 존속이나 생산성의 향상은 불황과 연관되어 있는 문제이다. 둘째, 최근 조사에서도 밝혀진 일이지만, 문제해결을 위한 실증적인 연구가 매우 빈약했다. 셋째, 당시의 기업변신은 주로 리더의 역량에 의해 추진되었다. 또한 조직변화에 영향을 미친 극적인 변화에는 글로벌 경쟁력과 정보기술의 역할을 무시할 수 없었다.

당시 유행한 기업의 다운사이징은 단순한 이유에서 단행된 것이 아니다. 1994년도 미국경영자협회(AMA; American Management Association)의 보고에 의하면, 다운사이징의 주요 동기는 주로 생산성의 향상과 노후한 설비의 교체, M&A 또는 새로운 기술 개발을 위한 전략에 있었다.

1980년대의 경기침체는 조직의 축소와 재구축을 불러일으켰고, 이는 심각한 실업으로 이어졌다. 가령, 미국은 1985-1989년에 430만 명, 1990-1991년에 160만 명의 노동자가 일자리를 잃었다. 유럽(프랑스, 독일, 이탈리아, 네덜란드, 영국)은 1989년에 210만 명의 실업자를 냈다. 1989년에 일본은 32만 명, 캐나다는 52만 명이 일자리를 잃었다.

실업은 무서운 결과를 가져온다. 실업은 그 자체로도 문제이지만, 직장이 있는 사람에게도 불안을 조성해 심리적 고통을 안겨준다. 직장에 대한 불안감은 가족은 물론 사회 전반에 불안요소로 등장한다. 따라서 정부와 기업은 피해를 최소화하기 위해 철저한 사전적 또는 사후적 대비책을 세워야 한다.[31]

다운사이징의 실패

1990년대 세계 산업계를 공포로 몰아넣었던 다운사이징과 리스트럭처링 또는 리엔지니어링은, 본래의 의도와는 달리, 실효성을 거두지 못했다. 이 후유증으로 인해 착실한 경영자와 선량한 노동자들은 오랫동안 깊은 상처를 입었다.

특히 조직은 다운사이징과 비용절감, 조직계층의 축소, 아웃소싱으로 이어지는 변화를 맞이했다. 이 과정에서, IT와 정보기술과 같은 특수기술 분야의 노동자들과 특별한 형태의 계약과 협력관계를 맺으리라 고 예상하고 있었다. 대표적인 것이 프리랜스(freelance) 혹은 전문기능을 가진 단기 계약자 직종이다.

기업조직을 확장하는 일보다 조직을 축소하는 일이 훨씬 더 어려운 일이다. 일반적으로 조직 재구축의 결말은 기대한 경제적 목표를 거의 달성하지 못하는 경우가 많았다. 왜 이런 결과를 초래하게 된 것인가에 관해 보다 세심한 검토와 분석이 필요하다. 특히 조직의 기능 면에서 다운사이징의 한계와 영향력에 관해 포괄적 분석이 있어야 한다.

1990년 미국경영자협회가 1,142개 기업을 대상으로 조사한 결과에 의하면, 절반 이상의 기업에서 다운사이징에 필요한 준비와 규모축소에 따른 부작용에 대비한 정책이나 프로그램이 준비되어 있지 않았다는 것을 밝히고 있다.[32] 말하자면, 주먹구구식이고 무모한 다운사이징이었다.

캐나다 기업의 실태조사(M. Axmith, 1995)에 따르면, 총비용을 절감한 기업은 전체의 85%, 수익성을 개선한 기업은 63%, 생산성을 높인 기업은 58%, 고객 서비스를 향상시킨 기업은 36%로 나타났다. 그러나 대부분의 기업에서는 조직의 재구축과 다운사이징으로 기대한 목표를 실현하지 못한 것으로 나타났다.

카시오(W.F. Cascio)는 실패의 원인이 전통적 구조와 경영관행이라고 말한다. 원래 다운사이징은 낭비를 줄이고 비효율성을 개선하도록 조직을 재구축한다는 뜻이다.

한편, 카메런, 휘튼 및 킴(K.S. Cameron, D.A. Whetten and M.U. Kim)은

조직을 쇠퇴시키는 문제점을 지적한 바 있다. 중앙집중화, 장기계획의 결여, 이노베이션의 위축, 변화에 대한 희생과 저항, 방향전환(노동이동), 연대의식의 저하, 불황으로 인한 손실, 특정 이해관계집단의 출현, 최고경영자의 신뢰성 저하, 갈등과 승부 등을 열거하고 있다.[33]

다운사이징의 역효과

조직관리에서 윤리적 측면을 소홀히 할 수 없다. 법률과 규제뿐만이 아니라, 윤리적 가치를 실현하는 것을 잊어서는 안 된다. 윤리적 강령을 이해하고 있다 해도 윤리적 문제나 의심스러운 상황이 발생할 수 있기 때문이다.

인적관리에서 볼 수 있는 가장 비극적이고 복합적인 윤리문제는 공장폐쇄나 인적자원 퇴출을 포함한 조직의 다운사이징이다. 인적자원의 감소에 따라 이해관계자 간에 갈등이 발생한다.

윤리적 문제는 조직의 쇠퇴에서 오는 불화와 모순과 결부되는 경우가 많다. 전통적 조직 이론가들은 최근의 연구에서 조직의 운영방식에 불일치성(모순)이 있는 점을 강조한다. 기업의 쇠퇴로 인한 다운사이징은 고용의 불안정성과 사내내분으로 이어지는 것을 볼 수 있다.

다운사이징을 실행할 때에는, 일관성과 체계적인 절차를 거쳐야 하는 것을 강조한다. 이미 1980년대의 연구에서도, 조직은 추진력과 혁신, 경영자의 차분한 대응, 이노베이션을 통한 환경 적응을 지적하고 있다.

다운사이징의 효과에 관해 많은 연구결과가 나오고 있다. 제이콥슨(D. Jacobson, 1991)은 직장상실 경험이 상호간의 역할변화, 활동상의 위협, 사회적 시야(視野)를 가진 주관적인 마음가짐에도 영향을 미친다는 것을 지적한다. 코즈로스키(S.K. Kozolowski, 1993)는 직장상실이 경제적 지위와 복지는 물론, 몸가짐(처세)과 가족관계(가족 간의 갈등과 이혼율 증가)에도 심각한 영향을 미친다는 점을 밝히고 있다.

라탁(J.C. Latack)과 키니키(A.J. Kinicki), 프루시아(G.E. Prussia)는, 실직의 충격이 개인에게 결정적 충격을 안겨주더라도 실직자들은 경력을 살려 새로운 직장에 적극적으로 도전함으로써 고통의 일부를 극복할 수 있다고 충고한다.[34]

다운사이징의 윤리적 딜레마

다음은 윤리적 딜레마이다. 윤리적 관점에서 본 다운사이징은 공정성과 관계되는 개념을 도입할 필요가 있다. 브로크너(J. Brockner)와 그린버거(J. Greenberg, 1990)는 해고문제를 조직의 공정성(organizational justice)이라는 틀 안에서 논의할 것을 제의한다. 그들은 조직의 공정성을 3가지로 분류한다. 즉, 분배의 공정성(distributive justice), 처리의 공정성(procedural justice), 상호작용의 공정성(interactional justice)이다.

분배의 공정성은 성과배분을 결정할 때 정상적인 규정과 연관된다. 다운사이징 또는 개인적 실업의 경우, 의사결정자가 채택하는 규정에 분배의 공정성이 반영되는 것을 말한다. 처리의 공정성은 성과배분에 관계되는 처리과정에 초점을 둔다. 관리자인 처리주체 측은 나머지 업무에 참가할 종업원의 범위와, 주체 측이 받을 나머지 분배의 한도를 공정하게 규정해야 한다. 상호작용의 공정성은 성과배분에서 사람과의 대인관계에 대한 공정성을 말한다. 이상의 3가지 공정성의 결합은 일종의 신뢰를 위한 윤리 시스템이라 할 수 있다.

또한 다운사이징의 윤리적 딜레마에 대한 관리의 중요성 문제가 있다. 경영자들은 이익극대화를 위해 지나치게 비용과 이익에만 치우치는 경향이 있다. 이런 문제를 해결하기 위해, 그린핼프(Greenhalgh), 로렌스(A.T. Lawrence)와 서튼(R.L. Sutton, 1998)은 조직과 개인 간에 부합할 수 있는 특성을 고려한 모델을 제시한 바 있다. 이 모델에서는 다운사이징의 전략을, 한편으로는 개인의 복지와 다른 한 편으로는 조직의 실리에 각각 부합하는 비율에 따라 결정하는 것을 제안하고 있다. 가령, 지역적 차이가 다소 개인의 복지에 타격을 줄지라도, 경제적으로는 커다란 성과를 가져오게 될 것이라는 점이다.

경영관리자들은 의사결정의 기본방침이 정해져 있다 하더라도, 윤리적 가치를 저버리는 중대한 과오를 범하는 경우가 있다. 기업의 글로벌 경쟁력을 강화하려면 이런 가치를 진지하게 실현해 나가야 한다.

다운사이징이 여러 분야에 걸쳐 부정적 결과를 초래하는 경우가 많다. 경제적 측면과 심리적 측면, 사회적 측면 등에서 나타난다. 가장 영향을 많이 받는 것이 종업원의 실직이다. 이런 다운사이징은 윤리적 기본원칙에 위배된다.[35]

가치에 근거를 둔 경영관리의 공통 견해

기업은 치열한 생존경쟁 과정에서 고된 시련과 다양한 변화를 겪고 있다. 1980년대 이후 유행처럼 번진 리스트럭처링과 리엔지니어링은 정당한 기업행동으로 기업가치를 창출한 적도 있었다. 이처럼 부분적으로는 긍정적인 측면도 있으나, 일반적으로는 부정적인 평가를 내리고 있다.

기업의 구조개편과 M&A를 둘러싼 사회적 갈등의 심화와 도덕적 해이(moral hazard)에 의한 악습과 폐단은, 자본주의 시장의 메커니즘에 나쁜 영향을 미쳤다. 1980-1990년대의 악습을 극복하기 위해 기업은 조직의 확고한 신뢰성과 건전한 사고방식을 구축해야 하고 적지 않은 혼란 속에서 기업의 불변성(항구성, constancy)을 정립해야 한다는 것을 깨닫게 되었다. 이것이 기업가치에 바탕을 두는 경영관리 방식이다.

기업가치의 형성은 상호간의 연관성을 명확하게 제시하는 것에서 출발한다. 종업원은 독창력을 발휘할 수 있어야 하며, 경영자는 중요한 결단을 내릴 수 있는 자기관리가 선행되어야 기업가치를 기대할 수 있을 것이다. 이런 과정은 글로벌 기업이 지역적으로 확산하는 데 더욱 중요한 역할을 한다. 또한 리스트럭처링으로 인한 고통과 혼란을 줄이는 노력이 중요하다. 결국, 조직이 올바른 방향으로 발전하고, 목표를 달성하기 위해서는 기업가치와 전략을 긴밀하게 조정하는 절차와 과정이 있어야 한다.

오늘날의 인텔(Intel), AT&T, 존슨 앤 존슨(Johnson & Johnson),

Intuit, GE, 영국 석유공사(British Petroleum), HP(Hewlett Packard)는 아래 5가지 기업가치 중 적어도 2가지 이상의 목표를 선정해 가치와 이익을 위해 명확한 방향으로 발전해 온 회사들이다.[36]

가치에 근거를 둔 경영관리의 공통적인 견해를 열거하면 아래와 같다.

1. 기업가치는 좋은 문화와 행동규약으로 명시한다.
2. 기업가치는 위기관리의 의사결정에 필요한 일반적인 기초정보를 제공한다.
3. 기업가치는 변화의 소용돌이 속에서도 '믿을 수 있는 방향'(rock of Gibralta)을 제시한다.
4. 기업가치는 결국 그 회사에서 중요한 것이 무엇인가를 식별하는 방향을 제시한다.
5. 기업가치는 일반적으로 높은 목표와 기준을 명확하게 설정하는 것에서 변화를 자극한다.

3 지식공급시장의 역할

미국의 법인기업을 대상으로 하는 8개 분야의 서비스 시장은 1972-1988년 사이에 연 6.9%, 1988-1996년 사이에 연 5.8% 확대되었다. 이 중 4개 업종이 점하는 고용 비율은 전체의 85% 이상이다. 특히 인력파견 서비스업과 컴퓨터 서비스업은 고용증가율이 1972년 이후 각각 11.4%와 10.7%이다. 이 두 산업의 고용증가율은 미국 전체 산업 평균의 거의 5배 규모로 확대되었다.

미국의 인력공급 서비스 시장에는 정규직을 중개하는 서비스(employment agencies), 임시직을 중개하는 인력파견 서비스(temporary agencies)와 인력 리스 서비스(employee leasing)가 있다. 이외에도 인터넷에 의한 모집(internet-based recruitment)방식의 취업 서비스가 폭발적인 성장을 거듭하고 있다.

인력공급 서비스업의 흐름

정규직 사원 공급을 중개하는 서비스는 유럽과 미국에서 종신고용이 감소하는 것에 보조를 맞추어 거의 사라져 가고 있다. 이에 반해 임시직 인력파견 서비스(temporary agency services)는 1980년대 이후 인력공급 서비스업 중에서 가장 높은 성장을 기록한 적이 있다. 미국은 1975–1987년에 임시직의 인력파견회사가 3,133개에서 10,611개로 거의 3배 증가했다.

특히 글로벌 기업은 다양한 전문인력을 해외에서 받아들이는 추세가 확대되고 있다. 1996년 말, 미국의 인력회사가 고용을 중개한 노동자 수는 230만 명이라 한다. 이탈리아와 그리스, 핀란드, 프랑스, 독일 등은 처음에는 상근노동자의 고용을 보호하기 위해 인력파견 서비스를 금지하기로 했으나, 고용형태의 변화에 따라 금지조치를 해제했다. 이처럼 미국과 유럽의 고용시장은 기업이 직접 인력을 채용하는 것에서 점차 중개 서비스업을 통해 채용하는 것으로 옮겨가고 있다.[37]

인력 리스 서비스(employee leasing services)는 기업이 필요한 인력을 빌려 쓸 수 있는 서비스를 제공한다. 이것에는 스탭 리스 서비스(staff leasing services) 또는 전문고용기관연합회(PEOs; professional employment organization)가 있다. 미국에는 전국전문고용기관연합회(NAPEO; national association representing professional employment organizations)가 조직되어 있다. 이에 속해 있는 노동자 수는 2~3백만 명이며, 매년 30% 증가하는 것으로 보고되고 있다. NAPEO 자료에 의하면, 미국의 인력 리스회사가 인력파견회사와 동일한 수준 또는 그 이상으로 고용주 역할을 하고 있다.[38]

인력 리스는 기업이 자유계약사원을 고용할 때 발생하는 번거로움을 덜어준다. 이 서비스를 이용하면 리스를 하는 기업으로서는 업무에 고유의 지식을 가진 노동자를 신축성 있게 활용할 수 있는 장점이 있다.

이에 비해 인력파견 서비스는 파견 위주로 운영하므로 자유로운 인력 리스의 장점을 가지고 있지는 않다.

미국의 파견노동자의 직업알선 동향(1996년)을 보기로 한다. 미국 전체의 인력파견협회(NATSS; National Association of Temporary and Staffing Services)의 조사에 의하면, 1996년 말 현재 파견노동자의 70.5%가 숙련이 필요 없는 업무를 하고, 14%는 컴퓨터 프로그래밍과 시스템 분석에 종사하고 있다. 엔지니어링과 같은 고도의 업무에는 6.3%이며, 나머지 10%는 법무와 경리, 전문적인 세일즈, 마케팅, 전문적인 관리 분야의 업무에 종사하고 있다. 결국 성장이 빠른 부분은 전문적인 숙련을 필요로 하는 업무이며, 거의 3배로 증가하고 있다.

미국에서 대체로 인력 리스는 고도의 기능을 필요하지 않는 제조업 부문에서 이루어지고 있다. 또한 제조업의 노동자는 1991-1993년 사이에 40만 3천 명 감소한 것으로 나타난다. 이 중의 절반은 인력파견과 인력 리스로부터 파견된 노동자로 대체되는 것으로 추산하고 있다.[39]

실제로 미국에서는, 1977-1993년 사이에 전체 산업에서 인력공급 서비스의 활용이 크게 확대되었다. 특히 금융과 보험, 부동산 업계에서는, 이 기간에 인력공급시장이 거의 4배 증가했다. 전체 산업의 인력공급 서비스는 8배로 증가했다. 물론 이런 현상은 영국과 유럽에서도, 우리나라의 IT와 정보 및 통신산업에서도 동일한 것으로 나타난다.

지식중개 서비스의 장래

미국의 법인기업을 대상으로 하는 서비스 부문에서 인력파견 서비스(temporary agency services)와 인력 리스 서비스(employee leasing services)는 전체 서비스 부문의 성장에서 톱 그룹에 속한다. 실제로 증가하는 인력파견회사에 밀려 정규직 고용이 감소하는 것을 보면, 앞에서 정규직 고용 수가 감소한다고 예측한 것을 뒷받침한다. 또한 증가율에서도 임시직 노동자에 비해 파견직 노동자가 훨씬 높은 것도 예상한 것과 같다. 인력 리스 서비스는 미국의 경우, 주로 비숙련 노동자를 대량으로 필요로 하는 기업에서 활용하고 있다. 이런 경향이 계속된다면, 인력 리스 서비스 산업이 크게 성장할 것이다. 이것이 장기적으로 지속될지는, 인력에 새로운 경력목표가 준비되는가에 따라 결정될 것이다.

인터넷에 의한 채용 시장은 모든 광고활동을 이용해 채용 서비스 분야를 위협할 정도로 되어 가고 있다. 미국의 인터넷 채용 전문업체인 TMP 월드와이드가 오스트레일리아의 인력파견회사인 모건 앤 뱅크즈(Morgan & Bankes)를 3억 3천만 달러에 매수한 것을 보면, 추세를 짐작할 수 있다.

산업별 또는 직종별 고용점유율 자료에 의하면, 아웃소싱 서비스업의 성장이 인력공급 서비스업과 동일한 추세로 나타날 것으로 보고 있다. 오히려 인력공급 서비스업보다 전망이 밝다고도 볼 수 있다. 그 이유는 고객기업이 중개 서비스업체에 더욱 의존함에 따라 업무를 한 회사에 의뢰해 규모의 경제를 추구할 수 있기 때문이다. 고객기업은 단순한 노동력의 투입보다 그 결과와 해결방안을 통해 많은 것을 기대하고 있다.

한편, 아웃소싱 서비스업은 인력공급 서비스업에 비해 높은 리스크를 안고 있다. 인력공급 서비스 기업은 고객기업에 비해 풍부한 지적자원과 금융자원, 실물자원 면에서도 다소 유리한 위치에 있기 때문이다. 그러나 그 우위성은 결코 높은 것은 아니다. 여기서는 지식의 역할이 점차 중요한 위치를 점하게 된다 해도, 항상 우위성을 유지할 수는 없다.

아웃소싱 서비스업에서는 본질적으로 계약에서 '코스트 플러스' 방식보다 '코스트 마이너스' 방식을 채택한다. 이에 비해 인력공급 서비스업에서는 '코스트 플러스' 방식을 채택하는 것이 관례이다. 고객기업에서는 인력의 채용과 훈련 및 관리, 동기부여가 개방되어 있기 때문에 프리미엄(할증) 코스트를 지불하고 있다.[40]

때때로 아웃소싱 서비스업자들은 공동 프로젝트를 통해 고객기업과 보다 밀접한 비즈니스를 추진할 수도 있다. 이것은 여러 가지 형태가 있겠으나, 파트너십의 관계를 통해 효과적인 성과를 기대할 수 있다.

기업을 재평가하다

앞에서는 노동의 외부화를 추진하면서 사외의 지식공급원을 다양화하는 경우를 보았다. 즉, 자유계약사원과 인력중개 서비스업체, 의존형 컨트랙터(dependent contractor)와 자립형 컨트랙터(independent contractor)이다.

'개 싸움은 등치의 크기가 아니라, 그 개의 투지의 크기(size, 역량)에 의해 판가름이 난다'고 할 수 있다. 이 뜻은 기업에도 적용된다. 기업은 필요한 지식자산으로 이노베이션과 생산, 판매와 유통을 향상시킨다. 외부화가 과도한 군살을 빼고 제도나 관행을 개선하는 데 도움을 주기 때문에 기업은 글로벌시장에서 경쟁력을 강화하는 기회를 얻을 수 있다.

현재 미국에서는 2천만 명의 종업원이 부분적으로 남자 종업원의 29%와 여자 종업원의 24%가 월 몇 회 또는 주 몇 회는 가정근무를 하는 형식으로 전환되었다. 이 숫자는 유럽국가에 비해 높은 수준이다. 그러나 유럽국가에도 재택근무와 텔레워킹(teleworking)이 확산되어, 이미 서비스 산업에서는 보급률이 매우 높다.

노동자의 개념이 바뀌어 가고 있다. 종업원이라 하기보다는 스프라이어로 변신해 가고 있다. 기업은 실물자원의 규모를 축소하는 것에서 '자본투자의 감소 → 경비절감'을 유도한다. 그렇게 함으로써 물리적으로 규모를 축소할 뿐 아니라, 재정 전략을 민첩하게 바꾸어 갈 수 있으며, 시장기회의 우위를 점할 수 있다.

건물과 토지 또는 기계류와 같은 물적 자산과 종업원 수는 중요성이 점차 떨어지고 있다. 이런 경향은 가령, 마이크로소프트(MS)와 야후(Yahoo), 아마존닷컴(Amazon.com) 등의 주식가격의 급등에서도 나타나고 있다. 이런 기업은 종래의 제조업체와는 달리, 종업원 수와 설비와 같은 고정자산의 비중이 매우 낮다.

MS는 매출액 90~100억 달러와 자산총액 100억 달러로, 1996년 포춘지에 발표된 상위 500개 기업체 중 172위이다. 사실, MS의 매출액과 자산총액은 세계 거대 기업체인 GM의 5%에 불과하다.

외부화는 기업의 물리적인 무거운 짐을 덜어줄 뿐 아니라, 비핵심적인 지식과 기능을 축소하는 역할도 한다. 결국 외부화해야 할 지식과 내부화해야 할 지식을 명확하게 식별하는 것이 중요하다. 외부화할 것인가, 내부화할 것인가에 대한 의사결정을 통해 사내외의 지식공급원 중에서 어느 쪽이 합리적인가를 파악할 필요가 있다. 즉, 지식공급모델의 세밀한 구상에서 기본적인 구조의 틀을 결정하게 될 것이다.[41]

지식에 근거를 둔 성장

지식을 전제로 한 기업에서는 소규모화와 기술의 쇠퇴로 인한 산업 분류상의 경계가 애매한 위치에 놓이게 된다. 그래서 물리적인 것과 기술적인 것의 두 측면에서 규모를 결정하려는 기업들이 나타날 수 있다.

지식에 근거를 둔 성장에는 두 가지 방법이 있다. 하나는 사내의 지식을 유지 · 강화해 가는 방법이며, 다른 하나는 외부의 지식과 연계하는 힘을 증강해 나가는 방법이다. 어느 방법이라도 기업의 지식의 깊이와 폭을 증가시킬 수 있다.

지식의 깊이

지식의 깊이를 더 하려면, 동일한 산업에 속하는 기업과의 M&A로 지리적인 범위를 넓힌다든가, 시장점유율(market share)을 높이는 방법이 있다. 보다 효과적인 것은 M&A에서 얻을 수 있는 효율에 비해, 시장을 통한 계약과 협조 및 공동연구의 방안에서 좋은 결과를 기대할 수 있다.

지식의 폭

지식의 폭을 넓히기 위해서는, 다른 업계 혹은 다른 지식분야에 속하는 기업과의 M&A 또는 협조 및 공동연구의 방안을 고려해 볼 필요가 있다. 이런 활동은 생산효율을 높이고 혁신적인 재능을 개선할 수 있는 중요한 동기가 된다. 이것은 시장과 지리적인 활동범위를 넓힐 수 있으며, 시장의 지배력을 강화할 수 있다. 단, 잘 모르는 지식분야로 확장하는 데에는 커다란 리스크가 수반된다는 점에 주의해야 한다.

지식의 깊이와 폭

지식의 깊이와 폭에 관한 문제는 매스컴을 통해 쉽게 접할 수 있다. 1990년대 이후, 기술 또는 시장의 인프라 공유를 통해 생산과 마케팅의 효율을 높일 수 있다는 차원에서 다른 산업 간의 융합(cross-industry convergence)이 다시 활발하게 이루어진 적이 있었다.

가령, 방송, 출판, 통신, 컴퓨터 등의 산업분야에서는 합병기업이 설립되었으며, 은행과 보험, 증권 서비스는 여행업계와의 관계를 강화하기도 했다. 이에 그치지 않고 가스, 수도, 전기회사 등도 지식이 겹쳐 있는 점을 이용해 공익사업회사(utility companies)로 탈바꿈을 시도한 적도 있었다. 이때, 영리한 투자가라면, '지식 옵션'(option on knowledge)의

획득을 노릴 것이다.

빌 게이츠(Bill Gates)가 설립한 코비스(Corbis)는 사진과 아트 컬렉션의 소유권과 디지털화의 권리를 세계의 자료관과 미술관으로부터 취득하고 있다. 이 기업은 화상(images)을 받아 디지털 데이터로 변환해 기업과 소비자에게 라이선스로 판매하고 있다. 코비스의 컬렉션 건수는 이미 5년 전에 2천만 점 이상이라 한다.

지식의 깊이와 폭을 확장하는 길은 여러 가지가 있겠으나, M&A에 큰 비중을 두는 경우가 많다. 지식기반이 질적 · 양적으로 확대되면서 새로운 기회와 리스크를 식별하는 능력도 향상되어 간다. 다른 한 편으로는 M&A에서 비롯되는 여분의 자원과 인적자원이, 반드시 유익하지 않은 부분도 있다는 점을 감안해 둘 필요가 있다.[42]

미주—4장 지식창조와 고용시장의 변화

01. E.J. Mishan, *Technology and Growth : The Price We Pay*, Praeger Publishers, N.Y., Third Printing, 1971, Foreward, xiv 참조.

02. Peter F. Drucker, *The New Realities : In Government and Politics/In Economics and Business/In Society and World View*, Haper & Row, Publishers, N.Y., 1989, pp.174-175, pp.185-186 참조.
Peter F. Drucker, *Managing for the Future*, Butterworth-Heineman Ltd., First published as paperback edition, 1993, pp.267-268 참조.
Alvin Toffler and Heidi Toffler, *Revolutionary Wealth*, Alfred A. Knope, N.Y., 2006, pp.205-206 참조.

03. Alan Burton-Jones, *Knowledge Capitalism : Business, Work, and Learning in the New Economy*, Oxford University Press, 1999, Reprinted 2004, p.12, p.22 참조.
앨런 버튼-존스는 지식 베이스 이론에 4가지 요건을 지적한다.
1. 지식은 기업의 기본적인 생산자원이다.
2. 지식은 개인의 노력에서 이루어진다.
3. 지식은 전문화되어야 한다.
4. 생산활동—투입에서 산출을 얻는 가치창출—은 전문분야의 지식을 충분히 활용한다.
Alan Burton-Jones, *op.cit.*, 2004, pp.29-30.

04. "In the end, the location of the new economy is not in the technology, be it the microchip or the global telecommunications network. It is in the human mind." Alan Webber. Source : Alan Webber, "What So New About the New Economy?", *Harvard Business Review*, January-February 1993, 27.

Thomas H. Davenport & Laurence Prusak, *Working Knowledge : How Organizations Manage What They Know*, 1998, Harvard Business School Press, 1998, p.1.

05. Thomas H. Davenport & Laurence Prusak, *Working Knowledge : How Organizations Manage What They Know*, 1998, Harvard Business School Press, p.13.

지식은 정보와 데이터를 통해 이루어진다. 정보를 지식으로 만들려면 사람의 손을 거쳐야 한다. 이 절차는 복잡한 과정을 거친다.

1. **비교**(comparison) : 상황에 관한 정보는 이미 알고 있는 다른 상황과 어느 정도 닮아 있는가를 비교한다.
2. **결과**(consequences) : 정보는 의사결정과 실천에 어떤 결과를 가져올 것인가에 대한 내용을 고려한다.
3. **관계**(connections) : 정보는 다른 정보와 어떤 관계를 가지고 있는가를 결정한다.
4. **대화**(conversation) : 주어진 정보에 대해 어떻게 생각하고 있는가를 실제로 확인한다.

Thomas H. Davenport & Laurence Prusak, *op.cit.*, 1998, pp.4-5.

06. Thomas H. Davenport and Laurence Prusak, *op.cit.*, 1998, pp.16-17, p.52 참조.

07. Thomas H. Davenport and Laurence Prusak, *op.cit.*, 1998, p.25.

08. Alan Burton-Jones, *Knowledge Capitalism : Business, Work, and Learning in the New Economy*, Oxford University Press, 1999, Reprinted 2004, p.12 참조.

지식은 형식적인 지식과 암묵적인 지식으로 나눌 수 있다. 이 구분은 체계화되는가에 따라 다르다고 할 수 있다. 즉, 많은 사람들이 '이해할 수 있는' 말로 전달할 수 있는가 없는가에 의해 달라진다. 체계화할 수 있다면, 형식적인 지식으로서 곧 전달할 수 있으며, 이와 반대로 형식화와 체계화할 수 없을 때는, 그것은 암묵적인 지식에 속한다. 후자의 경우는 이전 또는 공유할 가능성이 낮다.

Ibid., 2004, p.7.

09. T.H. Davenport and L. Prusak, *Working Knowledge : How Organizations manage What They Know*, Boston, Harvard Business School Press, 1998, p.5, p.52 참조.

10. Jay Barney, *Firm Resources and Sustained Competitive Advantage, Journal of Management*, Vol.17, 1991, No.1, pp.99-105 참조.

11. David J. Teece, *Managing Intellectual Capital : Organizational, Strategic, and Policy Dimensions*, Oxford University Press, 2000, pp.12-16, pp.30-31 참조.

12. Claire Mclnerney and Darcy Le Fevre, "Knowledge Managers : History and Challenges", Edited by Crig Prichard, Richard Hull, Mike Chumer and Hugh Willmott, *Managing Knowledge : Critical Investigations of Work and Learning*, Macmillan Press, 2000, pp.2-3 참조.

    Ali Yakhelf and Miriam Salzer-Morling, "Intellectual Capital : Managing by Numbers", Edited by Crig Prichard, Richard Hull, Mike Chum and Hugh Williott, *op.cit.*, Macmillan Press, 2000, pp.30-31 참조.

13. Alan Burton-Jones, *op.cit.*, 2004, p.46, p.48, Table 3.1 참조.

14. Daniel H. Pink, *Free Agent Nation : The Future of Working for Yourself*, Warner Business Books, N.Y., Boston, 2001, pp.43-45 참조.

15. Alan Burton-Jones, *op.cit.*, 2004, pp.46-49 참조.

    Daniel H. Pink, *Free Agent Nation*, 2001, p.34, p.72 참조.

16. Alan Burton-Jones, *op.cit.*, 2004, p.52.

17. Daniel H. Pink, *Free Agent Nation*, 2001, pp.88-89 참조.

18. Peter Cappelli, *The New Deal at Work : Managing the Market-Driven Workforce*, Harvard Business School Press in Boston, MA., 1999, pp.13-14.

19. Clayton M. Christensen, Scott D. Anthony and Erick A. Roth, *Seeing What's Next : Using the Theories of Innovation to Predict Industry Change*, Harvard Business School Press, 2004, pp.99-100. pp.111-112 참조.

20. Peter Cappelli, *op.cit.*, 1999, pp.14-15.

21. Mina Westman, "Gender and Job Insecurity", Edited by Ronald J. Burke and Cary L. Cooper, *The Organization in Crisis : Downsizing, Restructuring, and Privatization*, Blackwell Publishers Inc., 2000, pp.119-121 참조.

22. Alan Burton-Jones, *op.cit.*, 2004, pp.52-53 참조.

23. Peter Capelli, *op.cit.*, 1999, pp.23-24 참조.

24. Peter Cappelli, *The New Deal at Work*, 1999, p.18.
김정년 저, 『윤리경영이 글로벌 경쟁력이다』, 율곡출판사, 2008, pp.231-234 참조.

25. Alan Burton-Jones, *op.cit.*, 2004, p.53 참조.
Peter Cappelli, *op.cit.*, 1999, p.22 참조.

26. Peter Cappelli, *op.cit.*, 1999, p.25, p.46.

27. 주식 또는 채권 등을 현재 보유하고 있으나, 장차 보유 예정인 자산 또는 부채를 현재가치에 고정시키는 것을 의미한다.

28. Daniel Pink, *Free Agent Nation : The Future of Working for Yourself*, Warner Books, Inc., N.Y., 2001, pp.99-101 참조.

29. Peter Cappelli, *op.cit.*, 1998, p.8, p.12.
Glayton M. Christensen, Scott D. Anthony and Eric A. Roth, *Seeing What's Next : Using the Theories of Innovation to Predict Industry Change*, Harvard Business School Press, 2004, p.11 참조.

30. Alan Burton-Jones, *op.cit.*, 2004, pp.64-65 참조.

31. Ronald J. Burke and Cary L. Cooper, "The New Organizational Reality : Transition and Renewal", Edited by Ronald J. Burke and Cary L. Cooper, *The Organization in Crisis : Downsizing, Restructuring, and Privatization*, Blackwell publishers Inc., 2000, pp.4-5, pp.9-10 참조.

32. Ronald J. Burke and Cary L. Cooper, *op.cit.*, 2000, pp.9-10, p.11.

33. Ronald J. Burke and Cary L. Cooper, *op.cit.*, 2000, pp.11-12 참조.

34. Zehava Rosenblatt and Zachary Schaeffer, "Ethical Problems in Downsizing", Edited by Ronald J. Burke and Cary L. Cooper, *op.cit.*, 2000,

p.132, p.137 참조.

35. Zehava Rosenblatt and Zachary Schaeffer, "Ethical Problems in Downsizing", Edited by Ronald J. Burke and Cary L. Cooper, *op.cit.*, 2000, pp.144-145 참조.

36. Todd D. Jick, "Value-Based Management : A Tool for Managing Change", Edited by Ronald J. Burke and Cary L. Cooper, *op.cit.*, 2000, pp.251-252 참조.

37. Alan Burton-Jones, *op.cit.*, 2004, pp.87-88, p.89 Fig.5.2, p.90 참조.

38. Alan Burton-Jones, *op.cit.*, 2004, p.91, p.108의 아래 자료를 참조.

NAPEO, (1997), 'PEO Industry Information', Alexandria, Va : NAPEO, Nov. (http://www.Podi.com/peo/)

39. Alan Burton-Jones, *op.cit.*, 2004, pp.91-92 참조.

40. Alan Burton-Jones, *op.cit.*, 2004, pp.101-102 참조.

41. Alan Burton-Jones, *op.cit.*, 2004, pp.151-152 참조.

42. Alan Burton-Jones, *op.cit.*, 2004, p.153 참조.

05
chapter 5 장

혼돈의 글로벌 금융시장 시스템

1 글로벌 금융시장의 정체

2 글로벌 금융시장의 부조리

3 규제는 결국 시장의 실패에서 온다

부의 창출 그 자체가 인간성을 파괴하고 낭비하는 것이라면, 공들여 만든 그 부는 아무리 큰 것이라도 이미 파괴된 손실을 회복하기에는 충분하지 않다.

Larry Elliot and Dan Atikinson[1]

20세기에 경험한 금융위기는 정책 하나가 실패한 탓에 일어난 것이 아니라, 여러 요인이 복합적으로 얽혀 시장에 불안정성을 조성한 탓에 일어났다. 미국발 서브프라임 위기(subprime crisis, 저소득자의 고금리형 대출)는 글로벌 경제에서 운영되는 보다 복합적인 요인과 밀접한 관련성이 있는 것으로 진단하고 있다.[2]

최근에 폴 크루그만(P. Krugman)은 『뉴욕 타임즈』의 칼럼에서 지금의 신용위기는 '채무불이행의 연쇄반응'(chain reaction of debt defaults)과 같은 악몽을 가져올 수 있으며, 더욱이 이런 상황에서 정책 당국의 대응은 무기력하게 끝날 것이라고 경고한다.

그런데 서브프라임 시장은 주택대부와 이와 관련된 금융상품의 소규모 시장에 지나지 않다. 또한 이들 대출자의 과거신용기록도 없으며, 담보로 잡은 부동산이 차압되어 있는 정도이다. 수백 조 달러 규모의 글로벌시장에서 서브프라임 대출로 인한 손실이 점하는 규모는 약 2천억 달러에 불과하다. 이런 상황에서 왜 세계 주식시장이 대폭락하고 대출시장이 얼어붙는 사태로 이어진 것인가에 대해서는 적지 않은 의문이 나돌고 있다.

물론 글로벌 금융경제에서 생각할 수 있는 것은 차입 의존도를 떨어뜨리는 조치(deleveraging)를 강구하고, 주택버블이 꺼지고 있었던 시기에 리스크를 억제하는 것이다. 그런데 문제는 외부로부터 자금조달을 받지 않는 세계 최대의 우량기업의 주식가격이 폭락한 것과 세계경제 전체에 연쇄적인 금융위기의 파동이 몰아친 것에 있다.[3]

1
글로벌 금융시장의 정체

2008년 7월 중순, 위기는 단기 저축형투자신탁(MMF; money market mutual funds, 미국 금융시장에 유통하는 재무성증권의 단기증권과 병용해 운영하는 비교적 높은 금리의 투자신탁)에서 가장 안전한 투자대상인 CP(commercial paper, 높은 신용도를 유지하는 우량기업이 단기자금을 시장에서 조달하기 위해 발행하는 무담보 약속어음)까지 확산되었다.

이로써 미국 중산층도 위기에 휘말리게 되었고, 금융 시스템에 대한 신뢰가 땅에 떨어진 셈이었다. 이는 글로벌 금융 시스템 그 자체가 '혈액순환의 정지'(lifeblood of the global system)의 위기인 동시에 금융시장의 유동성을 고갈시키고 있었다. 과거 대공황 때 금융패닉에서 경험한 것처럼, 투자자와 예금자는 현금을 수중에 틀어쥐고, 대기업은 자금을 안전한 CP시장에 잠가 두게 된다.[4]

이런 상황에서 중앙은행(FRB)은 공적자금을 투입하면서 세계증권시장에도 주가 대폭락을 가져왔다. 이것이 미국발 금융위기 때 금융시장이 패닉에 빠진 경로이다.

서브프라임의 불량채권과 국제금융기관의 관계

첫째, 이해를 돕기 위해 서브프라임 주택의 대부문제를 둘러싼 금융위기가 왜 발생하게 되었는가를 간략하게 요약한다. 주택구입을 위해 주택 론을 물색한다. 미국의 경우는 보통 두 종류가 있다. 하나는 이미 주택을 소유하고 있으나 소액의 대출금이 남아 있는 경우이다. 이런 주택 소유자가 확실한 직장에서 높은 봉급자일 경우는 주택 론에 대한 채무불이행의 확률은 낮다고 판정한다. 이를 '프라임 차용자'(prime borrowers)라 한다. 다른 하나는 전자에 비해 경제적인 여건이 좋지 않은 주택 구매자이다. 즉, 주택을 처음 구입하거나, 봉급이 낮거나, 실직했거나, 파트타임으로 일하거나, 자기 소유의 주택이라 할지라도 이퀴티(equity, 재산물건의 가치)의 가치가 남아 있지 않은 사람이 대출을 받으려 할 때, 이를 '서브프라임 차용자'(subprime borrowers)라 한다. 물론 프라임 차용자에 비해 채무불이행의 리스크가 높다고 할 수 있다.

둘째, 미국의 부동산 업계는 위와 같이 두 종류로 구분해 시장 상황에 대처하는 형식을 취하고 있다. 주택시장의 활성화를 유지하려면 주택을 처음 마련하는 구입자가 계속 나타나는 것이 유리하다. 처음 구입하는 자가 감소한다면, 주택 보유자는 지금 살고 있는 주택이 팔리지 않아 이사할 수 없으므로 주택시장이 경직되기 쉽다. 이런 경우 부동산 가격은 상승하지 않으며, 주택 론의 담보자산의 규모도 확대되지 않으므로 대부은행의 이익이 감소한다.

셋째, 여기서 미국식 주택금융의 마법들이 개발된다. 매력적인 조건에서 서브프라임의 고객과 론을 계약해 이를 투자은행에 판매하는 새로운 주택금융 방법이 자리잡게 된다.

넷째, 투자은행은 대환영하면서 서브프라임 론을 매입한다. 이들은 여러 가지 특성의 부동산저당권을 패키지(묶음)의 증권으로 만들어 금융시장에서 거래하게 된다. 이것이 '증권화'(securitization)의 수법이다. 이렇게 거래되는 증권은 채권담보증권(CDOs; collateralized debt obligations)이라고 한다. 말하자면, 채권을 담보로 사용하는 것이다.

이처럼 서브프라임의 차용자들은 주택 론을 받고서 처음으로 부동산 시장의 일원이 되는 셈이다. 프라임 차용자의 주택 소유자들은 부동산 시장의 활성으로 자기 주택의 가격이 급격하게 상승한다. 이로써 부동산업자는 높은 수수료를 얻는다.[5]

다시 말해, 서브프라임 주택 론은 많은 기관들을 동원한 상술에서 이루낸 것이다. 즉, 중앙은행, 신용평가기관, 투자은행, 헤지펀드, 경제저널리스트 등이 만들어낸 새로운 상품이다. 미국의 금융기관은 불량 서브프라임 대출(이를 유독폐기물[toxic waste]이라 함)의 대부분을 산하조직에 옮긴 다음 이를 정리해 다시 세부적으로 분할해 증권으로 상품화해 이를 유럽과 아시아의 금융기관에 판매했다. 이들은 유출시킨 유독폐기물(불량채권인 서브프라임)들이 어디에 있는가에 대한 정보를 숨기고 있다. 이에 따라 글로벌 금융시장은 의심의 눈길이 판을 치게 되었다. 금융시스템의 대동맥 중 하나인 자산담보증권(ABS; asset-based securities market, 즉, 미국의 상업용 부동산을 담보로 발행하는 증권)시장의 신뢰성마저 의심받고 있다.

이번 금융기관의 비윤리적 행위로 미국은 국제적 신뢰를 상실했다. 미국 내의 주가는 10%(2조 달러) 하락했으며, 이는 GDP의 거의 1/6을 잃은 것이다. 미국의 주택자금의 부실대출에 대한 불안이 어떻게 전 세계의 금융시장에 급속하게 전파되었는가? 사태의 원인이 정확하게 어디에 있는지는 누구도 딱 꼬집지는 못하겠다는 반응을 나타내고 있다.

물론 글로벌시대의 금융시장은 복잡하게 형성되는 증권화가 고도의 금융공학의 조작에 의해 국제화되어 쉽게 연결된 것에 그 원인이 있는 것으로 보고 있다. 그러나 이런 설명은 너무나 비과학적이다. 현행 금융 시스템에 대한 관리감독의 기피와 금융기관의 윤리적인 타락과 투명성 상실 측면에서 문제를 파악해야 옳을 것이다.

유동성(유동자산과 자금)은 시장의 신뢰도에 크게 의존한다

자금의 유동성은 한마디로 시장의 신뢰도에 의해 변동하는 것이라고 할 수 있다. 유동성이 떨어지면 신용의 대출과 금융 시스템 전체에 중대한 영향을 미치며, 이로 인해 경제 전체의 운영기능을 마비시키게 된다. 그러므로 중앙은행과 각 시중은행은 항시 자본시장의 유동성의 흐름에 특별한 주의를 기울여야 한다.

물론 자본 및 금융기관을 감독하는 당국은 유동성이 충분히 기능할 수 있는 환경과 조건을 면밀히 파악 · 감독하는 업무상의 책임을 다해야 한다. 감독기관의 사정능력과 감독지침에 관해서는, 국가에 따라 다른 여건과 글로벌화에 따른 복잡한 상황과 복합적인 요소를 감안하지 않으면, 감독의 기능이 위축되어 갈 수밖에 없다.

세계 규모의 금융 시스템이 생존할 수 있는가의 문제는, 한마디로 치밀한 글로벌 게임에 의해 결정되는 신인도를 유지할 수 있는가 없는가에 달려 있다. 즉, 오늘날의 금융시장의 규모는 정부 규모를 초과해 거대해졌기에 한번 무너지면 다시 일으켜 세울 방안이 없다고 관측하고 있다. 가령, 한 금융기관의 손해액이 일국의 GDP 규모에 몇 배에 달할 수도 있기 때문이다.

그래서 금융시장의 안정을 유지할 수 있는 투명성과 신인도를 높일 수 있도록 대안책을 찾아내지 않을 수 없다. 이것이 정부가 해야 할 일이다. 지금의 금융시장의 자유화는 글로벌화에서는 엄격한 관리감독 없이는 금융제도나 시스템도, 불신과 부도덕한 행위에 패배할 수밖에 없다. 정부는 어떻게 해야 할 것인가 대안을 찾아야 한다.

글로벌화의 힘은 엄청난 부를 창출하게 하는 한편, 넓은 범위에 걸쳐 불안을 만들어내기도 한다. 가령, 미국에서 비숙련 노동에 한정되어 있던 아웃소싱이 지금은 중산층의 고용을 위협하고 있다. 또한 미국에 유입되는 외국인 투자규모가 유출보다 크면, 미국의 고용이 창출된다.

그런데 글로벌화의 영향 아래서 한 나라의 고용의 창출과 고용의 감퇴현상에 주목해 볼 때, 미국과 영국의 경제구조와 고용구조는 이미 제조업에서 서비스업으로 옮겨갔다. 이것은 글로벌 시스템이 변화해 가고 있는 증거이다. 중국과 인도도 장기적 고도성장기를 거치고 나면 머지않아 제조업에서 서비스업으로 옮겨갈 것으로 예상할 수 있다.[6]

세계 금융시장의 자유화는 새로운 국제경쟁을 부른다. 선진국의 경험을 비추어 볼 때, 글로벌화의 물결에 따른 자본의 이동과 금융시장의 활동규제로부터 발생하는 많은 부작용은, 자유로운 경제활동과 고용을 악화시켜 불황과 저축감퇴를 가져온다는 것을 알 수 있다.

금융의 자유화로 인해 많은 부작용과 금융기관들의 비윤리적인 사건들이 빈번하게 일어나는 것도 잊어서는 안 된다. 글로벌 금융기관에 대한 새로운 역할과 기능을 강화하고 규정을 준수해 나가는 것에 주시할 필요가 있다. 특히 글로벌 투자는 초기에는 벤처 투자회사 등의 금융중개기관을 통해 미국과 유럽, 영국, 캐나다의 신흥기업을 목표로 했으나, 글로벌화한 자금들이 새로운 투자환경 속에서 주로 한국과 중국, 인도, 이스라엘, 북유럽국가들을 대상으로 하고 있다.[7]

국제금융시장은 점점 고도화된 리스크 관리기술을 개발해 보다 거액의 자금을 기업에 공급하려고 한다. 이것을 성공한 것처럼 평가하는 견해도 있으나, 그렇지 않은 견해도 있다. 이 중에서도 증권화를 들 수 있다. 증권화는 글로벌 투자를 분할 또는 분산시켜 리스크를 줄인다는, 일종의 고도의 금융공학의 기법을 이용해 풍부한 자금을 공급한다는 것이다. 물론, 지금까지 대규모 은행들이 무시한 소규모의 유능한 벤처기업에 자금공급을 하는 데 도움이 되는 경우도 있다.

증권화는 마치 빵을 만들 때 쓰이는 이스트균과 같은 역할을 하고 있다. 문제는 금융기관에서 자산(가령, 주택담보 대출)을 한 묶음으로 만든 다음에 이를 작은 것으로 분할해, '자산담보증권'(asset-backed security, 미국의 상업용 부동산 등을 담보로 발행되는 증권)으로 수수료를 받고 판매하는 점이다.

증권화의 이면에는 자산의 일괄판매에 대한 문제점이 있다는 것에 특별한 주의가 필요하다. 특히 증권화 과정에서 복잡하게 얽힌 금융을 꿰뚫을 수 없으므로, 다시 시장이 패닉에 휩쓸리게 된다면 더욱 큰 불안을 초래할 것이다. 이것은 2008년의 서브프라임 위기 때 발생한 '유독폐기물'이 세계로 분산된 것을 보면 알 수 있다.

증권화는 돈을 증식하는 수단이기는 하나, 매우 어려운 문제를 안고 있다고 보아야 한다. 특히 선진국의 경우에도 증권화의 운영을 정확하게 파악하고 변동하는 방향과 이를 정확하게 예측할 수 있는 전문가가 극소수이다.[8] 사실, 글로벌 금융시장의 활성화를 위해서는 증권화가 필요하다. 그런데 이것이 안전한 금융상품으로 자리 잡으려면, 확고한 신용사회를 리드할 수 있는 거래관행이 제대로 정립되지 않으면 안 된다.

지금까지의 증권화 문제가 금후에도 글로벌 금융시장을 위협하는 교란요인으로 작용할지도 모른다. 이 문제는 전통적 시장질서를 고려하고 글로벌 자본주의시장을 리드하는 금융 시스템 확립의 차원에서 논의되어야 할 긴요한 과제이다.

글로벌 금융 시스템을 컨트롤하는 새로운 실력자들

미국의 충격흡수 혹는 완화이론(decoupling theory)을 지지하는 사람들이 미처 이해하지 못한 것이 있다. 자본의 자유이동과 자유무역의 주요 시스템을 미국이 25년간 이끌어 왔다는 점이다. 여기에는 많은 논의의 여지가 있다.

데이비드 스믹(David M. Smick)은 미국이 자유무역과 자본의 자유이동 시스템을 떠맡지 않았다면, 지금의 글로벌화도 없었을 것이라고 한다. 또한 세계 무역마찰이 무엇을 가져왔으며, 또한 세계경제의 흐름이 과연 어떻게 되었을까를 묻는다.

어쨌든 지금과 같은 허약한 금융 시스템을 개선해 나간다는 것은 어려운 일인 것 같다. 그 이유는 현재의 산유국과 중국, 아시아 국가들의 높은 경제성장에 힘입어 높은 수출과 낮은 소비로 이들의 저축규모가 계속 확대되고 있기 때문이다.

매킨저 글로벌 연구소의 2007년 보고서는 오늘날의 글로벌 금융 시스템의 상황과 세력 변화를 지적하고 있다. 글로벌경제의 새로운 실력자는 다음의 4자라고 규정하고 있다. 1) 산유국의 투자가들, 2) 아시아의 중앙은행과 정부계통의 펀드(sovereign wealth funds), 3) 헤지펀드(hedge funds), 4) 개인투자펀드(private equity firms)의 실력자들이다.

이 4대 실력자들의 총자산은 2000년 이후로 거의 3배에 달하는 10조 달러 규모이며, 이 중의 40%(4조 달러)는 전 세계의 연금기금(global pension funds)의 규모와 동일하다. 이 10조 달러가 글로벌 금융 시스템을 컨트롤하고 있는 것으로 보고 있다. 이 중의 4조 달러는 산유국들이 운용하고 있으며, 3조 달러는 아시아 국가들의 중앙은행(이 중 1조 5천억 달러는 중국)이 운용하는 것으로 나타났다. 개별 투자기업은 2000년 이후 거의 4배로 확대되어 자본은 2~3조 달러이다. 매킨저 연구소의 추산에 따르면, 이 4대 실력자들의 합계 자산은 2012년에 15~25조 달러로, 전 세계의 연금기금이 보유하는 자산의 75%를 초과하리라고 보고 있다.

일부 미국의 금융관련 전문가들은 장차 신흥공업국이 선진국을 앞질러 경제적 패권을 장악하는 시기가 올 것이라고 시나리오를 만들기도 하고, 대응 정책들을 제시하기도 한다. 이들의 패권 시나리오는 실현 가능성이 떨어진다고 비난받기도 하나, 전혀 근거 없지는 않다.

지금까지 선진국들에 집중되어 왔던 부와 권력이 분산되어 가는 것을 엿볼 수 있다. 금후 경제발전 동력과 기업조직의 운영능력과 첨단기술이 어떤 방법으로 유지 · 발전되느냐, M&A가 어떤 방식으로 전개되느냐에 의해 그 판도가 크게 달라질 것으로 예상할 수 있다.

물론, 지금 미국의 금융관련 전문가들은 최근 중국의 투자동향에 신경을 곤두세우고 있다는 것을 공공연하게 표출하고 있다. 『인터내셔널 이코노미』의 최근 호에서 루라 바디언(Laura Badian)과 그레고리 해링톤(Gregory Harrington)은 2007년 중국은행이 1조 2천억 달러의 외화준비금 중 2천억 달러를 위험을 수반하는 정부투자펀드로 옮겼다고 한다. 또한 미국의 개별 투자회사인 블랙스튼 그룹에 30억 달러를 투자했다.

2007년 7월에 중국개발은행은 영국의 버크레이즈 주식의 3.6%를 매수했다. 2007년 10월에 중국상공은행은 남아프리카 최대의 스탠더드 뱅크 그룹에 55억 달러의 투자로 20%의 주식을 취득했다. 2007년 12월에는 중국투자공사(China Investment Corporration)는 미국 거대 금융기업인 모건 스탠리의 주식 9.9%를 매입해 자본 참가에 나섰다.

글로벌 금융 시스템으로 이루어지는 대규모 투자를 살펴보면, 중국과 러시아 등 신흥공업국의 정부 주도 자금출자와 구미의 기업매수 또는 직 · 간접 투자가 활발하게 이루어지고 있다. 자금의 자유화로 최근 비서구 국가들이 산업 인프라의 경쟁력 강화를 위해 선진국의 첨단산업 부문에 접근하고 있다. 이에 대응해 미국과 유럽이 국가안전보장의 주요 기술에 대한 접근을 제한한다면 글로벌 자본이동에 새로운 장애가 일어날 가능성이 높다고 보고 있다. 이는 정부개입의 보호무역주의와도 밀접한 관계가 있다.

이미 앞에서 본 것처럼, 자유로운 자본이동을 촉진시킨 글로벌 금융시스템은 그간 큰 결함이 있으며 인위적 과오를 범한 사실이 있다. 동시에 25년간 세계의 빈곤을 감소시킨 성과도 있다. 국제적 협력으로 시스템을 보완해 나갈 필요가 있다. 특히 미국은 글로벌 금융시장이 형성된 이후 25년간에 건전한 주식시장과 낮은 금리의 혜택을 받아 경기호황을 누려 왔다. 이 시기가 국가 전체의 부를 창출한 때라는 것은 모든 자료를 통해 공개되고 있다.

이런 관점에서 미국은 위험한 돈의 대해(大海)가 가져오는 미묘한 세계에서 지속적으로 번영의 길을 위한 방안이 무엇인가를 고민하지 않을 수 없다. 이 길은 미국 경제를 장기적으로 세계에서 가장 매력적인 투자 대상국으로 만들어 가는 일이라고 보고 있다.

미국이 자국을 매력적인 투자처로 만들려면, 미국 재정의 불균형을 시정하고 올바른 기업가정신에 의한 부와 안정된 고용의 균형을 이룰 수 있도록 착실한 국가정책이 뒷받침되어야 한다. 결국, 21세기의 글로벌 경제에서 가장 중요한 일은 폭넓은 인적자원을 길러내는 것(broad-based nurturing of human capital)에 있다고 본다.[9]

금융공학도들의 야망과 탐욕의 종말

위대한 과학자 아이작 뉴턴(Isaac Newton [1642-1727])은 말년에 많은 돈을 주식시장에서 잃었다. 그래서 "나는 천체의 움직임을 계산할 수는 있지만 인간들의 광기는 결코 계산할 수 없다"고 말한 적이 있다.[10]

최근의 글로벌 금융위기를 유발하고 있는 원인에는 여러 가지 복합적인 요소들이 있다. 그중에서도 주목해야 할 것은 현재의 글로벌 금융시장을 움직이고 있는 월가에 수학을 전공한 천재들이 높은 자리에 진을 치고 있는 것이다.

여기서 이들에 관해 긴 이야기를 할 여유는 없으나, 최근 수학에 근거를 둔 금융공학이라는 방법론이 글로벌 금융시장을 어떻게 지배하고 있는가를 간략하게 살펴보는 것이 도움이 될 것 같다. 이들을 '퀀츠'(Quants, 수학 및 통계학을 활용해 투자행동을 분석해 실제의 금융시장을 움직이고 있는 자들)로 부르고 있다. '퀀츠'는 불확실성과 리스크를 다루는 확률이론의 긴 역사에서 찾아볼 수 있다.

이에 관해 월스트리트 저널의 전문기자인 스캇 패터슨(Scott Patterson)은 저서 『퀀트』(2010)에서 주로 수학과 통계학에 바탕을 둔 모델에 의해 장기간의 주식시장의 변동법칙을 구축해 이를 토대로 투자해 일확천금을 단숨에 얻어내려는 퀀트들의 실체와 존재를 파헤치고 있다. 이들 '퀀츠'가 돈만을 노리는 끝없는 야망과 탐욕의 세계로 치닫고 있는 것을 알 수 있다. 이들은 치밀한 계산으로 현행의 수많은 시장 규제의 법망을 이탈해 금융시장에서 천문학적인 돈을 차입 · 운용했다. 이 과정에서 세계 금융 시스템에 역행하는 전례없는 혼란을 가져왔던 것이다.[11]

스캇 패터슨의 책 앞부분에서 중반까지는 천재라 자칭하는 '퀀츠' 가 걸어온 발자취와 그들의 일상업무에 관한 이야기이다. 흥미를 끄는 부분은 이 천재들의 지나친 탐욕이 어떤 결말을 맞이하는가에 관한 이야기이다.

그들은 리스크를 다루는 확률론에서 '인간이 다룰 수 없는 영역, 즉 신만이 알 수 있는 영역' 을 마음대로 넘나들었다. 말하자면, 정규확률분포의 +, −의 양쪽 끝부분은 언제든지 오차가 일어날 수 있는 부분이다. 인간의 힘으로 알아낼 수 없는 영역(즉, 불확실한 세계)을 '검은 백조' 의 세계라 부른다. 일부 비도덕적인 트레이더는 불확실한 영역임에도 '검은 백조' 가 나타나지 않는다(리스크가 없다)고 속여가며 탐욕만을 추구한다. 이 불확실한 부분은 천재이든 수학자이든 공학자이든 관계없이, 누구도 다룰 수 없는 영역이다. 이를 무시했으니 어리석은 행동이다.

자연섭리에 역행하는 인간의 모습

확률이론에서 리스크에 관한 연구는 많은 교훈을 남기고 있다. 이 과제는 주의 깊게 생각해 볼 가치가 있다.

지금까지 인간이 리스크와 불확실성을 최소화하는 관리방법에 관해 가장 큰 영향을 미친 연구자는 이미 앞장에서 본 초심리학자(überpsychologist)인 다니얼 카너먼(Daniel Kahneman, 2002년 노벨경제학상 수상)과 아모스 트버스키(Amos Tversky)라 할 수 있다. 이들은 그 개념을 스스로 '예측이론'(Perspective Theory)이라고 했다.[12] 이에 대한 내용은 바실리 레온티에프(Wassily Leontief [1906-1999], 하버드 대학 교수)의 수제자의 한 사람이었던 피터 번스타인(Peter L. Bernstein)이 쓴 『자연섭리에 대한 반항』(*Against The Gods*, 1996)에 담겨 있다. 이것은 1990년대 말에 불확실성과 리스크에 관해 추측통계학적인 연구로 높이 평가받았다.

인간은 위험한 상황에서도 확률을 따져 냉정하고 계획적인 선택을 할 만큼 합리적이라고 스스로 생각하는 경향이 있다. 자기 자신이 무능하고 천박한 투자가라고 생각하지 않는다.[13]

카너먼과 트버스키의 실험결과를 요약하면 다음과 같은 사실을 알 수 있다. 어떤 도박에서 이득을 얻을 확률이 높을 경우에는 대다수가 리스크를 회피하는 결정을 내린다. 이와 반대로, 손실을 수반할 확률이 높을 경우에는 오히려 리스크를 선호하는 쪽을 택한다. 위기상황이 닥치면 인간은 합리적인 결정을 내릴 줄 알았는데 오히려 반대현상이 일어난 것이다. 인간은 생각처럼 합리적인 존재가 아니었다. 트버스키 교수는 '사람들은 불확실성을 두려워한다기보다 오히려 손실을 두려워한다'는 점에 주목할 필요가 있다고 설명한다.[14]

나심 탈레브(Nassim N. Taleb)는 꿈 많던 대학시절을 끝내고 밥벌이를 위해 투자은행에 '퀀트' 겸 트레이드로 입사했다고 한다. 이 직업은 불확실성을 수리적으로 분석한 데이터를 이용해 복잡한 금융상품 분석에 응용하는 일들이다. 그는 이 시기에 블랙 먼데이(Black Monday, 1987년 10월 19일 세계적인 주식가격의 대폭락을 가져온 사건)를 경험했다. 실제로 금융위기가 전쟁보다도 무서운 결과를 가져온다는 것을 알게 되었다.[15]

그는 예측문제에 가우스(K.F. Gauss [1777-1855])의 정규분포—표준편차 σ : 시그마—를 이용하는 것에 대해 정면으로 반박한 것으로 유명하다. 사회과학에 허위적인 수학(phony mathematics)을 적용하면 불행한 일들이 일어난다는 이유에서이다.[16] 특히 그는 사회과학 계열 학생과 비즈니스에 종사하는 사람에게 이런 방법을 가르치는 것에 노골적으로 반대한다.

그는 푸앵카레(Henri Poincaré [1854-1912])가 말한 수학적인 등식에는 근본적인 한계가 있다는 점에 착안했다. 작은 원인들이 커다란 결과로 이어지는 성질이 있다는 점에 주시한 것이다. 즉, 예측이 보다 미래로 연장됨에 따라 모델화하는 과정을 더욱 정확하게 추적하지 않으면 안 된다. 왜냐하면 오차가 급속하게 커질 수 있기 때문이다.[17]

자연계와 금융계의 차이에 눈을 돌려야 한다

나심 탈레브 교수는 자연세계와 금융세계에서 일어나는 결과에 대해 열변을 토한다. 먼저 자연과학적인 방법을 자연과학 세계에 적용하는 것과 경제와 금융의 세계에 적용하는 것은 그 정확성에서 커다란 차이가 있다.

정규분포곡선을 이용해 사람의 신장과 체중을 측정할 경우에는 거의 정확하게 계산할 수 있다. 가령, 1천 명의 신장을 측정한 평균값은 1,001번째 사람의 신장과 거의 다를 바 없다. 달리 말하면, 인간을 달에 보내고, 비행기가 대양을 건너갈 수 있게 하고, 개인에게 휴대전화와 PC를 공급해 준 것은 모두 수학적인 사고력에 바탕을 두고 있다.

그러나 금융세계에서는 급격한 가격변동이 다른 중요한 요소들의 변동에 영향을 미치게 된다. 바로 이런 현상들이 비자연계, 즉 거친 '극단적인 세계'—한 가지의 관찰결과가 전체에 커다란 영향을 미치는 영역—에서 일어나고 있다.[18]

가령, 자유시장의 메커니즘이 잘 작동하고 있는 경우에는 변동폭의 예상을 어느 정도 파악할 수 있다. 그러나 시장에는 서로 경합하는 다양한 참가자들—자신에 찬 기업가, 생각이 얕은 투자가들, 과욕적인 투자은행, 잘 뛰어드는 벤처 캐피탈—이 모여들기 때문에, 이들의 상호관계에서 자신도 모르는 사이에 서투른 확률론적 방법을 앞세운 사람들의 행동에 휘말리기 쉽다.[19]

주식시장에 대한 예측은 자유로우나, 정확하게 예측할 수는 없다

주식시장에서 가격을 정확하게 예측할 수 있었다면, 지금의 세상은 크게 달라졌을 것이다. 그러나 이런 경우가 일어나서도 안 된다. 경제학을 비롯한 사회과학 분야의 예측에 정규확률분포를 무리하게 적용하면 중대한 과오를 범하기 쉽다. 이런 과오를 최소화하려면, 자료와 이론적인 모델에 포함된 수많은 제약들을 검토해야 하며, 그렇게 해서 얻은 결과라 해도 과대평가할 근거는 없다.

우선 탈레브 교수가 내세우는 방법에 관해 살펴보기로 한다. 그가 저서 『검은 백조』(Black Swan, 2008)에서 강조하는 것은 주로 베노와 만델브로(Benoit Mandelbrot, 1924년생, 폴란드 출생의 미국 수학자)의 '프랙탈 이론'(fractality [次元分裂圖形], 원래는 fractured, 부서진 것이라는 뜻임. 즉, 어떤 세부적인 것에서도 전체와 동일한 구조로 나타나는 것)에 근거를 두고 있다.

만델브로가 말하는 '프랙탈'은 기하학적으로 동일한 패턴이 다른 크기(scales)에서도 반복되어 나타나는 것을 뜻한다. 이 크기를 작은 것으로 쪼개어도, 동일한 꼴로 나타난다는 것이다. 이때 작은 한 부분이 어느 정도 전체의 꼴을 닮은 형태로 나타난다. 이와 같이 세분화된 '프랙탈'을 이용해 불확실성 문제에 적용한다는 착안이다. 이를 '만델브로의 랜덤성'(Mandelbrotian randomness)이라 한다.

가령, 나무가지가 나무처럼 보이게 될 것이며, 바위가 작은 산처럼 보이게 될 것을 상상해 보면 알 수 있다. 즉, 대상의 크기가 달라졌다 하더라도 질적인 변화는 일어나지 않는다. 또한 해안선은 높은 상공에서 내려다 본 것과 확대경으로 본 것과 거의 동일한 형태를 이루고 있다. 이를 자기유사성(selfaffinity)이라 한다. 이처럼, 간단하게 되풀이하는 법칙을 이용한다면, 매우 복잡한 형태도 대충 그려낼 수 있는 방안이 있다는 것을 알 수 있다.[20]

이미 50년 전에 만델브로가 실험한 바 있다. 1천 명의 소득을 측정해 보니, 그 분포가 정상적인 것으로 나타났다. 그러나 이 자료에 추가적으로 높은 소득자의 자료를 포함시켜 계산한 분포는 크게 왜곡된 것으로 나타났다. 자연계와는 달리, 주식시장에서는 이 같은 예기치 못한 사건들이 빈번하게 일어난다는 것을 경험하고 있다.[21]

이런 현상은 바로 불확실성과 랜덤성(무작위성)에 의해 발생한다. 가우스(Gauss) 분포에서 중요한 것은 관찰결과가 자연계 현상에서 볼 수 있듯이 평균치의 주변에 집중하는 성질이다. 관찰된 값이 평균치로부터 멀어질수록 확률은 떨어진다.[22]

인간이 예측하지 못하는 사건들, 즉 '검은 백조' 들이 끊임없이 나타나고 있다. 이런 사실을 무시하고 개인의 탐욕에 눈이 먼 트레이더가 100년 또는 180년 역사를 자랑하는 대형 은행과 증권회사를 하루아침에 파국으로 몰아넣었다.

지금까지 탈레브 교수가 강조하는 것은 가우스의 정규분포만으로 주식시장의 변동을 정확하게 추적할 수 없다는 사실이다. 그렇다고 그가 중요시하는 만델브로의 이론으로도 정확하게 추적할 수는 없다. 다만, 만델브로의 이론이 가우스 분포의 결함과 제약을 어느 정도 극복했다는 점은 주목할 필요가 있다.[23]

탈레브 교수가 주장한 내용과 취지는 설득력이 있다. 특히 이론적인 연구와 현실적인 해답을 추구하는 자본시장의 중심에 서 있는 금융공학도와 트레이더에게는, 유익한 방법론이 무엇인가에 관해 귀중한 교훈을 제시했다 할 수 있다.[24]

피터 번스타인(Peter L. Bernstein)은 모리스 켄달(Maurice G. Kendall [1906-?], 영국의 대표적인 통계학자)의 말을 소개한다. 즉, "인류는 신의 손으로 사회를 지배한 것이 아니다. …… 우연의 법칙에 맡겨진 것뿐이다." 이에 대한 해답은 이미 1703년 라이프니치(Gottfreid W. Leibniz [1646-1716], 독일의 철학자 및 수학자)가 제시했다. 즉, 그는 "자연은 일어난 것(事象)으로 회귀하는 패턴을 가지고 있으나, 이것도 거의 절반에 지나지 않는다"고 지적했다. 이때 중요한 것은 그때그때의 '한정된 조건'에 따라 결정되는 것에 있다. 이 조건이 없다면, 변화도 없으며, 모든 사상(事象)은 과거에 발생한 사상과 동일할 것이다. 말하자면, 이 조건이 없다면 인생에 신비로운 일들이 존재하지도 않을 것이다. 이를 해결하기 위해 오랫동안 많은 노력을 쏟아 왔으나, 아직도 미해결로 남아 있다.

오늘날 주식시장과 금융계에서는 수많은 신상품들이 쏟아진다. 새로운 시장은 지나간 시장보다 빨리 성장하며 글로벌 상호의존성 때문에 리스크 관리에는 매우 복잡한 관계가 만들어지고 이에 몰두하고 있다.[25] 그러나 올바른 사고방식은 올바른 성과를 보장할 것이다.

탈레브 교수는 이 문제에 관해 역대 노벨경제학 수상자들에 대해 매우 과격한 비판을 하고 있다. 가우스 분포와 추측통계학 분야에 대해서도 보다 유연한 의견과 남들의 견해와 업적에 겸손한 모습을 보여주었으면 한다.[26] 인류역사의 발전과 기술진보는 수많은 선인들의 열정과 끊임없는 노력을 바탕으로 점진적으로 이루어져 왔다는 것을 생각하게 한다. 남들 앞에서 지나친 자화자찬을 늘어놓는 것도 다른 사람들에게 불편함을 줄 수 있다.

2
글로벌 금융시장의 부조리

2008년 3월에 FRB(미국 연방준비은행)의 정책결정자들은 패닉에 빠지고 말았다. FRB는 290억 달러의 의심스러운 증권을 담보로 베어스턴스에 자금을 공급했다. 그리고 재무부는 투자회사인 JP모건 체이스를 구제로 끝냈다.[27]

이번 FRB의 구제조치가 은행에 한정된 것이 아니라 금융기관 전반에 걸친 것으로 본다면, 때에 따라 금후의 금융시장에 대한 정부의 규제와 감독 기능이 강화되는 기회가 될지도 모른다. 물론, 미국정부가 금융 시스템을 보증하게 될 것인지, 장기적으로는 경제 전체의 융자를 확대하게 될 것인지의 문제는 금후의 상황에 따라 달라질 것으로 내다보고 있다. 정부가 시스템을 보증한다면, 공익을 지키는 규칙이 필요하게 될 것이다.

미국의 금융시장에 대한 규제와 관리감독

FRB의 리스크 평가와 유동성 흐름 파악에서 뚜렷한 실적은 없었다고 한다. 그렇다면 새로운 강력한 감독기관이 생기게 된다면 상황이 나아질 것인가? 금융시장의 마법사들은 합법적 구속망을 빠져 나오는 데는 천재적인 능력을 발휘해 온 것이 사실이다. 만약, 새로운 감독체제가 생긴다면, 수많은 헤지펀드와 투자펀드(private equity funds), 그리고 기동력을 갖춘 금융조직들은 미국에서 빠져나가 주소불명의 장소(offshore)에서 활동하게 될 것이다. 특히 글로벌시대에 금융부문 종사자들의 약삭 빠른 재주를 방관해서는 안 될 것이다.

이 문제와 관련해 하버드 대학의 마틴 펠드스타인(Martin Feldstein) 교수는 은행과 금융기관은 매우 복잡한 금융파생상품(derivative products)을 가지고 있으며, 이를 감시하는 것은 기술적으로 어려운 작업이라고 보고 있다. 그리고 사원에게 높은 급료를 치르며 위험한 다리를 건너 살아 온 금융기관에도 과오는 있기 마련이다. FRB인들 정확하게 파악할 수 있는가에 대해서는 장담할 수 없다.

금융 마법사들의 수입은 미국에서도 놀라울 정도의 최고액을 받고 있다. 가령, 증권거래소(SEC)의 고관의 연수입 총액은 14만 3천~21만 6천 달러이며, 금융그룹인 골드만 삭스의 운용담당 하급직원은 100만 달러이다. 2006년의 골드만 삭스의 전 종업원 평균연봉은 62만 2천 달러이며, 중역의 보좌와 비서도 20만 달러 이상이다.

이미 알고 있듯이, 미국의 금융서비스 산업은 세계의 선망의 대상이다. 이를 유지하려면 보다 높은 투명성과 리스크의 관리능력을 갖추어 시스템의 결함을 개혁해야 한다. 최근의 증권화상품(securitized assets)에 대한 정당한 평가기준과 시장 리스크와 과잉 레버리지(leveraging, 차입자본의 의존도 상승, 즉 타인자본을 사용해 자기자본이익률을 올리는 효과)를 명확하게 파악할 수 있는 획기적인 메커니즘을 마련할 필요가 있다. 따라서 장부 외의 자회사(off-balance-sheet, B/S에 기재되지 않는 거래)는 법적으로 금지되어야 한다.

어쨌든 글로벌 금융 시스템을 둘러싼 규제에 대해서는 의견이 분분하다. 시장원리주의자들은 서브프라임 위기 이후에도, 규제의 틀을 바꿀 때는 시스템 전체가 해체될 위험성이 있다는 다소 과장된 경고를 되풀이하고 있다. 그 증거로서 몇몇 주요 투자은행은 레버리지 비율(타인자본의 의존도를 높임)이 거의 32%나 초과한 수치를 제시하고 있다. 높은 이익을 앞세운 투자를 위해 과다한 차입금을 운용하는 것은 무모한 경영이다.

한편, 이에 반대하는 주장도 있다. 고도의 수학적 기법에 의한 모델에 대해 의아심을 나타내며, 이번 위기는 정부가 금융시장 전략가와 변호사들에게 속은 것이 커다란 원인이라고 지적하고 있다.

정교한 금융상품에 대한 신뢰를 회복하기에는 많은 자구책과 긴 시간이 필요할 것이다. 우선 은행과 증권회사는 부동산담보증권(asset-backed secureties)의 내용을 투자가들이 납득할 수 있는 완벽한 틀을 제시하는 작업이 급선무이다. 여기서 각종 증권의 투명성을 높이고 글로벌 시장의 거래에서 가격을 간단히 평가하고 결정할 수 있도록 해야 한다.

지금 세계 각국의 정책은 '증권화상품'을 포함한 정교한 금융상품을 제한하는 방향으로 흐르고 있으므로 신용시장은 더욱 타격을 받게 될 것이다. 또한 서브프라임 사건은 증권위원회(SEC)와 연방수사국(FBI), 뉴욕주의 검찰국(AG)이 수사하고 있으나, 아직도 오리무중이다.

월 스트리트 저널에 의하면, 1996-2006년 사이 미국 금융기관의 연평균 이익률은 13.8%이다. 비금융기업의 8.5%에 비해 매우 높다. 절정기인 2003년에만 금융기관들은 미국 주식시장 이익의 거의 30%, 미국 전체의 기업수익의 40%를 벌어들였다.

이 정도의 높은 수익을 올리려면, 과잉 레버리지가 필요했다는 것이다. 2007년에 수입이 대폭 감소한 후에도 금융산업은 주식시장 이익의 20%를 올렸다. 이들 금융산업이 미국경제에서 점하는 비중이 얼마나 큰 것인가를 알 수 있다.[28]

선진국의 글로벌 금융 시스템의 주도권

우리는 2007-2008년 미국발 글로벌 금융위기를 몰고온 시스템과 구조적인 모순에 관해 새로운 사실을 알 수 있었다. 이 과정에서, 우리는 미국과 영국의 전문가들이 가지고 있는 '공통적인 상식'(지배적인 시스템 운영)에 대해 이구동성으로 외치는 내용에 특별한 관심을 갖지 않을 수 없다.

그것은 한마디로 글로벌라이제이션이라는 역사적 기회에서 세계경제를 리드하는 헤게모니의 핵심인 글로벌 금융시장의 장악이다. 그들의 금융 시스템 운영은 많은 것을 생각하게 한다. 또한, 올바른 길을 걷지 않았는데도 그들의 방식이 당연한 것으로 받아들이게 하는 주도권에 놀라지 않을 수 없다.

1) 스믹(David M. Smick)의 견해

스믹의 이야기를 들어보기로 하자. 미국을 비롯한 유럽의 사람들은 장기적인 글로벌 금융 시스템에 대한 두 가지 문제를 가장 우려하고 있다. 하나는 금융 시스템에 대한 규제가 극단적으로 강화된다고 가정한다면, 리스크를 안고 경제성장에 임하는 기업가가 자금조달에 어려움을 겪으므로 미국과 유럽, 일본은 낮은 성장을 할 것이라는 것이다. 다른 하나는 자유로운 글로벌 활동을 전개하는 오프쇼어(offshore, 주소부정의 거래행위자)의 글로벌 헤지펀드, 개인자산 투자 등을 잘 이용하는 중국과 인도 등의 고도성장과 과잉저축 경제가 있다는 것이다.

이런 맥락에서 본다면, 제조업의 중심이 선진국으로부터 환태평양 국가들로 옮겨가는 동시에 금융지배력도 아시아 국가들로 넘어간다고 우려하고 있다. 이런 생각은 너무나 단조롭고 어리석은 로드맵이 아닌가 싶다. 시나리오의 구도는 자유이나, 현실과 그렇게 되리라는 예상은 상당한 괴리가 있다. 경제 시스템에 대한 지배력이나 국가 간의 헤게모니 이동은 돈과 물자가 이동하는 것과는 비교할 수 없기 때문이다.

스믹은 미국의 금융시장 시스템에 대해 손질을 해야 하는 것에는 동의하면서도, 관리감독과 규제의 내용과 수준에 대해서는 적절한 대안을 제시하지 않는다. 서브프라임의 위기에 대한 법적 대안이 2002년 미국의 기업개혁법인 '사베인즈 옥슬리법'(SOX; Sarbanes-Oxley 11 scenario)에서 나타난 역효과를 가져와서는 안 된다는 것을 염두에 두고 있다.

만약 SOX법과 같은 방식에 의해 금융시장을 개혁한다면, 미국의 은행은 심각한 타격을 입게 될 것이라는 것이다. 이로써 미국은 유럽과 일본 및 중국으로부터 자금조달에 크게 의존할 것이라고 지적하고 있다.

미국은 어떤 경우에도, 지금까지 진전되어 온 글로벌 금융 시스템을 관리 · 보호해야 한다는 생각에는 변함이 없다. 그러나 이를 지킨다는 것이 쉬운 일은 아니다. 문제는 점점 정교한 금융상품에 대한 명확한 내용과 거래상의 규정도 없을 뿐 아니라, 이를 관리하는 일이 더욱 복잡하게 되어 간다는 것이다. 특히 난무하는 금융상품의 변동은 마치 제트코스 위에 앉아 있는 것처럼 불안할 뿐 아니라, 이를 조정하는 기능이나 방법도 없다. 이것이 최근의 글로벌 금융 시스템 내부에 자리잡고 있는 최대의 고민들이다.[29]

그럼에도 IMF를 비롯한 미국의 금융계는 규제완화와 기술진보가 선진국의 금융 시스템을 혁명적으로 바꾸어 놓았다는 점만을 강조하고 있다. 이런 태도는 감독기관으로서의 무책임한 발언이 아닐 수 없다.[30]

현재 미국은 은행문제에 어떤 방법으로 대처해야 옳은 것인지 관계기관이 골몰하고 있다. 글로벌 경제의 심각한 위기를 가져온 것은 탐욕에 빠진 은행가들의 무책임한 행동이다. 사회적 통념은 은행에 파산은 있어도 파멸은 안 되는 것으로 형성되어 있다.

이런 관계로 글로벌 경제 시스템에서는 급격한 변동으로 은행의 통제와 감독이 매우 어렵게 되고 있다. 더구나 서브프라임 위기에서 알게 된 사실은 금융기관이 리스크를 다른 사람에게 반 강제로 떠맡기는 형식의 거래방식을 취해 왔다는 것이다. 이런 과정에서는 이들 거래의 실태를 정확하게 파악할 수가 없다.

특히 이런 방식의 증권화에 대해 IMF는 누차 이를 정당화하는 발언을 계속 해왔다. 즉, 증권화의 내용에는 IMF가 주장해 왔던 금융자유화, 규제완화, 글로벌화 등의 주요 골자가 모두 포함되어 있다. 그리고 최근에는 다시 반대 의견을 제시하는 등 매우 비도덕적인 행동을 연발하고 있다.

이렇게 된다면, 금융버블은 계속적으로 일어나 경제에 큰 타격을 입힐 것이다. 이와는 반대로, 금융기관에 엄격한 규제를 가하면 자금조달에 차질을 가져오므로 경제운영에 커다란 위협이 될 것이라는 주장이 힘을 얻고 있다.[31]

2) 엘리엇(L. Elliott)과 앳킨슨(D. Atkinson)의 견해

엘리엇과 앳킨슨은 스믹에 비해 글로벌 금융 시스템에 대한 의견과 주장이 매우 분명한 태도를 보인다. 이것은 아마도 미국과 영국 간에 사회경제적 문화를 접하는 감각의 차이일지도 모른다.

앨리엇과 앳킨슨은 지금의 글로벌 금융시장을 고대 그리스의 올림프스 산으로 비유하고 있다. 글로벌 금융시장을 좌지우지하는 슈퍼 투자가들의 새로운 계급과 이들을 지원하는 중앙은행을 신생 올림피안(The New Olympians)이라 한다. 이들은 올림프스 산에 사는 전설의 신들처럼 하늘의 별도 딸 수 있는 재주꾼들이다. 신생 올림피안들은 마이다스 왕(Midas)의 말을 실현하는 자들로서 '손에 닿는 것은 모두 황금으로 바꾼다' 는 재주꾼들이다.

엘리엇과 앳킨슨은 21세기 초까지 자본주의 경제 시스템에서 확립되어 온 평온한 일상생활에 의문을 가진 적이 몇 년 전까지는 없었다고 한다.

첫째로, 모든 것은 세계에서 베스트 중의 베스트를 위해 존재한다고 사회와 경제를 지배하는 계층이 믿고 있었다.

둘째로, 현행의 경제 시스템에 미비한 점이 있다 하더라도, 이에 대한 대체안이 없는 것으로 보았다.

셋째로, 아마 가장 중요한 것은 올림프스 산(글로벌 금융시장)에서 어떤 일이 일어나고 있는가를 글로벌 금융시장을 지배하고 있는 슈퍼 투자가들 이외에는 누구도 알 수 없다는 점이다. 아니면, 무엇이 일어나고 있는가에 대해 모른 척했는지도 모른다. 그러나 2007년 8월 9일 '판도라의 상자'가 열린 지금, 변명하는 것은 무의미한 짓이다.[32]

글로벌 금융시장의 부조리

과거에 발생한 버블을 추적해 보면, 네 단계가 있다고 한다. 1단계에서는 금융혁신으로 경제환경이 밝아져 자산가격이 상승한다. 2단계에서는 해외 투자가들이 이런 상황을 알고 이에 참가해 다시 가격이 상승한다. 3단계에서는 자산은 미래에 언제든지 현재 가격보다 높은 가격에서 거래된다는 관례가 정착된다. 합리적인 근거에 의해 투자하려는 경향이 점차 낮아진다. 4단계에서는 신용이 추락해 사람들은 투기적인 국면에서 벗어난다. 결국 시장은 폭락한다.

지난 300년간의 금융시장을 보면, 세계가 변하지 않는 것을 알 수 있다. 금융시장에서는 돈을 버는 새로운 수법이 끊임없이 개발되고 사람들은 곧 이에 속아넘어 간다. 시장이 폭락한 뒤에서야 속았다는 것을 알게 된다. 이에 속하는 사람들 중에는 유명인사도 많다.

위대한 과학자 아이작 뉴턴(Sir Isaac [1642-1727]), 『로빈슨 크로소』(*Robinson Crusoe*, 1719)를 쓴 영국의 소설가 다니얼 디포(Daniel Defoe [1660-1731]), 영국의 수상을 지낸 로버트 월폴(Robert Walpole [1676-1745])을 들 수 있다. 이 위인들은 모두 1720년에 일어난 남해버블사건(The South Sea Bubble Crisis)의 피해자이다.

남해버블사건은 오늘날의 신생 올림피안들의 금융 시스템에 의해 2007-2008년에 일어난 신용사태와 별반 다를 것이 없다. 단지, 남해버블사건은 국채를 남해회사의 주식으로 전환해 이를 이용해 남해회사가 무역을 독점하려는 의도에서 손해를 입지 않는 교묘한 수법을 펼친 것이다.[33]

세계의 채권국과 채무국

채권담보증권(CDOs; collateralized debt obligations, 금융공학에서 개발한 것이다. 리스크 없이 이익을 올릴 수 있는 금융상품으로 판매되고 있음), 파생상품(derivatives)이나 다른 매혹적인 금융상품에 대한 호황은 세계의 일부에서 일어난 것이 아니다. 미국의 FRB와 영국의 중앙은행은 이미 2000년 이후 낮은 금리정책을 써왔다. 그러나 낮은 금리의 융자만으로는 번영을 실현할 수 없다는 것은, 아프리카의 짐바브웨의 경우에서도 알 수 있다.

매혹적인 금융상품은 돈이란 넓은 바다 위에 떠 있는 코르크와 같은 것이다. 이 흐름은 잘못된 방향, 즉 차관과 투자에 대한 이익은 빈곤한 신흥국으로부터 부유한 선진국으로 흘러갔다. 마치 세력이 약해진 특권계급이 정원사에게 노임을 지급하기 위해 집사로부터 돈을 빌리는 것과 같이, 주요 선진국은 개발도상국으로부터 돈을 빌려서 자신들의 물건을 구입해 왔었다.

2007년 10월 IMF의 세계경제전망을 보면 충격적인 사실이 나온다. 미국의 GDP에 대한 경상수지 적자의 비율이 2006년 6.2%에서 2007년 5.7%, 2008년 5.5%로 크게 감소하고 있다. 같은 시기 독일과 네덜란드의 경상수지는 건전한 흑자이나, 유럽 대부분의 나라는 적자이다. 영국의 경우는 미국과 같은 시기에 각각 3.2%, 3.5%와 3.6%이다. 특히 앵글로색슨계의 국가 중에서도 기적의 경제라는 나라에서는 더욱 심한 상태이다. 2006-2008년간의 오스트레일리아는 5.5%, 5.7%, 5.6%이며, 뉴질랜드는 8.7%, 8.5%, 8.6%이다.

이와는 달리, 중국을 비롯한 아시아 국가들이 채권국으로 등장하게 된다. 중국의 경상수지 흑자는 GDP 대비로 2006년 9.4%, 2007년 11.7%, 2008년 12.2%이다. 그런데 중국은 아직도 대부분의 국민이 빈곤한 상태인데도, 영국의 도킹(Dorking)과 서리(Surrey), 미국의 맥린(Mclean)과 버지니아 사람들에게 돈을 빌려주고 있다. 말레이시아는 GDP 대비로 2006년 17.2%, 2007년 14.4%, 2008년 13.3%의 흑자를 기록했다. 말레이시아도 영국의 바즐던(Basildon)과 에식스(Essex), 아일랜드의 밴트리(Bantry)와 코르크 회사에 돈을 빌려주고 있다.[34]

서브프라임 론에서 나타나는 미국식 사기극

서브프라임 사태의 배경을 보면, 마치 서부극의 장면을 연상케 한다. 낮은 금리로 돈을 풀었기에 일반 수요자는 돈을 빌려 부동산에 투자했다. 이로 인해, 부동산 가격이 급등하고 저소득층은 주택을 구입하기가 어려워지게 되었다. 여기에서 금융기관과 금융 및 부동산 중개업체의 기발한 상술이 나타난다. 즉, 이것은 저소득층에 대한 주택 론을 활성화하는 일이다.

주택 론은 네 단계로 전개된다.

첫째, 대출에 필요한 서류를 줄여주는 방식, 즉 상환능력을 증명할 수 있는 서류제출을 줄여주는 방식이다. 이를 '로우 독'(low doc)이라 한다.

둘째, 주택경기를 계속 유지하기 위해, '로우 독'의 상품을 구입할 수 없는 수요자들을 대상으로 '노 독'(no doc)이라는 대출방식을 내놓는다. 서류심사를 생략해 주는 방식이다. 이는 곧 중개업체의 수입을 증가시킨다.

셋째, 대출의 서류심사를 생략하는 단계를 뛰어넘어, '라이어 론'(liar loan, 거짓대출)이 등장한다. 즉, 중개업체는 대출신청자가 취업여부와 소득수준, 저축수준을 허위로 신고하도록 유도했다.

넷째, '닌자 론'(Ninja loan; no income, no job, or no assets)이 등장한다. 즉 수입도, 직업도, 재산도 없는 사람들에게 대출을 해주었다.

이처럼 미국의 부동산시장에서는, 17세기 네덜란드의 튤립 광란(Tulip Mania, 튤립버블)처럼, 약아빠진 상술과 노골적인 불법행위가 자행되어 왔다. 서부개척시대에 떠돌이 약장수들은 곧 동네 밖으로 추방되었으나, 상환능력이 부족한 고객에게 불법적으로 론을 판매한 부정 중개업체는 호황의 물결과 동시에 자취를 감추어버렸다.

우리나라도 예외는 아니다. 1998-1999년의 신용카드 대란이 이와 유사한 케이스이다. 신용카드 회사들이 길거리에서 신용카드를 대량 발급해 준 일은 엄연한 불법행위였으나, 이에 대해 법적인 문책도 없었다. 신용카드는 개인과 금융기관 간의 단순한 신용거래에 한정된 것이 아니다. 사회와 시장 간의 신용계약을 약정하는 것이 신용카드이다. 이를 무시했으니 한 나라의 경제를 흔든 대란이 왔던 것이다.

미국의 감독기관은 서브프라임 론 방식에 불법행위가 있다는 사실을 알고 있었음에도, 이를 방관했으니 중대한 책임을 면할 수 없다. 미국의 감독기관은 주택 론 사업의 규제를 강화하려고 했으나, 업계의 반발에 한걸음 물러섰다. 이것이 정책상의 중대한 과오였다. 규제도입은 원래 주택 붐 시기인 2005년 12월에 할 예정이었으나 2006년 9월로 연기되었다. 그러나 그사이 부동산시장은 절정기를 맞이했고 이 기간에 서브프라임 대출건수는 최고조에 달했다. 또한 대부기관은 판매를 무리하게 몰아붙였다. 특히 부동산 시장이 절정을 맞이한 2005-2006년에 대출한 서브프라임 대출건수가 최고에 달했다. 이때 대부기관은 판매를 확대하려는 수법으로 대출자의 상환능력 심사를 부실하게 처리했다.

이에 관해 런던의 경제정책연구센터(CEPR; The Centre for Economic Policy Research)와 IMF는 공동연구로 당시의 주택 론 신청에 대한 거부 건수가 격감했고 주택대부업계의 경쟁이 치열한 시기였음에도 심사기준을 낮춘 사실을 밝혔다. 이를 IMF 보고 2008년 2월호에 그 원인을 구체적으로 제시하고 있다.[35]

부실 주택 론의 유발과 감독기관의 무책임한 행동

2005-2006년에 서브프라임 론을 받은 사람들은 주로 3가지 점에서 위험한 상황에 처하게 되었다.

첫째, 2005-2006년에 주택가격은 절정기였다. 주택을 소유하고 있어도 이퀴티(equity, 론으로 커버되어 있지 않은 자산가치의 소유부분)가 없는 경우도 있었고 주택가치보다 많은 론을 안고 있는 경우도 많았다.

둘째, 표면상으로는 좋은 조건의 론을 계약했으나, 매우 위험한 론을 받은 경우이다. 가령, 론은 처음 2년간은 초기고정금리(teaser rate [티저 레이트], 일정기간의 모기지론에 적용되는 금리이며, 처음에는 보통금리보다 낮게 설정해 대부를 유인하는 금리)가 낮게 설정된다. 그러나 고정기간이 끝나면 금리는 높게 설정된다. 바로 이 시점에서 대부회사는 처음 2년간 회수하지 못한 금리를 가산해 회수한다.

셋째, 2002년에 1% 수준으로 떨어진 연방준비금리는 2006년에

5.25%까지 상승했다. 소득수준이 높고 저축해 놓은 것이 있는 프라임 론에 비해 높은 리스크를 안고 있는 서브프라임 론은, 질이 높은 론과 묶여서 '증권화'의 방식으로 금융시장에 대량으로 판매되었다. 금융계에서는 금융수법의 고도화라고 자부하고 있었으나, 주택경기가 떨어질 경우에는 큰 손실을 입게 되는 위험에 노출될 수밖에 없었다. 실제로 이와 같은 위험이 닥쳐온 시기가 바로 2006년 여름이며, 1년 후에 서방 국가의 금융시장에 깊숙이 묻혀 있던 화약고에 불이 붙게 되었다.

지금까지 본 증권화의 발상은 1970년대 초에 비유동적인 자산—거래하기 어려운 자산—을 다시 이용할 가치가 있다는 점에 착안한 것이다. 즉, 이것은 담보로 제공된 자산을 연합한 것(mortgage pool [모기지 풀], 즉 모기지의 당초의 만기일 또는 형태별로 분류한 주택용저당대부를 집계한 것)에서 캐시플로의 담보로 새로운 상품(ABS; asset-backed securities, 자산담보증권)으로 만들어낸 것이다. 이것이 점차 고도화되어 원래의 자산담보증권에서 여러 종류의 파생상품이 나타났으며, 그중의 하나가 채권담보증권(CDOs; collateralized debt obligations)이다.

롬버드 스트리트 리서치(Lombard Street Research)의 2007년 8월호에 의하면, 은행은 증권화의 수단을 이용해 리스크를 증가시키지 않고서 이익을 올릴 수 있다는 것을 알 수 있다.

대차대조표(B/S)를 보면, 론 채권(債權)을 팔아 이 자금으로 다시 새로운 론 상품을 개발한다. 이 론의 수수료와 론의 회수로 수입을 올린다. 즉, 증권화를 되풀이할수록 은행은 이익을 올리게 된다. 이처럼 은행 측은 리스크를 부담하지 않으므로 필연적으로 대출 심사기준이 낮아질 수밖에 없다. 이런 식으로 은행이익은 론의 대출 총액에 의해 결정되고 있었다.

일반적으로 투자자들은 위험성이 높은 상품에 투자할 경우 높은 수익을 기대한다고 할 수 있으나, 2005-2006년의 버블에서는 이 같은 판단기준이 사라졌었다.[36]

미국의 부동산시장의 붕괴는 2006-2007년 전반기에 많은 이코노미스트들이 예견한 일이다. 문제는 정책당국자들이 정확한 평가를 하지 않았던 것이다. 특히 미국의 중장기 금리인상이 보다 심각한 영향을 미친다는 것을 외면한 점이다. 즉, 세대당 부채가 높아지고 있었음에도, 정상이 아닌 저금리를 반영한 탓에 많은 사람들이 값 비싼 주택 론을 안고 있었기 때문이다. 세대당 부채 규모보다도 상환할 능력이 없는 세대 수의 증가에 주목했어야 했다.[37]

지금의 글로벌화로 인한 혼란스러운 변화는 미국 중앙은행인 FRB의 역량마저 점차 침식하고 있다. 전 세계의 장기국채 총액은 이미 100조 달러를 초과한 상태이다. 거대한 과잉저축이 형성되어 있는 셈이다. 이는 곧 컴퓨터의 키 하나로 투자시장과 국채시장에서 거래되고 있다. 이에 비하면, FRB의 준비금은 보잘 것 없는 규모이다. 동시다발적인 정보와 복합적인 요소로 급변하는 경제 시스템에 대해, 지금의 중앙은행이 어느 정도 영향력과 판별력을 발휘할 수 있을지 관심이 집중되고 있다. 특히 이번의 금융위기에 대해 FRB가 시행한 금리정책은 과거와는 달리 연방준비금리(federal funds rates)의 조정기능에 문제가 있는 것으로 보고 있다. 즉, 이 금리는 단기금리이다. 2007-2008년의 금리인하는 주로 경기의 악화에 대한 조치로, 시장에 자금공급을 증가시키는 기능을 한다. 이와 반대로 금리인상 조치는 경기과열로 리스크가 발생할 경우에 단기금리를 올려 경제확대의 속도를 줄이고 인플레이션을 억제하는 수단이다. 이처럼 중앙은행의 단기금리조정은 시장을 컨트롤하는 장기금리에 직접적으로 영향을 미칠 수 있는 조치이다.

3
규제는 결국 시장의 실패에서 온다

규제는 이익충돌의 범위를 확대하게 된다. 미국의 금융시장에서 이루지는 규제완화의 실례를 보면, 추진을 주장하는 것과는 전혀 다른 결과로 나타나는 경우가 많다. 여기에는 판단상의 과오가 있었기 때문이다.

규제가 가해지는 것은 시장조정에 어떤 실패의 원인이 있었기 때문이다. 이런 경우는 규제를 제거하더라도 곧 시장의 실패는 바로잡을 수 없다. 즉, 규제수단이 자유시장의 조정에 꼭 맞아 떨어지는 것이 아니기 때문이다. 실제로, 규제완화와 자유시장에 관해, 이미 1970-1980년대 학계에서는 깊은 관심을 가지고 있었다. 이들의 연구는 많은 종류의 시장실패에 관해 규명한 바 있다. 시장이 잘 기능하지 않은 사례와 시장의 능력이 상실되어 가는 사례도 있다.

시장실패에는 경쟁의 불완전성, 시장의 부재, 외부적인 요소—환경오염 등 한 사람의 행동이 다른 사람에게 나쁜 영향을 미치는 것—도 포함된다. 시장실패에 관한 사례는 많이 볼 수 있다. 한마디로, 정부가 개입 또는 통제 · 감독하지 않으면 발전할 수 없는 부문도 허다하다. 또한 국가나 기업이 추진하고 있는 사업에서 시장실패는 헤아릴 수 없을 정도로 일어나고 있다.[38]

복합성은 시장의 실패를 유발한다

자본주의 경제에서 시장실패의 중요한 원인의 하나는 사회구조가 급격한 변화에 미처 대응하지 못하는 것에서 발생하는 복합적인 보틀넥(bottleneck)에 의한 것이라고 할 수 있다. 리처드 북스테버(Richard Bookstaber)는 최근 저서에서 복합성의 영향이 다루기 힘든 연계성과 우발적인 사건으로 이어질 가능성이 높다고 경고한다. 미국 최대의 시중은행인 씨티뱅크를 산하에 거느리고 있는 거대금융회사인 씨티그룹은, 조직에서 일어나는 복잡한 관계에서 어려운 문제들이 일어나는 것을 알았다.

최근의 시장실패가 시장에서 일어나는 다른 특성과 결합된 것이 아니라면, 어느 정도 극복할 수 있다. 그러나 변화의 구성요소들이 고도의 상호의존적인 관계를 가지고 있을 때는 보다 심각한 사태를 유발할 수 있다. 이런 관계를 '치밀한 결합'(tight coupling)이라 한다. 다시 말해, 이 같은 결합은 주로 재교정이나 재조정이 필요한 오류가 있어도 시간적 여유를 두지 않고 밀어붙이는 힘이 작용하는 경우라 할 수 있다. 가령, 스페이스 셔틀(space shuttle)의 추진계획을 보면 이해할 수 있을 것이다.

금융시장에서의 '치밀한 결합'은 연속적인 정보의 흐름과 순간적인 유동성을 충족할 수 없는 수요에서 비롯된다. 이때 정보는 거래를 자극시키고, 거래는 멈추지 않는다. 이것은 유동성의 직접적인 결과이므로 '치밀한 결합'은 레버리지에 의해 더욱 강화된다. 여하튼 '치밀한 결합' 은 매우 고도의 잠재적인 레버리지의 수단이 되고 있다. 그래서 금융시장에서 보는 '치밀한 결합' 은 복잡성의 근원이 되는 유동성으로 이어진다.[39]

이미 본 것처럼, 시장규제에서 오는 새로운 함정은 여러 가지 상황에서 발생할 수 있다. 시장붕괴는 필연적으로 보호와 규제를 더욱 추가시키게 한다. 또한 시장의 규제는 더욱 복잡한 보호수단의 단계와 의도하지 않은 결과를 초래할 수 있다.

객관적으로 금융기관의 경제활동의 범위는 명확한 한계를 가지고 있다. 은행은 결함을 가진 투자로 인한 자본손실이나, 대출에 대한 위험이 증가할 경우, 당연히 자산을 처리하고 대출을 회수하는 조치를 취해 리스크를 억제하지 않으면 안 된다.

물론, 지금의 글로벌 금융시장의 구조가 단조로운 것이 아니라는 것은 누구나 알고 있다. 복합적인 구조를 지닌 금융시장이라 할지라도, 자기파괴를 가져올 리스크에 대한 판단과 투명한 관리의 원칙을 지키지 않는다면, 그 금융조직은 생존할 수 없다.

따라서 금융서비스 그 자체는 기술이 아니라고 본다. 일반적으로 자본을 증식하는 기술로서 재테크라는 수법을 이용하고는 있으나, 이것이 돈을 증식하는 마술은 아니다. 이런 재테크가 유행하고 확대되면서 금융공학이라는 이론 분야까지 나타나게 된 것이다. 그러나 금융 및 증권기관은 어디까지나 본연의 활동영역과 역할을 벗어난다든가 투명성을 외면한다든가 하는 경우에는, 이에 응당한 책임과 필요한 제재를 받지 않을 수 없다.

금융기관의 본래 활동인 여신업무와 수신업무를 떠나, 현대의 글로벌 금융기관은 신용경제사회를 활성화하며, 이를 바탕으로 사회적 경제거래를 원활하게 한다. 따라서 금융기관은 경제사회 발전을 뒷받침할 수 있는 모든 신용의 결제수단을 통합 관리하는 중추적인 업무와 기능을 담당하는 기관이다. 결국, 금융시장과 위험관리에 건전한 메커니즘을 제시하고, 본질적으로 경제 리스크를 발생시키는 구조를 연구해 기술적 해결방안을 개척해 나가야 한다.[40]

이미 본 것처럼, 씨티그룹는 은행감독기관과 신용등급평가회사와 같은 외부감시자들이 은행의 장부상에 나타난 리스크만 주시한 경우이다. 모기업의 장부에 없는 무명의 자회사(투자회사)는 감독의 눈을 피해 그대로 넘어가게 된다. 사실, 이 자회사의 채무는 눈덩이처럼 증가되는 경우가 많다. 여기서 문제는 글로벌시장의 트레이더의 판단력이다. 즉, 트레이더가 자회사를 명성 높은 모회사인 거대그룹으로 평가하기 때문에 거래가 쉽게 이루어지고 자회사의 부실이 쉽게 은폐된다. 이것은 곧 시한폭탄을 만드는 결과를 가져온다.[41]

최근 우리나라에서도 시장실패로 인한 국가적인 손실부분을 혈세로 충당하는 공공사업들이 계속 늘어가고 있다. 금후 국가재정의 천문학적인 손실을 가져올 수 있는 무모한 사업은 억제해야 한다. 특히 인프라 건설 중심의 개발과 비합리적인 고속도로의 확장과 철도사업, 환경정화사업, 공공주택 및 공공시설물 건설에 대해서는, 엄격한 사전수요 분석과 철저한 감독·통제체제를 강화할 수 있는 시스템 관리가 선행되어야 한다.

주로 정부가 민간기업에 건설 또는 경영을 위탁하는 공공사업부문에서 발생하는 문제는 크게 두 가지로 나누어 볼 수 있다.

첫째, 공공사업을 민간기업에 위탁경영하는 경우, 타당성과 경제적인 효과분석과 수요예측은 물론, 공기(工期)를 포함한 일정을 소홀하게 관리감독하고 불투명하게 총공사비를 산출한다. 둘째, 민간기업에 위탁하는 공공시설의 경영관리와 정부의 감독에서 드러난 적지 않은 허점들은 결국 시장실패로 이어질 것이다.

자유경쟁의 저해는 시장실패를 가져온다

이와는 달리, 스티글리츠(Joseph E. Stiglitz) 교수는 미국의 시장실패의 중요한 원인이 기업의 경쟁을 저해하는 것에 있다고 주장한다. 독점금지법(반[反] 트러스트 정책)을 제정한 목적은, 비경쟁적인 행위, 시장지배력 행사, 높은 가격설정 등 여러 수단으로 경쟁 기업이 시장참가를 방해해 소비자를 우롱하는 행위를 방지하기 위한 것이다.

지난 1세기 동안에 미국에서 발생한 사건들은 헤아릴 수 없다. 스탠더드 오일의 석유독점 시도, 담배와 알루미늄의 독과점 등 한이 없다. 1990년대 중반 마이크로 소프트(MS)사가 오퍼레이팅 시스템(OS)의 독점을 이용한 소프트웨어의 힘으로, 당시의 혁신적인 경쟁사인 네트 스캡을 파산으로 몰아 간 사건이 있다. MS사는 경쟁사의 프로그램이 인스톨되었을 때, 고의로 에라 메시지가 뜨게 해 이용자들을 불안하게 하는 옳지 못한 행동을 한 적이 있었다.

경쟁환경을 잘 관리해야, 소비자가 싼 가격으로 소비활동을 할 수 있으며, 혁신을 촉진시키고 소비자의 니즈를 충족시키는 제품과 서비스를 개발하는 계기를 마련할 수 있다.[42]

회계부문의 규제를 허술하게 하면, 바르지 못한 정보가 혼란을 부르고 더욱 부패를 조장한다는 것을 알고 있다. 여기에는 은행도 공범자로서 새로운 방법을 제시해 왔었다.[43]

이제 미국의 금융왕국의 성패를 가리는 주사위는 던져졌다고 본다. 탁월한 재주를 자랑했던 그들(신올림피안)은 시장의 만능주의의 틀을 벗어 던지고, 허망한 야욕에서 깨어나 세계의 경제질서가 어떻게 굴러가고 있는가를 알아야 한다. 양심을 저버리지 않는 신뢰의 바탕 위에서 투명한 금융의 독트린을 제시하고 이를 실천해야 한다.

잘 알려져 있는 내용이나, 오늘날의 신종 금융위기는 일부의 부도덕한 금융기관이 리스크를 은폐해 이득을 얻었고, 다른 한 편에서는 고의로 복잡한 틀에서 만들어내 시장 리스크를 분산 · 조작해 은행과 헤지펀드가 거액의 이익을 챙긴 사기사건이라고 볼 수 있다.

어쨌든 새로운 질서를 회복할 수 있는 참다운 금융 독트린의 틀을 치밀하게 만들어 관리감독을 관리하는 방법뿐이다. 각 정책당국은 민간시장과 연대해 레버리지 비율이 높은 매우 정교한 금융상품으로 시장가격변동에 대한 위험을 투명하게 알리는 제도적인 장치를 강구하지 않으면 안 될 것이다.

다양한 자산을 묶은 다음에 다시 적게 나누어서 증권화한 상품에 대해서는, 법적 규제에 구속받을 필요도 없이, 상품화된 내용을 하나하나

점검해, 내용에 들어 있는 '유독폐기물'을 제거하는 방법을 개발해야 한다는 제안들이 나오고 있다.[44]

G7과 G9회의 또는 IMF회의에서 글로벌 금융위기를 방지하기 위한 국제금융 시스템의 강화를 지지해 왔으나, 별다른 성과는 없다. 1년에 수차례 열리는 회의의 주제는, 주로 국경을 넘어다니는 자금흐름에 대한 감독강화, 한 나라의 잘못된 정책이 다른 나라에 미치는 영향을 피할 수 있는 조기경보 시스템의 확립, 금융시장의 투명성강화에 관한 것들이다. 그들은 금융시장의 모든 불안한 리스크를 폐기물의 용기에 봉해 안전하게 격리시키고 새로운 세계금융구조에서 상호간의 금융글로벌 이익을 얻을 수 있다는 것에 기대를 걸고 있다.[45]

이노베이션은 복합성을 확산시킨다

금융시장의 위기를 사전에 파악하고 예방할 수 없었는가에 대해서는 많은 의문이 있다. 특히 기본적인 경제활동에서의 리스크 억제와 신속한 정보의 흐름, 괴재들의 제왕적인 금융공학의 도움에도 불구하고, 왜 금융 리스크의 감소를 반기지 않는가, 또한 금융시장에서는 왜 항상 위기가 조성되고 있는가에 대해, 누구나 의아심을 갖지 않을 수 없다.

이에, 리처드 북스테버(Richard Bookstaber)는 한마디로 이노베이션에 대한 결과에서 찾아볼 수 있다고 말한다. 이노베이션이 금융시장에 대해 적극적인 영향을 미쳐 왔으며, 이를 부정할 수 없다. 즉, 이노베이션은 시장을 더욱 능률적인 방법으로 활용했으며, 금융시장은 정보에 의해 더욱 유동적이고 신속하게 반응하게 된다. 한편, 글로벌시장의 경쟁과 기술혁신이 서로 작용해 보다 혼란스러운 경제상황으로 진행되어 가는 경향을 보이고 있다.

이처럼, 정보는 자유롭게 더욱 광범위하게 흐르며, 가격은 즉시 모든 시장 참가자에게 활용된다. 이런 과정을 통해 투자가의 수요와 이익유지를 중심으로 상품화가 결정된다. 그러나 이노베이션의 실제적인 결과는 시장가격에 달려 있다.

이노베이션은 많은 복합성을 확대시킨다고 보아야 한다. 대부분의 혁신적인 수단은 조건부 또는 비선형적인 이익—비정상적인 이익—을 수반하는 금융파생상품의 구실을 한다. 특히 시장의 혼란이 발생할 경우에는 이런 수단이 자극하게 되므로 가격이 어떻게 될지는 판단하기 어렵다. 또한 이노베이션과 기능적인 효율은 시장에 대해 더욱 밀접한 압력에 의해 복합성을 증진시킨다.[46]

이런 상황은 글로벌화의 경우를 생각하면 쉽게 알 수 있다. 가령, 투자가의 금융자산이나 은행의 대출한도가 위험한 상태에 있다고 가정했을 때, 이 둘 간에는 아무런 경제적인 관계가 없음에도 불구하고, 한편의 시장사정이 다른 시장에 영향을 미칠 수 있는 경우를 볼 수 있다.

결국, 이노베이션은 시장을 더욱 긴밀하게 결합시키는 역할을 하며, 이것은 긴밀한 결합과 높은 유동성을 유발한다. 이런 경우에는 시장의 적응력이 높으며, 누구나 쉽게 선호할 수 있는 증권담보물로서 보다 유리한 위치를 점하게 된다.

그러나 이런 상태가 지속적으로 시장과 금융기관에 유리한 것만은 아니다. 그것은 금융의 파생상품이라는 거대한 도가니의 속을 예견할 수 없는 가상적인 세계경제가 안고 있는 중대한 위험이라 할 수 있다. 결국, 시장 그 자체는 인간의 기대에 의해 형성되고 있으므로 시장의 행동을 합리적으로 예측한다는 것은 거의 불가능한 일이다.

시장을 움직일 수 있는 힘은 원인과 결과의 기계적인 프로세스가 아니다. 이것은 조지 소로스(George Soros)가 말한 '반사적인 상호작용'(reflexive interactions)이다. 즉, 시장은 많은 사람의 생각들에 의해 불꽃을 튀기면서 충돌하는 장소이므로 자율적인 통제는 불가능하다.[47]

조지 소로스(George Soros)의 글로벌 금융 시스템에 대한 견해

헝가리 태생의 미국인 조지 소로스(George Soros)는 글로벌 금융시장에서 헤지펀드의 귀재로 잘 알려져 있다. 그는 칼 포퍼(Karl Popper [1902-1994], 오스트리아 출생의 영국 철학자)의 제자이기도 하고, 영국에서 철학과 경제학을 전공한 훌륭한 사회과학자이기도 하다.

그는 글로벌 자본과 금융의 형태와 그 활동에 관해 명확한 근거를 제시한다. 먼저 글로벌 자본주의 시스템에 대해 두 가지를 비판한다. 하나는 시장 메커니즘의 결함에 대한 것으로 국제금융시장에 내포되어 있는 불안정한 요소의 문제이다. 다른 하나는 주로 국가와 국제적인 레벨에서 보는 정치적 실패(기능의 결핍)이다.[48]

글로벌 자본주의 시스템은 생산과 소비, 상품과 서비스, 그리고 생산요소의 교환도 포함된다. 이 시스템의 확대로 경제기능은 일상생활과 문화와 정치, 전문적인 직업 등 지금까지 경제활동분야가 아닌 것에 침투하고 있다.

이 시스템에는 중심과 주변(periphery, 周邊 혹은 外緣)이 있다. 즉, 중심의 소재지는 확실하지 않으나, 주로 미국과 유럽이다. 중심은 자본의 공급자이며, 주변은 자본의 이용자이다. 중심의 중요한 특징은 자국의 경제정책을 컨트롤하고 주변국의 경제적 운명을 장악하고 있다는 것이다. 여기에서는 적지 않은 문제들이 일어나는 것을 추측할 수 있다.[49]

지금의 글로벌 자본주의의 본격적인 시발은 1970년대 초기이다. 발단은 산유국이 석유수출국기구(OPEC)을 조직해 원유를 전략화한 것에 있다. 즉, 1973년에 1배럴당 1.90달러에서 9.76달러로, 1979년에는 12.70달러에서 28.76달러로, 최근에는 120달러까지 가격이 상승한 적이 있었다. 원유 수입국들은 저성장에서 적자를 메우기 위해 자금을 조달해야 하며, OPEC은 오일 달러를 국제적으로 유통시키게 되었다. 이를 계기로 금융자본은 국제적인 이동을 통해 확고한 것으로 정착되어 간다.[50]

글로벌 자본주의 시스템은 각각 독자적인 정책에서 무역과 자본의 국제경쟁을 하고 있다. 이처럼 현대의 시스템이 복잡하게 된 것은, 경제, 금융 부문에서 글로벌 체제로 되어 있으나, 정치 부문에서는 글로벌 체제가 아니라 각국의 독자적인 체제로 진행되고 있기 때문이다.

정부가 경제에 개입할 수 있는 권한은 가지고 있으나, 점차적으로 글로벌 경쟁의 지배를 받아들이는 쪽으로 가고 있다. 만약 정부가 자본활동에 불리한 조건을 내세운다면, 자본은 이를 피해 달아날 것이다. 이와 반대로, 정부가 임금을 억제하고, 특정 비즈니스 부문에 대해 우대 정책을 쓴다면, 자본의 축적은 쉽게 이루어질 것 같으나, 꼭 그렇지도 않다.

01. Larry Elliot and Dan Atikinson, *The Gods That Failed*, Nation Books, N.Y., 2009, p.243.

02. David M. Smick, *The World is Curve*, 2008, pp.6-7.

03. David M. Smick, *op.cit.*, 2008, pp.10-11 참조.

04. David M. Smick, *op.cit.*, 2008, p.11.

05. Larry Elliott and Dan Atkinson, *The Gods That Failed : How Blind Faith in Markets has Cost Us Our Future*, Nation Books, N.Y., pp.163-165 참조.

06. David M. Smick, *op.cit.*, 2008, pp.11-14, pp.22-26 참조.

07. David M. Smick, *op.cit.*, 2008, pp.41-44 참조.

08. David M. Smick, *op.cit.*, 2008, pp.45-46 참조.

09. David M. Smick, *op.cit.*, 2008, pp.61-64, pp.65-67 참조.

10. Scott Patterson, *The Quants : How a New Breed of Math Whizzes Conquered Wall Street and Nearly Destroyed It*, 2010, The Crown Publishing Group.
스캇 패터슨 지음, 구본혁 옮김, 『퀀트』, 다산북스, 2011, p.29.

11. Scott Patterson, *The Quants*, 2010.
스캇 패터슨 저, 구본혁 옮김, 『퀀트』, 다산북스, 2011, 11장 '종말의 날을 가리키는 시계' (pp.393-421), 13장 '악마의 작품' (pp.465-483) 참조.

12. Nassim Nicholas Taleb, *The Black Swan : The Impact of the Highly Improbable*, Random House, N.Y., 2008, pp.115-117 참조.
이 문제에 대해서는 제18장 '성공한 사람과 실패한 사람들', pp.138-144 참조.

13. Peter L. Bernstein, *Against The Gods : The Remarkable Story of Risk*, John Wiley & Sons, Inc., 1996.
ピーター・バーンスタイン 著, 青山 護 訳,『リスク』, 日本経済新聞社, 1998, 5

印, p.360 참조.

14. Peter L. Bernstein, 1996, 青山 護 訳, 『リスク』, 1998, pp.360-361, pp.364-367 참조.

리스크 회피의 케이스 :

실험자들을 상대로, 4천 달러를 얻을 수 있는 확률이 80%이며 제로(0)가 될 확률이 20%라고 가정한 경우와, 100%의 확률로 3천 달러를 얻을 수 있다고 가정했을 때, 과연 어느 쪽을 선택할 것이가의 문제이다.

여기서 리스크를 수반하는 편을 선택할 경우에 높은 수학상의 기대값(3,200달러)임에도, 참가자 중의 80%는 확실한 3천 달러를 선택했다.

리스크 선호의 케이스 :

이번에는 4천 달러를 잃을 확률이 80%이며, 득실이 제로(0)가 될 확률이 20%로 가정한 경우와, 100% 확실하게 3천 달러를 잃을 경우에 대한 선택문제이다.

이 경우는 회답자 중의 92%가 수학상의 기대값이 3천 달러의 손실보다도 액수가 많은 3,200달러임에도, 도박성이 있는 쪽으로 선택했다. *Ibid.*, 1998, 역서, pp.364-367 참조.

15. Nassim N. Taleb, *op.cit.*, 2008, pp.18-20 참조.

16. *Ibid.*, 2008, p.239, p.276.

17. *Ibid.*, 2008, pp.176-177 참조.

18. Scott Patterson, *The Quants*, 2010, Crown Publishers. 구본혁 옮김, 『퀀트』, 2011, pp.405-406 참조.

Nassim Nicholas Taleb, *The Black Swan*, Random House, N.Y., 2008, pp.240-242, pp.272-273 참조.

19. Nassim Nicholas Taleb, *op.cit.*, 2008, p.211.

20. Nassim Nicholas Taleb, *op.cit.*, 2008, pp.257-258.

21. *Ibid.*, 2008, pp.262-266 참조.

만델브로의 '프랙탈' 분포의 요점만을 간단히 설명해 둔다. 소득이 1백만 이상의 사람과, 그 2배인 2백만 이상의 사람들을 비교하면 인원수는 1/4이다. 이것은 2의2

승(乘)이다. 지수가 1이면, 인원수는 1/2이다. 이때 지수를 거듭제곱(power)이라고 한다.

예를 들면, 1년간에 25만 부를 판매하는 책이 96종이라고 생각한다면 거듭제곱값은 대략 1.5 정도라고 추산하자. 이 값을 사용해 50만 부 판매되는 책은 34종 정도로 추정할 수 있다. 이때 계산은 근사값으로 96 × (50만/25만) - 1.5이다. 이런 추산값은 실제로 표본오차가 큰 값일지도 모른다. 여기서 주요한 것은 거듭제곱의 값은 직접 계산할 수 없는 추산한 값이며 또한 이를 적용하는 데는 문제가 있다.

22. Nassim Nicholas Taleb, *op.cit.*, 2008, 가우스 분포를 이용한 사례는 pp.231-232와 pp.233-234, 만델브로가 상정한 분포의 사례는 pp.232-233에 비교분석되어 있음.

Scott Peterson, *The Quants*, 2010. 구본혁 옮김, 『퀀트』, 다산북스, 2011, pp.405-406 참조.

23. Nassim Nicholas Taleb, *op.cit.*, 2008, p.234 참조.

24. Nassim Nicholas Taleb, *op.cit.*, 2008, pp.298-297 참조.

Scott Patterson, *The Quants*, 2010. 구본혁 옮김, 『퀀트』, 다산북스, 2011, pp.469-470 참조.

이에 관해 주요 내용을 압축한다면, '탐욕 + 무능력 + 시장효율에 대한 신념 = 재앙'이다.

"The Story So Far : Greed + Belief in Market Efficiency = Disaster", 『퀀트』, 2011, pp.466-468 참조.

25. Peter Bernstein, *Against The Gods*, 1996, 青山 護 訳, 『リスク』,1998, pp.441-442.

26. Nassim Nicholas Taleb, *op.cit.*, 2008, pp.282-283 참조.

27. David M. Smick, *op.cit.*, 2008, pp.249-250.

28. *Ibid.*, 2008, p.256, pp.251-256 참조.

29. *Ibid.*, 2008, p.26, pp.257-261 참조.

30. Larry Elliott and Dan Atkinson, *The Gods That Failed : How Blind Faith in*

Markets has Cost Us Our Future, Nation Books, N.Y., 2009, p.165, p.169 참조.

31. David M. Smick, *op.cit.*, 2008, pp.262-263 참조.

32. Larry Elliott and Dan Atikinson, *op.cit.*, 2009, pp.11-12 참조.

33. Larry Elliott and Don Atikinson, *op.cit.*, 2009, pp.160-161 참조.

34. Larry Elliott and Don Atikinson, *op.cit.*, 2009, p.170, pp.178-179.

2006-2008년의 싱가포르(27.5%, 27.0%, 25.4%), 대만(6.8%, 6.8%, 7.1%), 러시아(9.7%, 5.58%, 3.3%), 그리고 사우디아라비아(27.4%, 22.2%, 20.1%)이다(p.179).

35. Larry Elliott and Dan Atikinson, *op.cit.*, 2009, pp.193-194 참조.

1) 신용 붐이 확산된 시기에 심사기준이 낮았다는 사실을 인정한 것이다. 이것은 신용 대부가 급격하게 증가하면, 안이한 대부행위가 늘어간다는 것을 의미하기 때문이다.

2) 심사기준의 저하는 과거 주택가격이 크게 등귀한 시기와 중복되어 있었다. 이 점은 대출자가 채무불이행일 경우에도 담보자산의 유동화에서 론을 상환할 수 있다는 전제 아래서 대부기관이 주택 붐을 이용한 위험한 도박이다.

3) 시장의 구조변화를 지적한다. 대체로 적극적인 대부를 단행하는 대규모의 대부기관이 신규로 차입한 지역에서 심사기준이 대폭 낮아진다.

4) 중개 기능의 배제와 관계가 있다. 대부업자가 론 채권 포트폴리오(債權 : lender' s loan portfolios)의 대부분을 제3기관에 매도하는 시장에서 심사기준을 크게 낮추기 때문이다.

Ibid., p.194.

36. Larry Elliott and Don Atikinson, *op.cit.*, 2009, pp.192-196 참조.

37. David M. Smick, *The World is Curved : Hidden Dangers to the Global Economy*, Portfolio, 2008, p.196.

Joseph E. Stiglitz, *Making Globalization Work*, W.W. Norton & Company, N.Y., London, 2006, p.257.

38. Joseph E. Stiglitz, *The Roaring Nineties*, 2003, p.143, pp.103-104 참조.

39. Richard Bookstaber, *A Demon of Our Own Design : Markets, Hedge Funds,* *and The Perils of Financial Innovation*, John Wiley & Sons, Inc., 2007, pp.143-145 참조.

40. Richard Bookstaber, *op.cit.*, 2007, pp.146-147 참조.

41. David M. Smick, *The World is Curved*, 2008, p.245.

42. Joseph E. Stiglitz, *op.cit.*, 2003, pp.104-105.

43. Larry Elliott and Don Atikinson, *op.cit.*, 2009, p.202 참조.

Joseph E. Stiglitz, *The Roaring Nineties. W. W. Norton & Company*, N.Y., London, 2003, pp.87-88, p.143 참조.

44. David M. Smick, *The World Is urved*, Portfolio, 2008, pp.263-264 참조.

45. Larry Elliott and Dan Atikinson, *The Gods That Failed*, 2009, pp.244-245 참조.

46. Richard Bookstaber, *A Demon of Our Own Design*, John Wiley & Sons, Inc., 2007, p.255.

John Gray, *False Dawn* : *The Delusions of Global Capitalism*, The New Press, N.Y., 1998, p.207.

47. Richard Bookstaber, *op.cit.*, 2007, p.256.

John Gray, *False Dawn*, 1998, pp.197-198 참조.

48. George Soros, *Open Society* : *Reforming Global Capitalism*, Public Affairs, N.Y., 2000, p.169.

49. George Soros, *Open Society*, 2000, pp.172-173.

50. George Soros, *Open Society*, 2000, pp.175-178 참조.

06

chapter 6 장

미래를 향한 약동성과 시행착오의 밸런스

1 정직성을 저버릴 수 있는 인간의 심리상태

2 글로벌 파워와 슈퍼클래스의 등장

3 성공한 사람들과 실패한 사람들

4 사회공동체를 위한 팀워크

좋은 행동계획은 그 나라의 경제상황을 이루고 있는 특수한 요소들에 알맞은 확고한 진단에서 출발해야 한다

Jeffrey D. Sachs[1]

미국의 빈부격차는 소득격차보다도 훨씬 빠른 속도로 진행되고 있다. 이의 원인에 대해서는 전문가들 사이에서도 많은 논쟁이 일고 있다. 물론 여기에는 과학기술의 변화와 글로벌화, 자유시장주의 강화, 기업경영의 성과주의, 소극적인 정부개입과 고용안정에 대한 정책적인 미흡 등을 들 수 있다.

빈부의 격차는 단순한 원인에서 일어난다고는 말하기 어렵다. 큰 테두리에서 본다면, 누구나 새로운 경제사회의 환경에 적응하려면, 필요한 교육과 기술의 습득, 자기노력 등 각자의 삶을 끊임없이 개선할 수 있는 능력이 필요하다.

최근에 불평등이 미국사회에 나쁜 영향을 미치고 있다는 연구들이 많이 나오고 있다. 소득격차로 인한 빈부격차가 확대되는 것은 매우 심각한 문제이다. 이것은 사회 갈등과 사회 불안을 가중시킬 뿐 아니라, 인간이성이 상실되고 지켜야 할 규범마저 무너지는 최악의 혼란상태를 야기할 수 있다.

보다 넓은 차원에서 본다면, '사회적 불균형' 의 문제로 집약된다. 불균형의 문제는 한마디로 사회적 불만과 사회적 혼란의 원인이 된다. 불균형은 풍부한 부분과 빈약한 부분의 경계선에서 나타나며, 사적으로 생산 · 판매되는 상품과 공공 서비스를 구분하는 것에 비유할 수 있다.

생산량이 풍부한 것과 공공 서비스가 빈약한 것의 차이는 놀라울 정도이다. 그뿐만이 아니라, 사적인 생산품이 풍부하다는 것은 공공 서비스의 공급의 위기를 가져오는 커다란 원인이 될 수 있다. 그러므로 불균형은 이들 간의 밸런스를 유지해야 할 중요성과 필요성을 고려하지 않는 것에서 나타난다.[2]

1
정직성을 저버릴 수 있는 인간의 심리상태

미국 사람들은 민주주의에 대해 다른 나라 사람들과는 달리 특이한 실천적 자각을 가지고 있다. 프랑스의 정치학자이자 역사가였던 토크빌(Alexis Tocqueville [1805-1859])이 쓴 『미국의 민주정치』([1835-1840] 지금의 완성본은 1888년 출판)에서 보면 구체적인 내용을 쉽게 이해할 수 있다.

토크빌은 1831년 젊은 관리로서 미국의 형무소제도에 관한 조사연구차 미국에 파견되었다. 1차 임무를 끝낸 후에도 장기간 머물면서 미국의 '민주주의 제도'에 관해 깊은 연구를 계속 하게 된다.

그는 미국의 민주주의의 실천에 대해 받은 깊은 감명을 자신의 저서의 첫 부분에 적고 있다. 특히 17세기 초엽의 유럽은 중세의 과두정치(寡頭政治, 소수의 권력자에 의한 독재정치)와 봉건적인 자유의 황폐에서 절대군주들이 영광을 누리고 있었다. 유럽의 일반시민은 참다운 자유라는 것이 무엇인지조차 모르고 있었다. 이와는 정반대로, 미국사회는 새로운 세계로 나아가기 위한 원동력인 민주주의제도가 확립되어 가고 있었다.

당시 서로 다른 민족으로 이루어진 미국사회는 독창성을 발휘해 지금까지 인류가 경험해 보지 못한 법률을 제정했다. 훌륭한 장군도, 철학자도, 위대한 작가도 배출하지 않은 이 빈약한 민주적인 사회에서는 국민 한 사람이 자유의 의미를 알고 있었다.

토크빌이 당시 매사추세츠 주지사이자 청교도 지도자였던 존 윈스롭(John Winthrop [1588-1649])의 연설의 일부를 인용한 내용이 있다. "세상에는 타락한 자유도 있다. 이것은 자기 뜻대로 행동한다는 것이다. 규칙을 참고 견뎌내지 못하기 때문이다. 이런 자유을 누린다는 것은 인간 이하의 짓이다. 이런 자유는 진리와 평화의 적이다. 미국연방에서 힘을 발휘하는 것은 시민적 또는 도덕적인 자유이다. 권력 자체의 사명은 자유를 보호하는 것에 있다. 다시 말해, 그것은 모든 정당한 선(善)을 두려워하는 것이 아니라, 실행하는 자유이다." 자유를 지키기 위해 필요하다면 생명을 던져서라도 지켜야 하는 철저한 사명감의 내용을 소개하고 있다.[3]

미국 민주주의의 대처능력이 떨어지고 있으나,
자본주의의 활동에서 커다란 성과를 거두고 있다

최근 미국 민주주의 사회가 어떤 모습으로 변화되고 있는가. 로버트 라이시(Robert B. Reich) 교수의 견해에서 그 윤곽을 알 수 있다. 민주주의라는 제도는 자유와 공정한 선거를 거치는 데 그치지 않고, 그 이상의 의미를 가지고 있다. 다시 말해, 민주주의는 사회 전체의 이익을 도모하는 구조와 규칙을 결정하기 위해 많은 사람들이 협력해 달성할 수 있는 시스템으로 이해할 수 있다. 이런 구조와 규칙이 경제성장의 속도에 영향을 미치고 있다.

극단적으로 경제의 파이를 균등하게 나누는 구조는 저축과 투자와 혁신을 시도하려는 사람들의 동기를 억누르는 쪽으로 작용할 수 있다. 이와 반대되는 구조는 경제성장을 더욱 자극하는 방향으로 작용할 수 있다. 민주주의는 이처럼 트레이드 오프(tradeoff, 이율배반성)의 관계에서 자신들이 선택할 수 있는 것이며, 또한 경제성장과 공정성을 양립시키고 다른 사회공동의 목적을 달성할 수 있는 제도이다.

여기까지는 만족할 수 있다. 그러나 민주주의가 이와 같은 기본적인 책임을 수행하는 일이 점차 힘들어지고 있다. 사회적인 격차가 확대됨에 따라, 이를 좁히기 위한 대책으로 내놓은 누진소득세 제도와 우수학교 시스템, 임금교섭에 능숙한 노동조합 등이 서서히 그 효과를 잃어가고 있다. 이로써 직업과 소득을 상실할 리스크는 확대되고, 사회 안전망(social safety net)은 신뢰를 잃어가고 의료보험에 가입할 수 없는 사람들은 증가한다. 이처럼 민주주의는 닥친 문제를 효과적으로 대처하기가 어렵게 되고 있다.

소비자가 원하는 것에 대해 자본주의의 반응은 예민해지고 있으며, 시민이 바라는 것에 대해 민주주의 반응은 둔해지고 있다. 시민이 느끼는 무기력함에 관해 조사한 결과를 보면, 1964년에 '관료는 나와 같은 일반시민이 무슨 생각을 하는지에 관심을 갖지 않는다' 고 응답한 미국인이 불과 36%이었으나, 2000년에는 60% 이상이었다.

즉, 1964년의 조사에서 거의 2/3의 사람들이 정부가 사회 전체의 이익을 위해 정책을 운영하는 것으로 믿고 있었다. 그러나 2000년에는 정부가 사회 전체의 이익을 위해 정책을 운영하고 있다고 믿는 비율은 겨우 35%이며, 60% 이상은 정부가 소수의 권익을 위해 정책을 운영한다고 믿는 것으로 나타났다. 이 사실은, 자본주의는 시민이 행사해야 하는 힘을 빼앗아, 소비자와 투자가의 힘을 강화하는 쪽으로 이끌어 갔다는 것이다.[4]

라이시 교수는 민주적 자본주의가 초자본주의로 바뀌어 간다고 지적한다. 즉, 1970년 후반부터 미국의 민주적 자본주의에 근본적인 변화가 일어나면서 이것이 전 세계로 확산되어 갔다고 보고 있다. 자본주의의 승리는 미국만이 아니라, 세계의 많은 나라에 영향을 미치게 되었다. 이로 인해 경제구조도 이전에 비해 보다 경쟁적인 시장으로 변화하는 동시에, 권력이 소비자와 투자가에게로 옮겨간 것을 알 수 있다.

자본주의의 '민주적' 측면은 약화되었다. 부의 분배, 고용과 사회안정, 경제활동의 공평한 룰을 확립하기 위해, 공식 혹은 비공식적인 교섭에 관여해 왔던 조직—거대과점기업, 거대노동조합, 규제기관, 지역상가와 지방도시를 지원하는 정치인—의 영향력이 크게 약화되었다.

이를 계기로 기업은 이익추구에 전념하며, 기업정치가(corporate statesman)의 역할은 약화되었다. 이처럼, 자본주의의 승리와 민주주의의 쇠퇴의 관계는 서로 결부시켜 생각할 수 있다. 민주적 자본주의가 초자본주의로 바뀌어 가고 있다.[5]

승자독식의 원칙은 옳은 것인가

경쟁사회에서는 승자와 패자가 있기 마련이다. 양자 간의 차이가 극심해질수록 승자와 패자의 상황은 크게 달라진다. 패자는 자기에 대한 모든 압력을 극복해야 할 것이며, 승자는 더욱 자기의 부와 지위를 강화하려 할 것이다. 양자는 각자의 능력과 정당한 사회규정에 따라 정직하게 노력해야 한다는 것을 알고 있다.

우리는 매일 사회 전반에서 일어나고 있는 부정행위와 비도덕적 행위에 대한 고발을 보고 있다. 누구나 교과서대로 성실하고 정직하게 살아가야 하는 것을 배우고 또한 후대에 가르친다. 그럼에도 어지러운 현대사회에서 일어나고 있는 각종 범죄와 위법행위에는 깊은 회의를 느끼지 않을 수 없다. 일부 파렴치한 범법자들이 부정행위와 비양심적인 행동으로 사회를 혼란에 빠뜨리고 자기만 살겠다고 허우적거리는 것을 보면 안타까울 뿐이다.

범죄행위는 소득수준이 높아지고 경제발전의 속도가 빨라질수록 더욱 증가하며 사회 전반으로 확산되고 있다. 승자와 패자를 가려내는 치열한 경쟁 시스템 그 자체에 잘못된 역학관계가 있다는 것에 주목할 필요가 있다. 다시 말해, 인간이 살아가는 사회 내부가 점점 냉혹한 '승자독식의 무대'(winner-take-all society)로 치닫는 양상이 누적되고 있다.[6]

선량한 인간은 '경쟁'이라는 선전 아래서 원칙도, 벌칙도, 감독 기능마저도 없는 무질서한 약육강식의 싸움을 치러야 하는 사회모순에서 해방되어야 한다. 이런 모순이 제거되지 않으면 참다운 사회발전은 기대할 수 없다.

불공정하고 부정한 행위는 산업계는 말할 필요도 없고, 대학의 전문연구분야, 학계, 법조계, 의학계, 스포츠계, 언론계, 방송계, 정치계, 관료조직 등에서 일어나고 있다. 이것은 선량한 시민의 가슴에 깊은 상처를 입히고 사회불신을 쌓는다.

따지고 보면, 이런 현상은 남보다 앞서야 한다는 강박감이 인간에게 좋지 않은 영향을 미친 탓이다. 이미 100년 전에 미국의 제도경제학파인 베블런(Thorstein Veblen [1857-1929])이 지적한 것처럼, 원래 인간은 다른 사람과 비교해 자신의 행복도를 판단하려는 경향이 있다. 물론 당시 베블런은 독점자본과 금융자본의 지배에 따른 모순을 신랄하게 비판했다. 어디까지나 올바른 사회제도를 확립해야 건전한 경제발전이 이루어진다고 주장했다. 이 점은 현대사회에서도 재평가하지 않을 수 없다.

캘러헌(David Callahan)은 보다 구체적 사례를 들고 있다. 돈과 사회적 지위와 개인의 행복감의 상관관계에서 보면, 개인은 자신의 급여나 소득보다 경제서열에서 차지하는 위치에 더 신경을 쓴다. 서열이 낮을수록 자긍심에 상처를 입고 스트레스를 받는 경향이 높아지는 연구결과가 많다. 영국의 공무원을 대상으로 한 조사에 의하면, 장기간에 걸쳐 금연을 하고 음식을 주의하는 수천 명의 공무원은 지위가 낮을수록 빨리 사망하는 것으로 나타났다. 즉, 업무권한이 낮을수록 수명이 단축된다는 뜻이다. 이런 결론에 대해서는 보다 과학적인 연구가 뒷받침되어야 할 것이다.

로버트 프랭크(Robert Frank)는 저서 『사치열병』(*Luxury Fever*, 1999)에서 심리적인 불안요소가 인간의 본성에 많은 영향을 미친다고 말한다. 즉, 인간은 상대적인 위치에서 상처를 입게 되며, 인간의 본성은 경쟁심이 생존본능과 뒤섞일 때 가장 심하게 왜곡될 것이라고 경고한다.

1) 불신은 속임수를 부채질한다

글로벌 사회는 변화의 급류에 휘말려 인간을 혹독하고 치열한 경쟁환경으로 몰아붙여 심각한 불신을 조장하기도 한다. 미국사회는 과거 어느 때보다 공공기관을 신뢰하지 않는 것으로 조사되고 있다. 이런 현상은 오래전부터 정부와 언론, 변호사와 종교기관을 비롯한 전문직종에 대한 신뢰가 크게 떨어지고 있는 것을 반영한 결과이다.

가령, 1960년의 여론조사에 따르면, 미국인의 58%가 '대부분의 사람이 신뢰할 만하다'고 답변했다. 1998년에는 40%만이 이에 동의했다고 한다. 지금은 미국인의 60%가 '사람들을 상대할 때 아무리 조심해도 지나치지 않다'고 답변한다. 이런 현상은 매우 심각한 사회질병이라 할 수 있다.

불신은 속임수를 부채질하는 위험한 요소이다. 이런 환경이 지배하는 사회에서는 규칙과 윤리규범은 무용지물이다. 일반적으로 다른 사람과 비교해 경제적으로 뒤지거나, 지배체제가 자신에게 불리하다고 생각할 때는 세상을 비관하기 쉽다. 이와 반대로, 신뢰감은 미래를 낙관적으로 내다보게 하며, 다른 사람들에게도 선의의 마음을 갖게

한다.[7]

미국 외에 다른 민주주의 국가의 조사에서도, 정부에 대한 신용과 신뢰가 쇠퇴하는 경향으로 조사되고 있다. 왜 이런 경향이 공통적으로 나타나는가에 관심이 집중될 것이다. 미국의 경우, 신뢰저하의 원인은 주로 정치에서 돈의 역할이 커진 것에 있다. 특히 대기업에서 흘러나온 정치자금의 역할이 확대된 것에 있다. 우리나라를 비롯해, 다른 국가에서도 점차 이런 경향이 크게 나타날 것이다.

앞에서 본 것처럼, 돈은 초자본주의의 부산물로서 기업 간의 경쟁을 격화시킨다. 기업은 정책적 혜택을 얻어 경쟁우위를 점할 목적으로 경제계의 경쟁을 정치계로 옮겼다. 이 결과, 시민들의 이해관계에 부합해야 할 민주주의의 기능은 떨어질 수밖에 없다. 이것이 정부에 대한 불신의 근원이다.

이처럼, 불평등의 심화는 인간사회에서 가장 두려워하는 불안요소의 하나이다. 어떤 사회이든 불평등의 심화는 인간의 삶의 질을 떨어뜨리는 결과를 가져오기 때문이다. 모두 같이 살아가는 도덕적인 공동체를 이끌어 가려면, 불평등을 줄일 수 있는 적극적인 정책이 강구되어야 한다.

사회불평등의 원인은 먼저 국가정책의 빈곤과 개인의 근로의식 수준의 측면에서 생각해 보아야 한다. 즉, 사회불평등의 근원은 무엇보다도 정책당국의 무능한 처신과 개인의 부도덕한 행위에서 나타나는 양극화의 심화에 있다. 이것이 불신사회를 조장하는 주요한 원인이다.

이는 사회 전반에 걸쳐 있다. 여기에는 불공평한 각종 정책에 따른

소득의 불균형, 규제의 완화, 무책임한 관리감독기관의 나태한 행동, 불균형성장과 고용창출의 실패, 불공평한 사회복지 및 후생정책, 교육정책의 시행착오, 창의적인 직업훈련의 태만, 첨단기술 개발의 부진, 시민의 자율성 결여, 부정부패의 만연과 일부 상류계층의 무분별한 투기행위와 탈세행위를 열거할 수 있다.[8] 이런 현상은 현재 미국사회의 한 단면이다. 우리나라도 이와 유사한 사회적인 특징을 보이는 것을 볼 수 있다.

인간의 행동을 지배하는 동기 중에 중요한 역할을 해온 것이 경쟁심이다. 경쟁에 지면 아쉬움과 불만을 느끼게 된다. 다만, 경쟁에서 실패해도 실질소득과 수입이 증가하면 별다른 문제를 야기하지 않는 것으로 보고 있다.[9] 집단 또는 조직에서 경쟁의 힘은 사회변동의 역학관계에 커다란 영향을 미치고 있다.

2) 사회계약의 효력과 역할

미국사회를 비롯해 선진국에서 일어나는 일련의 사건들이 유사한 양상을 띠고 있다. 이런 현상은 좋든 나쁘든 글로벌화의 영향이 그만큼 강력하다는 것을 보여준다.

캘러헌(David Callahan)의 저서 『치팅 컬처』(*Cheating culture*, 2004)에서 '부패의 확산'에 주목할 필요가 있다. 여기에서는 사람이 규칙을 지켜야 하는 이유와 지키지 않아서 오는 사회적인 폐단에 대해 알 수 있다.

첫째로, 규칙을 어길 경우에는 혜택보다 위험이 더 크기 때문이다. 둘째로, 인간은 규범이나 동료의 압력에 민감하기 때문이다. 셋째로,

규칙은 인간의 윤리관에 부합하기 때문이다. 넷째로, 규칙은 적법성을 지니고 있기 때문이다.

어떤 사회이든 사회규범을 지켜 간다면 별다른 문제가 없다. 그러나 현대사회에서는 규칙을 지키는 사람과 지키지 않는 사람 간에 이해관계가 크게 달라진다. 그래서 누구나 이에 관심을 갖지 않을 수 없다.

최근 미국 사람들의 윤리관이 크게 변하고 있다고 지적하고 있다. 중산층에서도 탈세와 보험사기, 케이블TV 시청료 체납, 인터넷을 통한 소프트웨어의 불법다운로드 등이 문제되고 있다. 이런 사소한 불법행위가 왜 일어나는가.

미국사회의 불법행위가 증가하는 중요한 원인은 '사회계약' 그 자체가 무너지고 있기 때문이다. 캘러헌은 질서 있는 사회가 유지되려면 각자의 권리와 책임을 규정하는 '사회계약'이 사회 전반에 공정하게 적용되어야 하며, 또한 이런 환경이 보장되어야 한다고 강조한다.

그는 주요한 질문에 대한 답을 아래와 같이 요약한다.

첫째, '체계'가 자신에게 불리하게 돌아가고 있다고 생각하는 미국인이 많다. 둘째, 미국을 지배하는 사람이 누구냐는 질문에 대부분의 응답자는 기업과 특수이익집단이라고 답한다. 셋째, 조세제도를 통해 혜택을 받는 사람이 누구냐는 질문에 대부분의 사람은 부자들이라고 응답한다. 넷째, 미국사회에서 저임금계층이 누구냐는 질문에 간호사, 경찰, 학교교사, 공장근로자, 식당 종업원, 비서 등이라고 응답한다. 끝으로, 열심히 일하고 규칙을 지키기만 하면 출세할 수 있다고 생각하느냐에 대한 질문에는, 많은 사람들이 아니라고 응답한다.[10]

캘러헌이 지적한 미국의 현실은 현재 우리 사회에서 일어나고 있는 각종 사건과 스캔들의 양상과 크게 다를 바 없다. 실제로 우리나라에서 일어나고 있는 각종 사건들의 작태가 더 못봐줄 지경이다.

2
글로벌 파워와 슈퍼클래스의 등장

데이비드 로스코프(David Rothkopf)는 국제 문제와 신흥시장에 관한 전문가로서 저서 『슈퍼클래스』(*Superclass*, 2007)에서 권력에 관한 이야기를 한다.

권력은 소수의 제한된 자들에 집중되어 있으며, 이들 새로운 권력자는 과거의 권력자에 비해 어떻게 달라졌으며, 또한 일반 시민과는 어떻게 다른가를 비교하고 있다. 특히 그는 권력과 부의 분배에 커다란 불균형이 확산되고 있는 문제에 관심을 보이고 있다.

총권력자의 집단, 즉 '슈퍼클래스'에 속하는 부류는 국가원수에서 최대규모의 기업CEO, 억만장자 투자가, IT기업가, 산유국의 통치자, 미공개 주식의 투자가(private equity), 헤지펀드 경영자, 군부의 최고지도자, 유명작가와 예술가 등이며, 테러집단과 범죄집단의 두목도 포함된다.

로스코프의 우려는 세계의 안정을 위해 부가 극소수 계층에 편중되어서는 안 된다는 것에 있다. 세계에서 부유한 상위 6천 명(억만장자)의 순자산총액이 세계의 최저빈곤층 25억 인구의 총자산의 거의 2배로 추산하고 있다. 물론, 이것은 부자들에 대한 비난이 아니다. 그가 우려하는 것은 확대되고 있는 부의 불균형과 이로 인해 인류문명이 잘못된 방향으로 흘러가지 않는가에 대한 의문이다.

슈퍼클래스가 글로벌 파워를 리드한다

그뿐이 아니다. 엘리트 집단이 종전에 비해, 조직과 기관을 통해 보다 강력한 영향력을 행사하는 것에도 주목한다. 지금 제대로 잘 나가고 있는 국제기관으로서 UN이나 IMF와 세계은행을 비롯해 몇몇이 있으나, 사실 이들 조직마저 경제적 · 정치적인 이해관계가 개입된 국제적인 분쟁이 발생했을 때, 올바른 문제해결에는 결정적인 역할을 못하고 있다.

여기에는 많은 원인과 서로 다른 사정이 있겠으나, '슈퍼클래스' 가 문제의 핵심에 진을 치고 행사하는 영향력이 크게 작용한다고 한다. 이들의 결단이 시장 간의 대규모 자금의 흐름을 결정하며, 전 세계 고용의 창출과 이동, 감소 등의 변화에 영향을 미친다. 이처럼 이들은 세계의 흐름에 중요한 역할을 하고 있다. 바로 이런 상황에서 종전의 조직과 기관의 역할은 점차 약화되어 기능을 수행할 수 없게 되어 간다.

말하자면, 국경을 초월한 '슈퍼클래스' 의 영향력은 결속된 집단의 활동으로 나타난다. 가령, 비즈니스상의 거래와 상호투자, 중역회의, 학벌, 사교구락부의 멤버 등 수많은 접촉을 통해 집단이 형성되고 있다. 물론 이런 집단은 세계를 정복하려는 조직도 아니며 나쁜 비밀결사 조직도 아니다. 다만, 이들이 자기이익을 추구하는 점에서는 집단적인 특징을 가지고 있는 것은 틀림없다.[11]

물론, 과거부터 국가 간의 엘리트의 관계나 혹은 동명관계에서도 '파워 엘리트'의 영향력은 무시할 수 없었다. 최근 수십 년간에 새로운 커뮤니티의 형성과 동시에, 경제는 국경 없는 글로벌 경제로 더욱 확대되고 있다. 특히 글로벌화와 정보화시대의 새로운 엘리트 집단을 중심으로 국경 없는 새로운 시장이 형성되고 있는 것도 사실이다.[12]

'슈퍼클래스'와 연계되는 의문점들 = 로스코프의 경고

로스코프는 '슈퍼클래스'의 활발한 활동에 따른 중대한 의문을 제기한다. 즉, 권력, 불균형, 통치, 글로벌 대 국민불안, 선택문제와 미래에 관한 의문점이다.

1) '슈퍼클래스'의 권력이란 어떤 것인가? 어디에서 발생하는 것이며, 어느 범위까지 영향을 미치는가? 어떻게 진화해 가는가?
2) '슈퍼클래스'는 권력을 자기이익을 위해 이용하는가? 이로 인해 글로벌화의 불균형이 악화되는가? 부에 대한 글로벌 불균형의 확대와 권력배분의 불균형 간에는 어떤 관계가 있는가? 불균형에 대한 근본적인 원인은 무엇인가?
3) 글로벌시대의 권력배분에 대해 각국의 법률기관과 정부기관에서 타당성을 논의할 수 있는가?
4) 글로벌 '슈퍼클래스'와 국가적 엘리트 간의 이익불일치는 오늘날의 중요한 대립문제라 할 수 있는가?

5) 만약, '슈퍼클래스'를 선출하라면, 지금과 같은 멤버를 선출할 것인가? 왜 '슈퍼클래스'는 사회 전체의 구성을 반영하지 않는 것일까?
6) '슈퍼클래스'는 어떻게 진화하며, 우리에게 어떤 영향을 미칠 것인가?

불평등한 미국사회 = 권력의 불균형과 부의 불균형

어떤 사회에서도 부와 권력에 대한 불평등은 피할 수 없다. 특히 부에 대한 불평등의 문제는 오래전부터 미국사회에서 거론되어 온 문제이며, 이에 관한 연구자료도 수없이 많다.

'자유시장과 글로벌라이제이션'에 대한 정확한 인식과 다양한 관찰이 필요하다. 시카고 보이스(Chicago Boys)의 총사령관이었던 밀턴 프리드먼(Milton Friedman) 교수는 '시장 = 시장주의'(market-marketism)를 주장했다. 변화에는 밀물과 썰물이 있으므로, 경제발전에는 모두가 인내력을 가지고 기다려야 한다고 했다.

때로는, 국가의 경제계획도, 정부의 역할도 아무런 실효를 거둘 수 없다. 사회의 문제를 해결하는 최선의 수단은 시장에 일임하는 것이 바람직하다는 내용이다. 이런 주장은 이미 반세기 전부터 해오고는 있으나, 현실은 그렇지 않은 것이 사실이다.

달리 말하면, 시장은 때로는 인간의 부지런함과 사전적인 관찰력에 의해 수급의 균형이 형성될 수 있으므로 현명한 유연성을 요구할 경우도 있다. 자본주의 시장은 여러 면에서 놀라운 성질을 가지고 있다. 자유시장정책에 의한 경제성장은 많은 이익을 가져왔다. 그런가 하면 시장은 양심(선악의 판단력, 혹은 자제심)을 고려하지 않기 때문에, 병든 사람과 직업훈련을 받지 못한 사람과 고령자들의 사정이 제외되는 일들이 빈번하게 일어나고 있다. 결국, 시장은 효율만을 추구하는 것이므로, 때로는 자원과 능력을 통합하고 규모의 경제와 거액의 인건비를 따지게 된다.

이처럼, '시장 = 시장주의'는 비효율과 약자에 관한 문제를 외면하기 때문에 공평한 사회를 이끌어 가지 못하는 결함을 가지고 있다. 공평한 사회를 만들어 가는 일은 적어도 발전을 추구하는 것 못지않게 균형을 갖추어 나가는 목표를 세워 나가야 한다.

지금 본 시장주의의 낡은 주장은 최종적으로는 모든 사람에게 이익이 돌아간다는 것, 마치 하늘에서 도와준다는 것에 지나지 않는다. 보다 현명한 방법이 있다는 것(즉, 인간의 노력과 정책수단)을 빨리 깨닫는 일이 얼마나 중요한가를 알아야 한다.[13]

규제와 완화의 밸런스 유지

올바른 발전은 시장의 힘을 제도적으로 컨트롤할 수 있는 수단과, 적절한 규제를 받아들여 불공평을 바로잡는 확고한 사회의지가 있어야 한다. 이 과정은 시간과 인내력이 뒤따라야 하며, 규제와 완화의 밸런스를 조화롭게 유지할 수 있는 제도운영이 중요하다.

여기에는 사회 전체의 합의를 이끌어내는 '정치적인 훈련'과 '학습효과'가 성패를 결정한다. 햇볕정책을 비롯해, 행정수도이전과 세종시 문제와 4대강 문제의 결말이 무엇을 의미하는가를 알 수 있다. 선거용 슬로건 이전에, 이런 대규모 국가프로젝트에 관한 경제적인 손익계산은 물론, 국민여론의 분열을 막을 수 있는 충분한 근거를 제시해야 하며, 이들 국가사업에 관한 영향평가와 운영계획과 이들의 파급효과에 관해 엄밀한 검토결과를 제시했어야 한다.

자유시장제도와 문화는 동일한 바탕 위에서 발전한다

지금까지 거의 30년간에 걸쳐, 동일한 구호를 외치고 있는 것을 보고 있다. 즉, 정부역할의 축소와 긴축재정의 강화, 인플레이션의 억제, 규제완화와 시장의 자율적인 힘에 의한 지속적인 경제성장에 관한 이슈들이다. 물론 이 중에는 긍정적인 부분도 있으나, 그렇지 않은 부분이 더 많았다.

먼저 정부 주도의 경쟁력을 강화하는 데 필요한 교육과 인프라에 대한 지속적인 투자가 이루어져야 한다. 따라서 이를 지원할 수 있는 각종 환경조성 기반의 제도적인 뒷받침이 이루어져야 한다. 이 문제는 상호 연계성이 있는 기본적인 펀더멘털(fundamentals, 기본적인 요소) 간의 관계를 어떻게 조정 · 통합해 나갈 것인가에 따라 그 결과가 크게 달라진다.

사실, 자유시장이라 할지라도 엄격한 규칙이 있다. 가령, 세제와 우대조치 또는 각종 규제는 정부가 엄격하게 적용하되, 경제동향에 따라 신축성 있게 운영해야 한다. 기업은 비용과 효율 면에서 규모의 경제를 꾀하고, 은행은 수익 면에서 개인과 중소기업보다 대기업과의 거래에 무게를 두는 경향이 있다. 공공조직의 활동이 마냥 이윤추구에만 집중된다면, 사회발전은 기대할 수 없다. 기업활동은 시장에 대한 엄격한 규정을 지켜야 한다.

민주주의제도를 받아들이는 데는 민주주의와 자유 그 자체를 고유의 문화에 정착시키는 일이 중요하다. 민주주의 제도만을 섣불리 도입하려 하면 베네수엘라와 러시아처럼, '편협한 민주주의'(illiberal democracy)의 늪에 빠질 위험이 크다.

결국, 시장의 구조와 수법만을 도입하는 것은 곧 도량이 좁은 시장을 만들 뿐이다. 겉으로는 자유로운 시장처럼 보이나, 안을 들여다 보면 비효율적이고 불공평할 것이다. 역사는 시장제도와 문화가 동일한 바탕 위에서 상호의존의 힘을 발휘할 수 있어야 된다는 것을 가르치고 있다.

글로벌화의 약점은 국가적 차원과 글로벌 차원 사이의 시장 불균형에 있다. 그러므로 건전한 경제 시스템을 유지하려면 이들 양자 간의 세련된 절충이 필요하다. 국가적 차원으로 기울면 보호무역주의와 자급자족경제로 흐르게 된다. 글로벌 차원으로 기울면, 지금까지 의존해 왔던 사회적 · 정치적 지원이 감소하게 되므로, 세계경제가 불안정해질 가능성이 높아진다.[14]

고용과 생산 시스템의 대혼란을 가져오는 글로벌화에 대한 경고

런던 스쿨 오브 이코노믹스(London School of Economics)의 존 그레이(John Gray) 교수는, 과거와는 달리 지금은 글로벌시장의 힘이 어떻게 작용하는가에 관해 정확한 예측과 컨트롤이 점점 어려워지고 있다고 지적한다. 지금의 주권국가는 제도와 국제적인 통치관리의 협정을 따르기보다는, 무질서하게 나타나는 국제시장의 리스크와 불확실성에서 오는 제약을 크게 받고 있다고 지적한다.

만약, 글로벌경제의 출현으로 인해 경제질서에 충격이 가해지면 먼저 고용의 불안정과 생산 시스템의 대혼란을 가져올 것이라고 강조한다. 무질서한 글로벌시장의 불안정성은 통화가 단기적 이익을 위해 거래되는 거대한 차입금에 의존하는 경제로 격화될 것이다. 이와 같은 국제경제 시스템을 관리하기 위한 안정적인 구조는 없다.

특히 주시해야 할 것은 경제활동의 중심이 제조업과 서비스업에서 거대한 금융자산의 거래와 운영으로 급속도로 옮겨가고 있는 점이다. 이 금융자산 거래의 과열로 2008년 월가의 금융증권 사기사건인 서브프라임 사태가 일어난 것이다.[15]

UN의 보고에 따르면, 많은 지역의 경제는 발전하고 있으나, 세계의 불평등은 10년 전에 비해 더욱 확대되고 있다. 가령, 미국과 EU를 비롯한 일본 등의 선진국은 에티오피아, 아이티, 네팔 등의 최빈국들과 비교하면, 평균 1백 배 이상 부유하다. 100년 전에 이 차이는 불과 9배였다.

2008년의 1인당 GDP를 비교해 보면, 세계 1위인 룩셈부르크는 최하위권인 아프리카의 기니비사우(Guinea-Bissau)에 비해 267배 부유하다. 30년 전 미국과 최하위인 방글라데시 간의 격차가 88배였던 것과 비교한다면 무려 179배 확대된 셈이다.

현재 세계에서 억만장자 1천 명의 부의 총액은 세계 최빈곤층 25억 인구의 총자산액을 훨씬 웃돌고 있다. 미국과 일본에 부가 집중되고 있는 반면 일부 지역에는 빈곤이 집중되고 있다. 특히 사하라 이남의 아프리카 국가들은 인구의 절반이 1일 1달러 미만의 생활을 하고 있다. 한편, 유럽지역에서 이 정도의 최빈곤층은 전체의 3.5%로 추정하고 있다. 초고도성장을 자랑하는 중국은 최근 20년간(1984-2004)의 지니계수(소득분배의 불평등도를 나타내는 수치)가 0.29에서 0.47로 놀라운 증가현상을 보이고 있다.[16]

세계경제의 성장속도가 빠를수록 지역 간과 개인 간의 빈부격차도 점점 확대되고 있다. 브랑코 밀라노비치(Branko Milanovic)와 텍사스 대학의 제임스 갤브레이스(James Galbraith) 교수의 세부적인 연구에 따르면, 1997년 이전의 북유럽과 동남아시아의 몇 개국을 제외하면, 1980년 이후 불평등이 확대되고 있는 것으로 나타난다.

이것은 주로 높은 세계금리와 채무위기, 자유화의 충격 등의 글로벌화의 압력이 급여체계의 불평등 확대와 관계가 있는 것으로 보고 있다. 급여의 격차가 확대되면 사회적인 불평등도 확대되는 것으로 나타난다. 이는 현재 중국과 인도의 소득과 불평등의 격차가 급격하게 커지고 있는 것에서 알 수 있다.

캘리포니아 대학 버클리 캠퍼스의 엠마누엘 새즈(Emmanuel Saez)와 파리 경제연구소의 토머스 피케티(Thomas Piketty)는 일반적으로 고소득계층의 증가는 자본소득(주식과 토지매매수익)의 회복에 의한 것이 아니라, 상위계층의 급여소득이 대폭 증가한 것에 있다고 지적한다. 특히 기업의 최고경영자의 보수가 1970-1990년에 급격하게 상승한 것을 들고 있다.

2006년에 뉴욕 타임즈의 연재기사인 '계급투쟁'(Class War)에서는 지금의 미국 부유층의 실질세대수입의 변화를 알린다. 1990-2004년 사이에 하위 90% 세대의 수입은 평균 2% 상승한 것에 비해, 상위 1% 세대는 57%, 상위 0.1% 세대는 85%, 최상위 0.01% 세대는 112% 상승했다. 최상위의 부유층은 보통 부유층의 2배 속도로 부를 축적한 셈이다.

영국에서도 거의 유사한 현상이 나타났다. 영국의 최부유층의 부는 17년간에 500~600%로 성장했다. 같은 기간에 물가상승률은 60%였다. 영국은 최근 10년간에 소득격차가 크게 감소한 것으로 나타나며, 또한 영국에서는 미국과는 달리, 최부유층에 대한 질투심도 심하지 않다고 한다.

포춘에 실린 매트 밀러(Matt Miller)의 글에 의하면, 미국사회에서 오랫동안 믿어 온 '능력주의 사회'(meritocracy)는 크게 변질되어 가는 것으로 보고 있다. 1세기 전에 허레이쇼 앨저(Horatio Alger [1832-1899], 미국 성직자로서 주로 청소년을 위한 작가)에 의하면, 노력은 반드시 성공한다는

교훈을 남겼다. 그러나 이와 같은 입신출세는 미국사회에서 점차 퇴색되는 단면을 보여준다.[17]

현재 미국사회의 소득불균형은 1990년대부터 계속 확대되고 있다. 1997년 이후의 자료에 의하면, 미국 노동력 인구의 약 10%(1,350만 명)는 불완전고용이다. 여기에는 정규직으로 취업하고자 하는 파트타임 노동자들이 약 450만 명이다. 따라서 미국 노동조사국의 추정에 의하면, 1,220만 명이 계약노동자로서 불안정한 노동력으로 채용되고 있다.[18]

3
성공한 사람들과 실패한 사람들

글로벌화는 여러 가지 장단점을 가지고 있다. 여기에는 역사적으로 시대와 지역, 이해관계자들의 입장과 상황에 따라 명확한 긍정과 부정의 견해 차이가 있다. 글로벌화는 변덕스러운 특성이 있다. 바로 이 점 때문에 '파괴적인 검은 백조'(돌이킬 수 없는 함정)가 나타날 가능성이 있다.

글로벌화가 몰고온 은행의 생태계

최근 금융기관은 상호간 합병을 통해 뭉쳐서 거대한 은행으로 재편성되어 가고 있다. 금융기관의 생태계는 은행의 근친결합을 통해 거대한 구조로 팽창한다.

이것은 하나가 무너지면, 연쇄적으로 모두 무너지게 되어 있다. 물론, 은행의 파산은 감소되었다고는 하나, 만에 하나 일어났다 하면 심각한 사태를 가져온다. 사건들이 드물게 발생할수록, 숨어 있는 뜻밖의 요소를 놓치는 우를 범하기 쉽다. 그럼으로써 위기가 일어날 가능성은 점점 알 수 없게 된다.[19]

나심 탈레브(Nassim N. Taleb) 교수의 경고에 초점이 집중되고 있다.

그는 레바논 태생으로 매사추세츠 대학에서 주로 '불확실성 과학' 분야를 연구하면서 리스크 관리에 특별한 관심을 보였다. 그는 서브프라임 론 시장이 금융시장과 금융업계에 충격적인 위기를 몰고올 것을 위기발발 7개월 전에 『검은 백조』(*The Black Swan*, 2007)에서 정확하게 예측한 바 있다.

탈레브 교수는 금융기관이란 곳은 '돈 장사'를 하는 곳이 아니라 위험한 '리스크 비즈니스'를 하는 곳으로 이해하는 것이 옳다고 한다. 리스크 비즈니스 세계는 위험을 전제로 하고 모든 의사결정을 내려야 하는 어려움이 있다. 평소의 시장에서 보는 백조가 아닌, 검은 백조가 느닷 없이 나타나 예기치 못한 위기에 봉착하는 경우를 생각해 볼 필요가 있다.

금융기관의 생태계

탈레브 교수는 전통적인 대부업에 종사해 온 은행가라 하면, 옷이나 몸가짐과 고객관리에 신경을 쓸 것이라고 보고 있다. 실제로 돈을 빌려주는 사업인 은행은 사람을 고용해 더욱 우둔한 인간으로 만드는 곳이 아닌가 반문한다. 은행원들은 부실대부로 인한 파산에 이르지 않을 것인가에 매달리는 경향이 있는 것으로 알려져 있다.

은행이란 곳이 매우 위험한 사업을 통해 이익을 올리는 곳이라는 사실을 알려면 불과 몇 개월이면 충분하다. 그런데 은행은 파괴적 손실의 가능성을 숨기고 자기 자신마저 속이는 일에 탁월한 능력을 가지고 있는 조직이기도 하다.

1982년 최대규모를 자랑하던 아메리칸 은행은 과거의 누적이익의 총액에 필적한 돈을 하루아침에 잃고 말았다. 돈을 빌려간 남미 국가가 모두 채무불이행을 선언했기 때문이다.

1990년대에 들어서도 리스크에 민감한 대형은행 사고와 도산을 경험했다. 가령, 1990년 미국의 저축대부조합(S&L; Savings and Loan Industry)은 당시 세금으로 5천억 달러를 투입하고 소멸했다. 1998년 금융투자회사(헤지펀드)인 롱텀 캐피털 매니지먼트(LTCM; Long-Term Capital Management)도 순식간에 파산했다.

당시 LTCM에는 천재로 불렸던 두 사람의 노벨상 수상 경제학자가 특수한 기법과 리스크의 전문지식을 활용하는 일을 담당하고 있었다. 이들은 알려져 있지도 않은 방법과 사기에 가까운 이상한 수학적인 방법(특히 통계학에서의 정규분포곡선)을 사용해, 미국의 금융업계를 모두 무능한 집단으로 만들어 버렸다. 순식간에 사상 최대의 거래상의 손실을 가져와 LTCM을 파산하게 했다.

글로벌시대의 금융위기는 때에 따라 쉽게 예견할 수 있고 일어날 가능성이 낮을 수도 있으나, 상황이 점점 불투명해지는 동시에 위기가 발생할 가능성이 더욱 고조되어 간다.

은행은 합병 또는 통합을 거듭하면서 외형적으로는 거대한 조직으로 바뀌어 간다. 그러나 이들의 생태계는 비대해져 업무상의 합리성이 떨어지고 누적되어 온 부실담보와 부실채권 처리가 내부적인 갈등요인으로 작용하는 경우가 많다.[20]

내용을 설명하는 내레이션 과정에서 범하는 사소한 오류가 큰 파장을 일으킨다

인간은 원래 보고 느낀 것을 전달하고 대화하는 과정에서 정보를 쉽게 요약하고 단순화하는 습관을 지니고 있다. 탈레브 교수는 내레이션 또는 설화(narration, 문장의 뜻과 어떤 사물의 의미를 요약 · 설명하고 전달하는 것)에 깊은 관심을 가지고 있다. 내용을 설명하고 전달하는 방법에 따라 받아들이는 뜻이나 의미가 크게 달라지기 때문이다. 이럴 때 범할 수 있는 것이 내러티브 오류(narrative fallacy)이다.

내러티브 오류가 일으키는 파장은 크다. 여기서 주제로 등장하는 것은 불확실성에 대해 범하는 판단의 오류이다. 가령, 전달하려는 내용을 압축 · 요약하는 일은 어렵고 때때로 혼선을 가져오는 경우도 있다. 또한 내용을 요약할수록, 적용되는 규칙이 강해질수록 무작위성은 줄어갈 것이다.

말하자면, 인간의 생각을 단순화하고, 세상에서 일어나는 무작위성을 실제보다 작게 규정한다. 이처럼 인간의 판단을 단순화하다 보면, 탈레브 교수가 말하는 '검은 백조'(black swan, 이것은 핵심 밖의 것이며, 예상하지 않은 것에서 일어나는 함정)의 덫에 빠질 수도 있다.

이런 오류는 복잡한 세계를 피하고 무작위로부터 도피하려는 것에서 나온다. 가령, 예술의 추구나 과학의 추구는 문제의 차원을 줄이고, 질서를 얻고 싶은 욕구에 의해 달성할 수 있다. 소설, 신화, 일화, 전설도 모두 같은 역할을 한다.[21]

성공한 자와 실패한 자에 대한 인식

탈레브 교수는 통계학자인 동시에 트레이더라고 자칭하고 있다. 여기에 한 가지 더 추가한다면 문학평론에도 매우 깊은 전문지식을 지니고 있다. 그는 인간이 성공을 이해하고 무엇이 성공을 이끌어내는가를 알아내기 위해, 실패한 사례도 이해할 필요가 있다고 말한다.

억만장자들에 관해 쓴 책들이 많다. 대체로, 이런 책은 그들이 큰 업적을 이루는 데 작용한 중요한 요소를 찾아내어 그 공통점을 열거한 것이다. 즉, 용기를 내어 모험하고 낙관적으로 미래를 본다는 점들을 내세운다. 이런 특징이 있었기에 리스크를 무릅쓰고 성공할 수 있었다고 본다. 흔히 전기(傳記) 작가들이 쓴 CEO의 자서전을 읽는다든지, 윗사람의 비위를 맞추려는 MBA들을 상대로 한 CEO의 설명회에 출석해 보면, 거의 같은 인상을 받게 된다.

한편, 실패한 경우를 보면 사정은 다르다. 실패한 사람들은 자서전을 쓰지도 않고, 쓴다고 해도 출판해 나누어 줄 곳도 없으며, 돈을 내고 사려는 사람도 없다. 크게 성공한 사람과 크게 실패를 경험한 사람들 간에는 공통점이 있다. 두 부류가 모두 용기 있고 모험을 선호하며 미래를 낙관적으로 보는 사람들이다. 두 부류 간에 큰 차이점이라면 운뿐이다.

자서전이나 전기 그 자체는 몇 가지 특징과 일어난 일들을 적당히 엮어 인과관계로 만들어낸 것에 지나지 않는다. 이런 일들은 현실의 자본시장이나 자산운용업계에서 흥미로운 이야기로 쉽게 찾아볼 수 있다.

특히 자산운용업계는 매년 시장을 웃도는 성적을 올리는 사람들의 능력을 높이 평가하고 있다.

임의의 투자가들의 모집단을 만들어 컴퓨터로 단순한 시뮬레이션을 되풀이해 보면, 실패한 투자가들을 떨어뜨려 나가면 운이 좋은 투자가들만 남게 된다. 이들은 운이 좋아서 성공한 투자가일 수밖에 없다. 이것은 행운만으로 성공한 억만장자의 모습을 꾸며내는 것에 지나지 않는다. 이처럼 단순한 논리로 자기모순을 만들어내는 어리석은 행동에 동의할 수는 없다. 이런 식으로 얻은 결과에 특별한 의미를 부여할 수도 없다.

리스크는 모든 조건을 파악한 뒤에 선호해야 한다

옛부터 인류는 낙관적인 태도를 좋은 것으로 받아들여 왔다. 그러나 막연한 낙관적인 태도로 리스크를 선호해 성공하려면 운이 아주 좋아야 한다. 이는 옳은 리스크 테이커(risk takers)의 유전자라 볼 수 없다.

심리학자 다니얼 카너먼(Daniel kahneman)은 인간이 허세를 부리려고 리스크를 택하는 것이 아니라, 아무것도 모르는 상태에서 일어날 확률을 파악하기가 어렵기 때문에 리스크를 택하게 된다고 지적한다. 그러므로 금후는 예전과는 달리, 리스크에 대해 정확하게 이해한 다음에 신중하게 선택할 필요가 있다.

탈레브 교수는 이 문제에 대해 두 가지 점을 제시한다. 첫째, 지금까지 그렇게 행동해 온 것은 과도한 낙관주의를 정당화하는 인간의 본성에 대한 심각한 오해가 있었기 때문이다. 즉, 우리가 자연과 자신의 성질을 이해할 수 있고, 스스로 나아갈 의지를 선택할 수 있고, 실제로 그렇게 행동해 온 것에 문제가 있다는 것이다. 우리가 본능에 의해 행동해 왔다는 것이다.

둘째, '진화에 의한 적응'(evolutionary fitness)을 계속해서 선전한다든가, 과장한다든가, 마치 복음으로 생각하는 사람들이 많다. 결국, '검은 백조'를 만들어내는 마구잡이식(랜덤의 성질)을 이해하지 못하는 사람일수록 진화가 최적의 해답을 가져오게끔 작용하리라 믿게 된다.

진화라는 과정에는 좋은 것도 있으나, 나쁜 것도 많다. 그래서 진화는 우연의 연속에 지나지 않는 것이다. 마치 카지노에서 부자 도박사를 보고 나서, 도박을 하면 부자가 될 수 있다는 착각에 빠져 도박을 선호하는 것과 마찬가지다.[22]

강의 깊이가 4피트(약 1m 22cm)이면 건너서는 안 된다 = 예측 세계는 엄격하다

기업과 정부는 수시로 미래에 대한 예측을 토대로 수많은 프로젝트를 계획하고 실행에 옮기고 있다. 예측에는 여러 종류의 오차를 포함하고 있다. 예측할 때에는 실행과정에도 세심한 주의를 기울지 않으면 큰 실패를 가져온다.

특히 경제성장률과 물가변동, 외환율과 주가를 비롯해, 각종 SOC와 인프라의 계획, 공공사업계획, 주택개발계획, 투자정책, 에너지 자원과 원자재의 국제가격에 주의해야 한다. 그리고 최근에 우리나라에서 남발되고 있는 전화를 이용한 각종 사회여론조사의 결과도 일상생활에 적지 않은 영향을 미치고 있다.

조사기관은 예측에 앞서, 이용하려는 자료와 방법론에 대해서 충분한 검토를 거쳐 올바른 조사방법을 활용해야 한다. 물론, 이런 작업은 전문가가 한다고 해도 예측의 오차는 피할 수 없다. 세심한 판단과 주의를 기울여야 하며, 분석결과를 활용하는 단계에서도 그 범위와 한계를 식별하는 자세가 필요하다.

탈레브 교수는 예측에서 범하기 쉬운 3가지 착오에 대해 주의를 환기시키고 있다.

1) 첫 번째 착오는 변동의 성질에 대한 문제이다. 즉, 예측한 결과를 너무 믿게 되면, 어디까지가 정확한 예측인가에 신경을 쓰지 않는 과오를 범한다. 현실적인 의사결정에서는 예측값이 아니라, 이 값이 취할 수 있는 허용범위에서 결정되고 있는 것에 주목해야 한다.

   예를 들면 쉽게 알 수 있다. 기업의 자금조달 상황에 필요한 캐시플로(cash flows, 일정한 기간에 투입할 수 있는 현금량)를 예측하는 사람들이 불확실성이 나타날 수 있는 여지를 고려하지 않는 경우가 있다. 증권회사의 경우에는, 기업평가모델을 조정하는 데 필요한 매출액을 금후 10년간을 예측할 경우에 어떤 방법으로 접근하는가를 보면 될 것이다.

은행의 경우에는, 증권분석의 연수프로그램에서도 필요한 전제 조건인 '가정'을 어떻게 가르치고 있는가를 보면 된다. '가정'에서 범할 수 있는 오차를 고려해야 한다는 것을 가르치는 데 소홀한 면이 있다. 실은 예측보다 '가정'에서 범할 수 있는 오차를 줄이는 방법에 집중해야 한다.

2) 두 번째 착오는 예측기간이 길어지면 예측력이 퇴화(변질)하는 점을 고려하지 않는 것에서 범하는 과오이다. 사실, 가까운 장래와 먼 장래 간의 차이의 길이는 확실하게 알 수 없다. 예측에서 그 대상이 먼 장래일수록 결과의 질은 떨어진다.

3) 세 번째 착오는 예측되는 변수의 랜덤(random) 성질에 대한 틀린 해석에서 오는 과오이다. 아마도 이것이 가장 심각한 문제가 될 것이다. 가령, 지금까지 강조해 온 '검은 백조'에 의해, 랜덤변수를 보는 태도가 낙관적인 시나리오를 따르는 데도 비관적인 시나리오를 따르고 있는 것처럼 보이게 되는 문제이다.

최악의 결과를 예상하고 대비한다면 최악의 사태는 예방할 수 있다

바로 앞에서 '강의 깊이가 4피트이면, 건너서는 안 된다'를 살폈다. 이 문제와 연관해 보면 추정한 값보다 일어날 수 있는 최악의 결과에 더 중요한 의미가 있다.

현명한 자는 장래에 일어날 일을 예견할 수도 있다고들 흔히 말한다.

그러나 이 뜻은 현명한 사람이라 할지라도, 먼 장래에 일어날 일을 알아맞힐 수 없다는 의미도 포함하고 있다.[23]

통계학적 방법론의 적용에는 매우 세심한 검정절차를 거쳐야 한다. 전문가들은 지금 본 추정과정에서 범할 수 있는 과오 이외에도, 기본적으로 지켜야 할 과제들이 많다는 것을 알고 있다. 여기서 몇 가지만 간략하게 지적해 두기로 한다.

공표 또는 발표된 원래의 자료를 활용하기에 앞서 검토해야 할 일들이 많다. 모집단에서 추출한 표본설계에 관한 과학적 검토를 해야 하고, 추정의 방법론을 검토해야 한다. 물론 추정한 결과에 대한 타당성과 해석 및 적용 또는 활용상에 대한 종합적인 검토과정을 거쳐야 한다. 이런 절차에 따르지 않고 진행한 통계적 추정은 시간 낭비이고 무의미한 일로 끝난다.

특히 전화를 이용한 각종 여론조사들은 엄밀한 방법론을 적용하지 않으면 중대한 과오를 범하게 된다. 중요한 여론조사에서 그 결과는 매우 민감한 반응을 가져올 수도 있다. 간이적(簡易的)인 사회여론 조사라 할지라도 원칙을 벗어난 결과로 인해 제3자에게 본의 아닌 피해를 끼쳤다면 문제가 확산될 우려가 있다.

예측에 대한 명확한 신조

탈레브 교수는 자신의 전공 이외에도 역사, 문학, 고대사, 과학사, 고대 및 현대의 철학사상에도 깊고 풍부한 지식을 갖추고 있다. 저서

『검은 백조』는 고도의 전문지식을 토대로 폭넓은 현실문제를 다루고 있다. 물론 책은 이해하기에 어려운 곳도 많다. 그래서 내용을 어느 정도 이해하려면 관련 자료를 참고하는 것도 좋은 방안일 것이다.

탈레브 교수가 강조하는 것은 시간과 돈을 낭비하면서 쓸모없는 예측에 매달릴 필요가 없다는 것이다. 장래를 좌우하는 문제를 예측에 너무 의존하는 것은 피해야 한다. 작은 일에는 속아도 큰 일에 속아서는 안 된다.

탈레브 교수는 경제에 관한 예측을 전문으로 하는 학자이지만, 사회과학 계열의 예측 전문가의 말을 그대로 받아들여서도 안 된다는 점을 강조한다. 신뢰에 대한 우선순위는 타당한 순위가 아니라, 닥쳐올지도 모를 피해의 순위여야 하기 때문이다.

미셸 몽테뉴와 앙리 푸앵카레의 업적

미셸 몽테뉴(Michel Eyquem de Montaigne [1533-1592], 르네상스 시대의 프랑스 철학자)는 평범하면서도 다양한 경력—판사, 기업가, 남서부에 위치한 볼도시 시장 등—을 지녔다. 또한 수필가이자 모럴리스트이며 철학자이기도 했다. 몽테뉴는 유독 인간이 지니고 있는 약점에 초점을 두어, 후대에 귀중한 교훈을 남겼다.

몽테뉴는 인간에 깊이 뿌리내리고 있는 결함과 인간의 합리성에 대한 한계점, 그리고 인간이 인간답게 살아가는 데 부딪히는 문제를 다루지 않는 철학은 의미가 없다고 주장한다. 이런 견해는 당시의 그가 시대를 앞서간 것이 아니라, 오히려 합리성을 옹호해 온 후대의 학자들이 시대에 뒤진 결과로 볼 수 있다.

몽테뉴는 철저한 반교조주의자(反教條主義者[antidogmatist], 즉 종교상의 신조에 대해 맹목적으로 신봉하지 않는 것)인 동시에, 매력적인 회의주의자이기도 했다. 그는 당시의 새로운 이론—코페르니쿠스의 지동설이나, 신대륙 발견 등—이라고 해서 이를 최종적인 것이라고 단언해서는 안 된다고 경고한다. 회의와 불신의 태도도 결국 인간정신에서 나타나는 것이므로, 신념의 앞뒷면을 이루고 있다는 점을 잊어서는 안 된다는 것이다.[24]

근세 독일의 수학자이자 물리학자인 칼 가우스(Karl F. Gauss [1777-1855])가 이루어낸 순수수학과 응용수학을 뛰어넘을 학자는 쉽게 나타나지 않으리라고 보았다. 앙리 푸앵카레(Henri Poincaré [1854-1912], 프랑스 소르본느 대학 교수였으며, 수학자인 동시에 수리물리학자 및 이론물리학자)는 그 후에 나타난 천재로 꼽힌다. 그의 대표적인 저서로는 『과학과 가설』(1902)과 『과학의 가치』(1905), 『과학과 방법』(1909)을 들 수 있다.

여기서 참고한 저서는 『과학과 가설』이다. 이 중에서 '확률론'에 대해 몇 가지 지적해 두고 싶다. 어려운 문제를 거론하려는 것은 아니다. 우리는 현실적인 문제를 해결함에 있어 흔히 확률적인 접근을 시도하는 경우가 많다.

어떤 일이 일어나기 전에 미리 안다는 것(예견)은 다만 확실성에 대한 이야기이다. 가령, '예견'에 대해 어느 정도로 확고한 근거가 있는 것 같아도, 실험을 통해 그 예견에 대한 '대립되는 가정'을 부인하지 않으면 절대적인 것이라고 확신할 수 없다.

푸앵카레의 문제제기는 근사하다, 그럴듯하다는 것을 확실하다는 것과 대립시켜 보는 것에서 많은 의문이 생기게 되는 것에 주목한다. 다시 말하면, 어떻게 모르는 것에서 계산할 수 있는가의 문제이다.

푸앵카레의 판단은 단순한 것이었다. 예측하려는 기간이 보다 먼 장래와 연결될수록 모델화되어 있는 과정의 움직임을 정확히 예측하지 않으면 안 된다는 데 있다. 즉, 오차가 빠르게 커지기 때문이다. 결국 예측은 앞으로 나가면 나갈수록 질이 떨어진다.

이것은 예측이 어렵게 된다는 것, 한마디로 역학적인 구조가 복잡하게 되어 있기 때문이다. 가령, 나무의 가지가 어떻게 성장할 것이며, 어느 가지에 꽃을 맺게 될 것인가를 예측하는 것이 얼마나 어려운가를 생각해 보면 알 수 있다. 가지가 나누어질 때마다 새로운 가지가 몇 개로 분화할 것인가에 대한 문제도 마찬가지이다.

이런 문제에 대한 이야기는 이쯤에서 끝내는 것이 좋을 것 같다. 다만, 모든 과학은 자각하지 않고서 확률론을 적용한 것에 지나지 않는 것이라고 생각하면 될 것 같다. 확률론을 배척한다는 것은 모든 과학을 배척하는 것이 된다.[25]

탈레브 교수가 몽테뉴와 푸앵카레를 존경하는 이유를 알 수 있을 것이다. 몽테뉴에 대해서는, 한마디로 몽테뉴의 사상에 대한 매력이라 할 수 있다. 즉, 인간이라는 존재는 누구나 원천적인 결함과 합리성에 대한 한계를 지니고 있다. 회의적 또는 불신의 태도는 인간정신의 근원에 자리잡고 있다는 것에서이다. 푸앵카레는 확률을 통한 예측이 수많은 전제조건에서 이루어지는 것이므로, 예측 결과만으로 미래를 예측한 것이라고 가정할 수 없다는 것을 강조한다.

잃어버린 양심과 책임은 누가 어떻게 되돌려 줄 것인가?

탈레브 교수가 제시한 문제는 우리가 경험하고 있는 글로벌화의 잘못된 인식과 이로 인해 혼돈을 빚고 있는 미국식 금융제도의 '인위적인 결함'에서 쉽게 찾아볼 수 있다. 특히 사회과학과 경제학의 전문적인 연구과정을 통해 얻은 예측결과라 할지라도, 이는 믿을 수 있는 근거가 희박한 것이므로 쉽게 받아들이기 어렵다.

왜 이런 문제가 제기되었으며, 이를 해결하려는 태도가 보이지 않는가에 대해서는 많은 의문이 나올 것이다. 이 점을 이해하기 위해서는, 먼저 지배적인 정통파 경제학에서 가정하는 '합리성'이, 자유를 방해하고 있는 '구속의 옷'(straitjacket)의 역할을 하고 있는 것에 주목할 필요가 있다. 인간의 행동이 장래에도 합리적일 것이라고 생각하는 것은, 예측 가능한 행동을 보장하는 것에 지나지 않는다. 살아 있는 인간의 자유의사를 고려한다면, 인간이 관여하는 장래의 예측은 물체를 다루는 것과는 전혀 다른 것이다.

말하자면, 사람이 장래에도 합리적이라는 전제 아래서, 예측 가능한 행동을 할 수 있다는 단순한 가정만으로 충분하다. 바로 여기서 합리성과 예측가능성과 수학적인 취급을 더욱 쉽게 결합시킬 수 있다. 결국, 합리적인 개인은 주어진 상황 아래서 오직 하나뿐인 행동을 취하게 된다.

이처럼, 개인의 최선의 이익을 고려하는 합리적인 인간에게 어떤 행동이 필요한가에 대한 해답은 오로지 한 가지뿐이다. 즉, 합리적인 인간은, '서로 결합된 것(coherent [整合性], 서로 긴밀히 결합된 성질)이 아니면 안 된다'는 것에 있다고 볼 수 있다. 즉, 밀감보다 사과를 선호하고, 복숭아보다 밀감을 선호하며, 사과보다 복숭아를 선호하는 것은 있을 수 없는 경우를 의미한다. 이것은 서로 결합된 것이 아니기 때문이다.

인간은 자신의 경제적인 이익을 극대화하는 것 이외에도, 다른 것을 선호하는 경우가 있을 수 있다. 그러나 '플라톤화된 경제학자'(PlatonIfied Economists)들이 이를 무시해 버림으로써 심각한 모순이 드러나는 것을 볼 수 있다.[26] 이에 대해서는, 미국식 '금융공학적인 결과'와 현실의 자본과 금융시장의 대혼란에 의한 세계경제의 질서위기가 충분히 입증해 주고 있다.

여기서 '플라톤성'(Platonicity)이란 어떤 것인가를 간략하게 설명해 두기로 한다. 이것은 철학자 플라톤의 생각에 따른다는 것이다. 인간은 지도와 실제의 지면을 착각해 순수하고 다루기 쉬운 '형태'(forms)에 초점을 두는 경향이 있다. 가령, 유토피아적인—이상형 또는 상상적인 이상 사회와 정치체제—사회 또는 국민성이 이에 속한다.

이처럼 분명한 구성체가 머릿속에 들어오면, 인간은 다루기 까다로운 형태에 비해 더욱 쉽게 처리할 수 있다. 물론 플라톤성이 모두 나쁘다는 것은 아니다. 다만, 이와 같은 안이한 모델에 의존하다가 범하는 과오는 돌이킬 수 없는 나쁜 영향을 가져올 것이다.[27]

불평등의 세계 = '토너먼트'의 행운과 '마태효과'의 출세

우리는 '토너먼트'에서 얻는 행운과 '마태효과'(Mattew Effect)에서 얻는 출세를 어떻게 볼 것인가. 세계는 빠른 변화 속에서도, 아침 저녁 모르는 사이에 놀라운 랜덤한 일(random, 무작위성)들이 수없이 일어나고 있다.

머릿속에서 생각하고 있는 세계와, 거리가 먼 곳에서 일어나고 있는 현실과는 너무나 다른 경우가 많다. 바로 여기에 지금의 혼탁한 사회구조와 그 모순을 보여주는 수많은 요소들이 숨겨져 있다. 다른 한편으로는, 보다 강력한 역동적인 힘에 의한 창조적인 생각들이 싹트는 것과 깊은 연관관계를 이끌어내기도 한다.

이렇게 생각하면, 부정적인 것과 긍정적인 것들이 서로 혼재해 있는 현실이 바로 글로벌사회의 구조적인 특징이다. 탈레브 교수는 두 분야의 관대한 학자가, 불공평한 것이 어떻게 발생하는가를 직감적으로 표시한 모델을 소개한다.

첫째, 경제학자인 셔윈 로젠(Sherwin Rosen)을 소개한다. 로젠은 1980년 초에 미국의 농구선수가 1년간에 120만 달러, TV에 출연하는 유명인이 200만 달러를 벌어들이는 것에 다소 불만을 터트린다. 약 30년이 지난 지금, 이들의 수입은 몇 억 달러로 뛰어올랐다. 우리나라도 점차 이런 경향으로 되고 있다.

로젠은 스포츠 토너먼트(패자를 탈락시켜 나가는 방식으로서 최후에 남는 양자 간에 우승을 결정하는 리그경기)의 효과가 보다 불공평한 결과를 가져왔다고 해석한다. 각 경기에서 근소한 차이로 승리한 팀이 상금 전액을 단숨에 거두어 가고, 패한 팀에게는 아무것도 돌아가지 않는 것이 매우 불공평하다는 이유이다. 이런 현상은 시간이 경과함에 따라 더욱 극단적인 것으로 나타나고 있다. 가령, 보수와 상금은 20년 전에 비해 20배 이상으로 확대되고 있다.

로젠의 그럴 듯한 주제에 대해, 추측통계학자인 탈레브 교수는 '운의 역할' (role of luck)이라는 것이 빠져 있다고 말한다. 탈레브의 논의는 도박이 아닌 스포츠에서 우승할 수 있는 운이 어느 정도로 일어날 것인가의 확률에 따라, 결과가 완전히 뒤바뀔 수 있다는 점을 고려하지 않았다는 점을 지적한다.

둘째, 사회학자인 로버트 머턴(Robert K. Merton)이 주장한 '마태효과' (Mattew Effect)를 소개한다. 돈 있는 사람에게는 주고, 돈 없는 사람으로부터 거두어 가는 현상을 말한다. 단적으로 말해, 머턴 교수는 과학자의 업적을 조사해 보니, 처음에 유리한 입장에 있으면 그 과학자는 평생 내내 순풍을 따라 잘 나가는 경향이 있다고 보고 있다.

머턴 교수가 알아낸 것은 이미 오래된 사실이다. 전문분야의 연구자들이 참고문헌을 열거하고 있으나, 실제로 원래의 논문을 읽지 않는 경향이 있다는 것을 알게 되었다. 논문을 한 편 읽고서 거기에 실려 있는 참고문헌 중의 몇 개를 자기 논문에 참고문헌으로 올려 놓는다. 이렇게 완성된 논문을 또 다른 연구자가 읽는다. 그러고는 그 논문에 실려 있는 참고문헌에서 몇 개를 자기 논문에 참고문헌으로 올린다. 이런 식으로 읽지도 않은 참고문헌이 이 논문, 저 논문에 참고문헌으로 달리는 현상이 일어난다.

결국, 전문가 간의 차이는 운에 따라 결정된다. 즉, 우수한 능력에 의해 선정된 것이 아니라, 단순히 참고문헌에 이름이 실려 있었기 때문에 살아남게 된 것이다. 이런 방법으로 명성이 높아진 연구자는 논문을 쉽게 학술지에 계속 실을 수 있으며, 양심을 저버린 방법으로 보다 유리한 지위에 다가갈 수 있다. 자기 논문에 허위사실을 올려 놓은 연구자가 직장이나 사회에서 높은 평가를 받게 되고, 양심껏 논문을 쓴 연구자가 낮은 평가를 받아 불이익을 당하는 일이 벌어질 수 있다.

현재 세계 과학기술 분야에 관련되는 문헌의 인용 색인, 연구자들의 연구활동 파악에 적용되고 있는 SCI(Science Citation Index)가 있다. 일부 연구자의 비양심적인 행동에 의해 전체의 성실한 연구자의 성과에 돌을 던지는 행위는 마땅히 근절되어야 한다.

비도덕적인 연구자를 사회로부터 퇴출시키는 다양한 방안을 엄격하게 적용해 나가야 한다. 지식과 연구사회에 '그레샴의 법칙' 이 지배해서는 안 된다. 이 법칙이 버젓이 활개친다면 이것은 사회의 불행한 앞날을 예견하는 징후이다. 위의 사례는 미국의 경우이나, 이런 비양심적인 관행들은 실제로 우리나라에서도 수많은 대학과 연구기관에서 일어나고 있다.

마태효과는 기업과 회사원, 배우와 작가가 성공하는 데 커다란 도움을 주었다. 그러나 실패가 실패를 부르는 부작용을 낳았다. 한번 패배하면, 장래도 패배할 가능성이 높아진다. 심리적으로 더욱 압박감이 작용하게 되어 실망에 빠지기 쉽다.[28]

제행무상(諸行無常)

때때로 '제행무상'(everything is transitory)이라는 어려운 말을 쓴다. 이 뜻은, 만물은 항상 변전해 한 모양에 머물러 있지 않는다는 것이다. 이런 현상을 문명의 몰락이라고도 한다. 역사적으로 고대도시의 운명을 보면 쉽게 알 수 있다.

1세기에 120만 명이던 로마 인구는 왜 3세기에 1만 2천 명으로 감소했는가. 미국의 옛 수도였던 필라델피아가 뉴욕의 그늘에 가려진 것은 무슨 이유인가. 원인과 결과를 가져온 거대한 요소들이 하나씩, 때로는 결합된 힘과 영향력에 의해 끊임없이 작용해 왔다는 것에서 그 이유를 찾아낼 수 있을 것이다.

괴물 같은 거대기업이 마치 파리처럼 떨어지는 것을 보는 경우가 있다. 가령, 1957년에 스탠더드 앤드 퓨어즈(S&P) 5백 종의 주가지수에 올라 있었던 미국의 대기업 500개 중에, 40년 후에도 이 지수에 남아 있는 수는 74개 기업뿐이었다. 합병에 의해 없어진 기업은 극소수이며, 대부분은 몰락 또는 도산했다.

그런데 재미있는 사실은 몰락한 대기업들의 대부분이 세계 최고 자본주의 국가인 미국에 있다는 것이다. 이렇게 본다면, 오히려 사회주의 지향의 국가일수록 거대한 괴물기업이 생존하기 쉽다는 말이 나오게 된다. 왜 자본주의는 그들이 길러낸 부하들(ogres)을 퇴출시키는 것일까?

다시 말해, 기업은 그대로 두면 저절로 쓰러지게 된다. 그러나 자유주의 경제를 신봉하는 사람들은 기업이 수욕적이고 탐욕스러운 존재이기는 하나, 경쟁 시스템이 이것을 견제하므로 위협이 될 수 없다고 가정하기도 한다.

인간사회에는 랜덤성(randomness, 무작위성)이 작용한다. 무작위성에는 해로운 것과 이로운 것이 있다. 이것에는 사회의 카드(society's cards)를 다시 섞어, 잘난 체하는 자들을 때려눕히는 유익한 효력이 있다. 그런 점에서 자본주의에는 행운을 얻을 수 있는 찬스가 있다. 그 덕분에 세계가 활성화되어 가는 시스템을 만들어 간다고 주장하는 사람들도 있다.[29]

이 말을 어느 정도로 믿어야 할 것인가는 각자의 판단에 맡길 뿐이다. 경제현실이 사람의 능력과 행운, 또한 우연한 기회 등의 많은 요소에 의해 좌우되는 것만은 사실이다.

4
사회공동체를 위한 팀워크

뉴욕 주립대학의 사회학 교수인 리처드 세넷(Richard Sennett)은 10년 전 자신의 저서 『신자유주의와 인간성의 파괴』(*The Corrosion of Character*, 1998)에서 현대사회의 인간성이 부패해 가는 무서운 패러독스에 대해 새로운 시각을 선보인다. 특히 그는 지금의 글로벌화에 발맞춰 신속성을 앞세운 경영의 한계와 모순된 사회의 변화에 대해 올바른 방향을 제시하는 것에 역점을 둔다.

먼저, 그의 관심은 '노동의 윤리'에 있다. 현대사회 그 자체가 외관상으로 매우 천박(淺薄, demeaning)한 것으로 느끼질 때가 많다는 점을 지적한다. 천박하다는 것은 지식이나 생각이 얄팍하다든가 또는 품위를 떨어뜨리는 것을 의미한다.

인간의 생활을 천박하게 만드는 원인의 하나는 바로 '질서의 파괴'(disorganization, 혼란과 무질서)에 있다. 즉, 혼란을 재촉하는 무모한 리엔지니어링, 일상적인 업무에 대한 싫증(routing hating), 조업단축을 외치는 목소리 등 경제현실 성장과 발전의 궤도를 혼란스럽게 만들어 가는 요소들을 내포하고 있다. 이런 환경에서는 지속되어야 할 인간관계와 확고한 목표가 점점 멀어져 갈 뿐이다.

노동의 윤리

리처드 세넷 교수는 노동에 대한 본래의 의미와 오늘날의 노동을 비교해 그 차이점을 지적한다. 일반적으로 노동은 시간을 자율적으로 이용하는 것과 그 후에 얻을 수 있는 만족도에 주목한다.

노동윤리의 전제 아래서는 어떤 행동이 다소 지연되는 일이 있더라도 대수롭지 않은 것으로 생각해 왔다. 이 배경에는 안정된 조직과 제도가 있었기 때문이다.

그러나 급변하는 체제에서 작업을 끝낸 후에 기대할 수 있는 만족에 대한 가치가 상실된다는 입장에서 본다면, 의미가 크게 달라진다. 오늘날 미국에서 흔히 일어나는 현상이지만, 회사를 매각해 돈벌이만을 생각하는 고용주나, 종업원들을 팽개치고 멀리 달아나는 경영자를 위해 자신을 희생시켜려는 종업원은 드물 것이다.

기업을 살리기 위해 자신을 희생시켜 열심히 노동하는 것을 바보스러운 일로 생각할지도 모르고, 일종의 낡은 노동윤리라 단정할지도 모른다. 그러나 노동윤리는 노동하는 자기 자신이 스스로 무거운 부담을 안고 각자의 일을 수행해 나가는 것에서 자신의 가치를 높이려는 확고한 의지로 볼 수 있다.

이런 내용은 이미 막스 베버(Max Weber)가 『금욕과 자본주의의 정신』(1920)에서 다룬 주제이다. 즉, 그는 세속적인 금욕주의에서 태만하고 늑장부리는 정신에서 자기만족을 구하려는 것은 자기파멸을 자초하는 노동관습으로 이어질 우려가 있다고 경고한다.[30]

현대의 노동윤리는 팀워크에 중요한 초점을 두고 있다. 여기서 평가되는 것은 사람들과 소통하고 협조하는 마음가짐과 행동—정보 및 지식의 공유, 타기업 간의 신뢰확립—이다. 이것은 생산비의 절감과 생산성의 향상을 가져오므로 결국 경쟁력으로 이어진다.[31] 이것은 소프트 스킬(soft skills)을 필요로 한다. 또한 팀은 환경에 적응할 수 있는 능력을 중요시할 뿐 아니라, 팀워크는 유연성을 지닌 경제 시스템에 알맞은 노동의 윤리를 필요로 한다.

현대 매니지먼트의 팀워크에는 여러 가지 심리적인 부담을 갖는 요소들이 많으나, 경험에서 얻은 근로정신(ethos of work)의 명맥이 흐르고 있다. 그래서 팀워크는 인간의 품격을 떨어뜨리는 집단행위의 측면도 무시할 수 없다. 요점만을 말하면, 베버는 두 가지 상반되는 윤리의 맥락인 자기규율과 자기 중심의 방식(self-fashioning)을 하나로 융합하는 것이 자본주의 기원을 설명하는 것에 유익한 방법이라고 생각했다.[32]

그런데 노동의 윤리는 이미 시대적인 변천의 역사 속에서 크게 달라져 가고 있다. 오늘날 팀워크의 형태는 베버가 생각했던 노동환경과 노동윤리와는 많이 다르다. 즉, 개인과 대립하는 집단윤리로서의 팀워크는 개개인의 유용성보다도 외부의 자극으로부터 받는 상호간의 감수성을 중요시한다.

팀의 시간은 플렉시블(유연한 것)하며, 어느 특정의 단기적인 직무에 잘 적응할 수 있다. 짧은 시간 내에 종업원이 플렉시블 노동에 직면하는 현실, 즉 새로운 상황과 처음 경험하는 일에 재빨리 익숙해져야 한다. 또한 팀의 개념이 개인의 능력을 향상시키는 방법으로 플렉시블 노동을 정당화하고 있다. 이것이 팀과 개인의 가치를 높여주는 것이다.

이처럼 팀워크는 현대의 직장에서 매우 중요한 역할을 하나, 다만 천박한 세계로 유도하는 결함을 지니고 있다. 이것은 베버가 생각한 노동윤리를 지킬 수 있는 상태와는 정반대되는 상황이라 할 수 있다.

팀워크의 몇 가지 결함

팀워크의 무리한 강행은 조직운영상의 다른 문제에서 오는 악순환을 되풀이하게 하는 경우가 있다. 조립라인을 가속화시키면, 생산은 그만큼 빠른 속도로 가동되고 생산성도 비례적으로 증가한다고 생각할지 모른다.

물론 이런 과정은 단기간에는 가능하겠으나, 시간이 경과함에 따라 불가능할 뿐만이 아니라, 오늘날의 사회에서는 결코 받아들이기가 어렵게 되고 있다. 중요한 이유는 과거의 노동윤리도, 새로운 노동윤리도 현대사회에서는 받아들이는 범위가 점점 좁아져 가고 있기 때문이다.

다만, 팀워크를 앞세우는 조직에서 상사나 권위에 의한 힘의 작용이 모두 플렉시블의 틀 안에서 하나로 통합된 리듬으로 변해, 생산성의 향상만이 이루어지는 모습을 상상해 볼 수 있다. 이때 지금의 사회풍토에서는, 인간의 자율적인 행동을 무리하게 억압하려는 것으로 나타날 가능성이 높다.[33]

동시에 이와 관계되는 문제들이 발생하기 쉽다. 그것은 기업조직의 변화이다. 즉, 조직의 재구축과 다운사이징에서 발생하는 고용형태와

계약내용의 변화와 노동내용에 대한 다양화를 가져온다는 점이다. 따라서 노동의 윤리도 크게 달라지고 있다.[34]

기업조직의 운영에서는 시대의 변화에 따른 노동윤리에 관해 폭넓게 이해해 둘 필요가 있다. 그것은 빠른 속도로 변해 가는 환경 속에서 사회와 기업조직 내의 자기형성과 사회봉사에 부합될 수 있는 것이 무엇인가를 폭넓게 이해하는 일이다.

지금의 노동윤리와 지난날의 노동윤리를 비교해 보면, 많은 차이점이 있다. 과거의 기업에서 노사 간에 지켰던 엄격한 자기규율이나 자기관리는 그 당시에는 모두 쉽게 받아들일 수 있었다. 당시의 환경에서는 자연스럽게 자기 직장에 깊은 애착심을 가질 수 있었기 때문이다.

그러나 과거는 지나간 세계이므로 다시 돌아오지 않는다. 오늘날 사회는 변화의 소용돌이 속에서 끝없는 무한경쟁 시대를 맞아, 어지러운 시대에서 생존해 나가야 한다.

근대자본주의에서 안정된 생활을 할 수 있었던 것은 정신적인 필요성에 힘입은 혜택에서 찾아볼 수 있다. 여기에는 높은 대가를 지불해 왔던 중요한 사실도 기억해 두어야 할 것이다. 끝으로 우리가 직면하고 있는 중요한 과제의 하나는, 표류하고 있는 새로운 자본주의의 틀에서 인생을 어떻게 설계해 나갈 것인가이다.

플렉시블 시스템이 책임회피를 낳기도 한다

일본의 스바루 이수즈(Subaru-Isuzu) 자동차 공장의 조립라인에서 시험적인 노동을 통해 이미 경험한 적이 있는 사회학자 로리 그레이엄(Laurie Graham)은, 다음과 같이 기술하고 있다. "모든 종업원은 많은 직무을 수행할 수 있도록 훈련되어 있다. 이렇게 하는 것이 스바루 이수즈에서 팀과 종업원의 가치를 높이는 것이다."

같은 사회학자인 기디온 쿤다(Gideon Kunda)는 다른 종업원과 잘 협력하면서 작업하는 팀워크를 '진심 어린 행동' (속 깊은 행동)으로 받아들이고 있다. 관리자와 노동자가 한 팀으로 구성된 조직에서 팀워크를 효율적으로 관리하는 길은 역시 노동공동체와 협력의식을 강화하는 것이다. 노동조합의 강력한 저항을 정당화하려는 것이다.[35]

팀워크라는 개념은 개인의 능력을 높이는 방법으로서 플렉시블 노동을 정당화한다. 그러나 플렉시블 시스템에서는 팀워크가 표면상의 권위와 책임을 모두 포기하는 것에 문제가 있다. 팀워크는 일상적인 작업활동 방식을 결정하고 파업과 인원정리와 같은 위기에 대처하는 방안을 결정하게 된다.

이에 관해 사회학자 할리 쉐이컨(Harley Shaiken)의 연구는 조직 내의 사무직과 노동자로 구성된 혼합 팀에서 책임포기가 어떻게 이루어지는가를 보여준다. 이런 경우, 작업장 내에서 팀의 구성원 상호간의 대화가 원활하게 이루어지지 않으므로, 결국 '대화 없는 현장'에서는 누구도 책임지는 사람이 없다.

권위가 없다는 것은 관리자의 행동을 자유롭게 한다든가, 행동의 정당성을 추구할 수 없는 경우에 명확하게 알 수 있다. 즉, 권위의 상실은 현재의 자유를 허용하는 것에서 오로지 '지금'에 집중하는 것만이 허용하는 것을 의미한다. 그러나 결국 책임은 변화하는 것이며, 이 변화를 가져오는 것이 인간의 행동이다.

권위가 없는 힘은 종업원이 주장하는 어떤 근거와 요구가 진실한 것인데도 이를 인정하지 않으려는 팀 리더의 행동에서 볼 수 있다. 가령, 임금인상, 생산성향상, 권한이양을 둘러싼 협의과정에서 종업원의 입장을 고려하지 않는 비협력적 정신에서 볼 수 있다.[36]

이런 문제는 폭넓은 차원에서 살펴볼 필요가 있다. 지금까지 선진공업국은 역사적으로 오랫동안 '고용 시스템'과 '고용의 관행', 노동조합을 둘러싼 경영 시스템의 개선에 관해 많은 경험을 쌓아 왔다. 이는 기업조직의 유연성을 둘러싼 경영관행과 고용 시스템, 상호협력을 위한 커뮤니케이션의 역할과 기능이 경제발전에 얼마나 중요한 요소인가에 관해 값진 교훈들을 전해 준다.

이를 통해, 많은 문제를 해결해 온 것도 사실이다. 그것은 주로 기업구조의 분권화(decentralization, 집중배제)에서 찾아볼 수 있다. 이 과정은 현재 한국 기업의 조직문화에서 주의 깊게 생각해 볼 과제이기도 하다. 즉, 작업의 재편성, 경영의사결정과 생산활동에 대한 종업원의 관여, 관리 시스템의 개선 등 변화 속에서 협력해 나가는 과정을 중요시해야 한다.

코넬 대학의 해리 카츠(Harry C. Katz)와 옥스퍼드 대학의 오웬 다비셔(Owen Darbishire)가 최근에 이 분야에 관해 유익한 성과를 내놓았다. 간략하게 소개해 두기로 한다.

선진공업국의 경험을 통해 주목할 만한 사실들이 밝혀지고 있다. 그것은 경영자와 종업원 간의 직접적인 커뮤니케이션이 활발하게 이루어짐에 따라, 고용관련의 구조와 프로세스에 중요한 변화가 일어난다는 것이다. 또한 종업원과 고용주 간의 보다 직접적인 커뮤니케이션이 수많은 작업현장에 적응할 수 있는 생산방식의 분산에 적극적인 영향력을 미친다는 것이다.[37]

물론, 선진공업국(오스트리아, 영국, 독일, 일본, 스웨덴, 미국, 이탈리아)은 국가별 기업특성과 문화적 차이로 다소 다른 특징을 가지고 있다. 지금 본 기업조직원 간의 커뮤니케이션을 통해, 고용 시스템과 노동조합의 변화 양상이 다르게 나타난다. 그러나 변화의 기본 틀은 거의 유사한 것으로 나타난다.[38]

카츠와 다비셔는 각국의 자동차산업과 전기통신산업에서 고용 시스템의 다양성을 조사해 보았다. 1980년대에 들어서는 노동조합의 힘이 각각 다른 경향으로 나타났다. 이것은 어떤 고용관행이 형성되는가에 따라 큰 차이가 있다. 가령, 조합원 수는 미국과 영국, 일본에서 급격하게 감소했으나, 오스트리아와 이탈리아는 큰 폭으로 감소했으며, 독일과 스웨덴은 낮은 폭으로 감소한 것으로 나타났다. 이들 국가 간의 고용 시스템은 각각 다른 전제에서 과거의 작업관행을 통해 그 원인규명이 이루어지게 되었다.

4가지 유형의 고용관행

카츠와 다비셔는 7개국의 선진공업국을 대상으로 이들 국가에서 공통적으로 형성된 고용관행(작업장의 관행)의 유형을 4가지로 집약하고 있다. 1) 저임금, 2) 인적자원관리(HRM; human resource management), 3) 일본식 모델 지향, 4) 공동팀 기반구축이다.[39]

이 4가지 유형은 주로 1995-2000년 주요 7개국의 자동차산업과 전기통신산업에서 차례로 밟아나간 고용 시스템이다. 각국은 많은 공통성이 있다. 고용관행에서 유사성이 많고, 노무관리의 프로세스와 구조에서도 공통성이 많다.

고용 시스템에는 새로운 국제적인 수렴(收斂, convergence, 또는 서로 접근하는 유사성)의 특징이 있다. 그렇다고 해서 어느 나라의 고용관행이 일본식 또는 미국식의 고용유형에 수렴하는 징후는 찾아볼 수 없다. 다만, 앞에서 본 고용관행이 다양한 단계를 거쳐, 각국의 고용 시스템에 맞춰 변화된 것을 볼 수 있다.

카츠와 다비셔는 많은 고용관행의 유형들을 어떻게 혼합하느냐에 따라 고용 시스템의 성질과 범위가 달라진다고 주장한다. 노동시장의 구조에 알맞게 고용관행의 유형들을 잘 혼합하는 일이 중요하다. 어떤 국가는 저임금과 인적자원관리 유형을 확대 전개한다. 비노동조합을 원칙으로 해서 이런 유형의 운영에 집착하게 된 것이다.[40]

최근의 경향은 노동조합에 대해 몇 가지 사항을 제안하고 있다. 이미 지적한 것처럼, 선진공업국에서는 종업원과 경영자 간의 직접적인 커뮤니케이션이 확대되고 종업원을 우대하는 발전적인 형태로 변화되고 있다. 이런 시대적 요청에서 보면, 고용관행이 주로 인적자원관리와 일본식 모델 지향의 유형으로 발전해 가는 글로벌화와 플렉시블 자본주의 시스템에 적응할 수 있는 새로운 노동조합의 문화가 형성되어 갈 것이다. 노동조합은 노동의 내용과 성질, 조직구조, 경영관리 측면에서 새로운 환경에 적응할 수 있는 체제로 개조해 나가지 않으면 안 될 것이다.[41]

오늘날 선진공업국의 노동조합은 새로운 시대변화에 적응하는 매우 적극적인 자세로, 커뮤니케이션의 현장을 중요시하는 협동관계의 관행을 발전시키는 방향으로 대전환되어 가고 있다. 옛날식 투쟁을 앞세운 노동운동의 틀을 벗어나지 않으면 생존할 수 없다. 결국 노사 양측은 변화하는 시대의 흐름에 알맞은 고용관행과 문화를 발전시켜 사회공동체의 확고한 기반구축에 나서지 않으면 안 된다.

물론, 노사 간의 문제가 이것으로 모두 해결되는 것은 아니다. 끊임없이 분규의 불씨를 안고 있는 이상, 그때그때 상호간의 이해관계를 조절하고 협의할 수 있는 꾸준한 인내와 양보의 문화창달이 있어야 한다.

공동체에 대한 새로운 인식

권위 없는 힘은 새로운 형태의 도덕적 · 윤리적인 특성을 낳게 한다. 여기서는 지금까지 '강요당한 사람'(driven man) 대신에 '아이러니한 사람'(ironic man)이 등장한다.

이에 대해 리처드 롯티(Richard Rorty)는 아래와 같이 설명한다. 팀으로 이루진 사람들은 각자가 아무 말이나 함부로 할 수 없다는 것을 항시 의식한다. 이것은 결과적으로 자기 자신마저 순순히 받아들이지 못하는 경우이다. 매우 안타까운 일이나, 자기 자신을 아이러니하게 생각하는 것은, 권위와 책임소재가 없는 플렉시블의 선택을 그저 받아들이는 것에 지나지 않는 것이라고 지적한다.

롯티는 이런 아이러니한 사회는 성립할 수 없는 것으로 간주한다. 가령, 교육에 관해 다음과 같이 지적한다. 젊은이들에게 사회의 순응성을 부여하기 위해서는 그 사회의 프로세스에 대해 끊임없이 의문을 가지고 되새겨 보는 문화가 필요하다는 점을 강조한다.

사람을 흥분시키는 힘에 대항할 수 있는 여력을 갖추지 않는다면, 대열을 향해 달려오는 어떤 세력도 이겨낼 수 없다. 이런 아이러니한 인간들은 현대사회에서 자기파멸의 길을 걸어가게 될지도 모른다고 경고한다. 물론, 이들의 가치를 인정해 주는 사람도, 권위도 존재하지 않는다.

정치 · 경제학자인 사스키아 사센(Saskia Sassen)은 글로벌경제가 우주공간을 떠돌아 다니고 있는 것이 아니라고 말한 적이 있다. 가령, 지구상에서 가장 플렉시블한 노동시장으로 알려져 있는 동남아시아에서도, 현지의 사회적 · 문화적인 입지조건은 투자결정에 중요한 요소이다. 이처럼 장소는 힘의 배경을 가지고 있으며, 새로운 경제가 장소에 의해 구속을 받게 될 것이라고 보고 있다.

새로운 경제에 도전하려면, 외부로부터 경제가 운영되고 있는 장소에서 작용하는 것이 효과적인가, 혹은 내부로부터 운영방법을 개혁해 나가는 것이 효과적인가를 생각해 볼 수 있다. 플렉시빌리티에는 3가지의 구조적인 측면을 생각해 볼 수 있다. 비연속적인 조직의 재부활(discontinuous reinvention), 플렉시블 생산방식, 중앙집권이 없는 권한집중이다.

이 중에서 비연속적인 조직의 재부활에서 볼 수 있는 몇 가지 파괴적인 결말에 대해서는, 이를 외부로부터 억제할 수 있다고 보고 있다. 이에 대한 실례가 바로 끊임없이 이루어지고 있는 인원삭감의 문제이다. 이는 충분히 억제할 수 있는 것으로 이해하고 있다. 다른 측면에서 보면 외부로부터의 규제가 이보다 어려운 문제들을 안고 있다.

외부로부터 새로운 자본주의의 작용을 제어하는 노력에는, 그저 억제하는 것과는 달리 합리성을 필요로 한다. 즉, 기업이 커뮤니티에 어떤 존재가치를 지니고 있는가, 기업 자신의 수입과 지출이 아닌 시민의 이익을 위해 어떻게 봉사해야 할 것인가를 생각해야 한다. 이처럼 기업행동에 대해 외부적인 표준을 지킴으로써 내부적인 개혁이 순조롭게 이루어질 수 있다.

따라서 네트워크의 세계에서는 무정형의 것—일정한 형태가 없는 것—으로 쉽게 바꿀 수 있으며, 또한 사회적인 책임에 대한 외부표준도 제시할 수 있다. 결국, 기업으로서는 사업을 전개할 수 있는 장소와 시점을 제시하는 방안이 매우 중요한 과제라 할 수 있다.

이 장소는 하나의 공동체를 의미한다. 여기서는 모두가 공유하는 신조와 가치가 어떤 형태의 관행으로 나타날 때, 하나의 공동체로 형성된다. 240년 전에 장 자크 루소(Jean-Jacques Rousseau [1721-1778])는 정치적 역학이 이런 일상생활의 형식과 어떤 관계를 가지고 있는가, 그것이 어떻게 공동체에 크게 의존하고 있는가를 이해하려고 한 최초의 사람이다. 이렇게 본다면, 근대자본주의에서 의도하지 않았던 결과의 하나는 장소에 대한 가치를 높이고 공동체의 갈망을 불러일으키는 일이라 할 수 있다.[42]

지금까지 본 것은 주로 인간의 감정을 둘러싼 많은 조건들이 갈망을 불러일으키는 것이었다. 이것은 주로 적응성과 유연성에 대한 불확실성, 뿌리 깊은 신뢰와 헌신의 결여, 팀워크의 천박함(진상을 추구하지 않고 표면만을 보고 내리는 판단), 자신의 일의 실패에서 오는 불안이다.

우리가 주시해야 할 것은 바로 공동체가 갈망하는 자기방위적인 문제이다. 공동체의 근간을 이루고 있는 적대적인 경제질서가 자신들에게 해가 되는 결과를 가져올 수도 있다.

리처드 세넷은 자신의 저서 마지막 부분에서 지금의 자본주의제도에 대해 신중한 지적을 한다. 이 제도에 대한 불만은 산 아래쪽에 있는 사람들의 상상력과 감정을 이해하지 못하고 있는 것이라고 말한다. 변화는 생활의 현장에서 일어나는 것이지, 군중의 반란을 통해 일어나는 것은 아니다. 그것은 내부적인 필요에서 요구하는 사람들의 품안의 변화이기 때문이다.

내부적인 필요가 어떤 정책에 연결되는가에 대한 해답은 전문가들의 꾸준한 연구성과에서 가려낼 수 있다. 이런 연구적인 정책과제는 참신한 인간의 관심으로부터 얻어낼 수 있다. 깊이 배려하지 않는 체제와 시스템은 정통성을 장기간 유지할 수 없다.[43]

미주 — 6장 미래를 향한 약동성과 시행착오의 밸런스

01. Jeffrey D. Sachs, *The End of Poverty*, 2005, p.50.

02. John Kenneth Galbraith, *The Affluent Society*, Hamish Hamilton, London, Third Impression, 1959, p.195.

John Kenneth Galbraith, *The Affluent Society*, Fortieth Anniversary Edition, A Mariner Book, Houghton Mifflin Company, Boston, NY., 1998, p.186 참조.

03. Alexis de Tocqueville, *De la Démocratie en Amérique*, 1888.

A・トクヴィル 著, 井伊 玄太郎,『アメリカの民主主義』, (上), 講談社学術文庫, 1998, 18刷, pp.85-86 참조.

04. Robert B. Reich, *Supercapitalism : The Transformation of Business, Democracy, and Everyday Life*, Alfred A. Knopf, N.Y., pp.4-5.

05. Robert B. Reich, *Supercapitalism*, 2007, p.6, p.50, p.131 참조.

06. David Callahan, *Cheating Culture*, The Stuart Agency, Inc., 2004. 강경미 옮김,『거짓과 편법을 부추기는 문화』, 서돌, 2008, pp.89-91, pp.105-106 참조.

07. David Callahan, *op.cit.*, 2004. 강경미 옮김, 같은 책, 2008, p.115, pp.117-118.

08. David Callahan, *op.cit.*, 2004. 강경미 옮김, 같은 책, 2008, pp.120-123, p.131, p.173 참조.

최근 자료에 의하면 미국의 불평등사회의 사례를 자세하게 설명하고 있다.

09. John Kenneth Galbraith, The Affluent Society, Hamish Hamilton, London, 1959, pp.66-67.

10. David Callahan, *op.cit.*, 2004. 강경미 옮김, 같은 서적, 2008, p.209, p.210, p.212 참조.

11. David Rothkopf, *Superclass*, 2008, First Paperback Edition, 2009, pp.xx-

xxi, pp.xxii–xxiii 참조.

12. David Rothkopf, *Superclass*, 2009, pp.10–11 참조.

13. David Rothkopf, *Superclass*, 2009, p.53, pp.60–61 참조.

14. David Rothkopf, *Superclass*, 2009, pp.61–63 참조.

15. John Gray, *False Down : The Delusions of Global Capitalism*, The New Press, N.Y., 1998, pp.70–73 참조.

16. David Rothkopf, *Superclass*, 2009, p.66.

참고로 최근 한국의 지니계수는 2000년의 0.27에서 2005년에 0.29, 2007년은 0.30으로 크게 증가하고 있다. 통계청, 『한국의 사회지표』, 2008, p.218.

17. David Rothkopf, *Superclass*, 2009, pp.67–70 참조.

그런데 세계은행의 일부 특정 이코노미스트(David Dollar와 Aart Kraay)들은, 글로벌화를 추진하는 국가에서는 소득의 불평등이 축소되고 있다는, 완전히 상반되는 결과를 제시하고 있다. 이것은 보다 폭넓은 자료에서 재검정되어야 할 것 같다. *Ibid.*, p.67 참조.

18. John Gray, *False Dawn : The Delusions of Global Capitalism*, The New Press, N.Y., 1998, p.112 참조.

19. Nassim Nicholas Taleb, *The Black Swan : The Impact of Highly Improbable*, Random House, N.Y. 2008, p.43. pp.225–226.

20. Nassim Nicholas Taleb., *op.cit.*, 2008, pp.43–44, pp.225–226 참조.

21. Nassim N. Taleb, *The Black Swan*, 2008, pp.63–64, pp.68–69 참조.

22. Nassim Nicholas Taleb, *op.cit.*, 2008, pp.105–106, pp.115–116 참조.

23. Nassim Nicholas Taleb, *op.cit.*, 2008, pp.161–163.

24. Nassim Nicholas Taleb, *op.cit.*, 2008, p.203, pp.191–192 참조.

25. Nassim Nicholas Taleb, *op.cit.*, 2008, pp.174–175, pp.176–177 참조.

Henri Poincare', La Scince et l' Hypothe' se, 1902.

ポアンカレ著, 河野　伊三郎 訳, 『科学と仮說』, 岩波文庫, 1965, 14印, pp.213–214, p.216 参조.

26. Nassim Nicholas Taleb, *The Black Swan*, 2008, pp.183-184 참조.

27. Nassim Nicholas Taleb, *The Black Swan*, 2008, Prologue, xxv.

이 문제는 경제학 연구의 출발점에서 중대한 의문으로 제기되어 온 것이다. 그러나 최근에 경제예측 문제—주로 자본과 금융시장의 예측 등의 서비스에 대한 예측—에 집중적으로 재론의 불씨가 일고 있다.

요점만을 말하면, 이들의 예측에 도수빈도의 확률, 즉 정규분포만을 적용하는 것은 정확성이 보장되지 않는다는 것이다. 이런 문제제기는 주로 물리적인 현상이 아닌 복잡한 사회적인 현상에서는 거의 불가능하다는 견해이다. 이에 대한 대표적인 학자가 잘 알려져 있지 않는 샤클(G.L.S. Shackle)이다. 그는 매우 이질적인 주관주의자로서 인간이 행동하고 경험하는 것은, 모두 그 개인의 생각으로부터 이루어진다는 것을 주장한다. 그래서 경제학에서의 예측은 불가능하다는 것을 강조한다. 물론 이에 대한 반론도 있다. 지금의 금융과 자본시장의 예측문제는 한계를 넘어선 공학적인 접근만으로는, 더욱 시장의 혼란을 가중시킬 뿐이다.

Nassim Nicholas Taleb, *The Black Swan*, 2008, p.185 참조.

Alexander H. Shand, *Free Market Morality : The Political Economy of the Austrian School*, Routledge, London and New York, 1990, pp.25-26, pp.45-46 참조.

28. Nassim Nicholas Taleb, *op.cit.*, 2008, pp.217-218 참조.

29. Nassim Nicholas Taleb, *op.cit.*, 2008, pp.221-222 참조.

30. Richard Sennett, *The Corrosion of Character*, W.W. Norton & Company, N.Y., London, 1998, pp.98-99 참조.

Max Weber, *Die Protestantishe Ethik und Der>> Geist <<Des Kapitalismus*, Gesammelete Aufsätze Zur Religionssoziologies, Bd. 1, 1920, SS. 17-206.

マックス・ヴェーバー著, 大塚 久雄 訳,『プロテスタンティズムの倫理と資本主義の精神』, 岩波文庫, 2008, 42版, pp.304-306, pp.308-310 참조.

31. Jeffrey H. Dyer, *Collaborative Advantage : Winning Through Extended Enterprise Supplier Networks*, Oxford University Press, 2000, pp.37, pp.93-

97 참조.

32. Richard Sennett, *The Corrosion of Character*, 1998, p.99, p.102 참조.

33. Richard Sennett, *The Corrosion of Character*, 1998, pp.112-116 참조.
William Easterly, *The Elusive Quest for Growth : Economists' Adventures and Misadventures in the Tropics*, The MIT Press Cambridge, Massachusetts London, England, 2001, pp.47-49 참조.

34. Ronald J. Burke and Cary L. Cooper, Chapter 1 ,"The New Organizational Reality : Transition and Renewal", Edited by Ronald J. Burke and Cary L. Cooper, *The Organization in Crisis : Downsizing, Restructuring*, and Privatization, Blackwell, 2000, p.4 참조.

35. Richard Sennett, *The Corrosion of Chracte*, 1998, pp.116-11, pp.112-113 참조.
Jeffery H. Dyer, *Collaborative Advantage : Winning Through Extended Enterprise Supplier Networks*, Oxford University Press, 2000, pp.38-39, pp.82-83 참조.

36. Richard Sennett, *The Corrosion of Character*, 1998, pp.114-115 참조.
좋은 팀 플레이어는 마음에 품은 불평(푸념)을 함부로 말하지 않는다.
The good team player doesn't whine (p.115).

37. Harry C. Katz and Owen Darbishire, *Converging Divergences : Worldwide Changes in Emplotment System*, Cornell University Press, Ithaca and London, 2000, pp.9-15, pp.265-266 참조.
Jeffrey H. Dyer, *Collaborative Advantage : Winning Through Extended Enterprise Supplier Networks*, Oxford University Press, 2000. pp.108-109 참조.

38. Harry C. Katz and Owen Darbishire, *Converging Divergences*, Worldwide Changes in Employment System, Cornell University Press, Ithaca and London, 2000, pp.7-8, pp.267-268, pp.275-276 참조.

39. Harry C. Katz and Owen Darbishire, *Converging Divergences*, 2000, pp.9-

10, p.10, Figure 1.1 참조.

4가지 유형의 고용관행에 대해, 각각 5가지의 변동을 밝히고 있다. 이 내용을 모두 나열할 여유가 없으므로 결론적으로 4가지 유형의 고용관행에서 나타나는 노동조합의 특성만을 지적해 두기로 한다.

1) 저임금 패턴 :

비공식적인 절차에서의 경영자 재량 → 계층적 노동관계 → 단가에 비례한 저임금 → 생산의 높은 회전율 → 강력한 반조합적인 적개심.

2) 인적자원관리 패턴 :

기업문화와 폭넓은 커뮤니케이션 → 직접적인 팀 관리 → 부정(不定) 지불방식에 의한 평균 이상의 임금 → 특성적인 전문경력 개발 → 노동조합의 대체.

3) 일본식 모델지향 패턴 :

표준화된 절차 → 문제해결의 팀 관리 → 연공 및 성과평가에 연동한 고임금지불 → 고용의 안정화 → 기업 내 노동조합주의

4) 공동팀 기반구축 패턴 :

공동의사결정 → 준자발적인 작업그룹 → 지식 중심의 고임금지불 → 전문경력 개발 → 노동조합과 종업원의 상호연계

40. Harry C. Katz and Owen Darbishire, *Converging Divergences*, 2000, pp.280-281 참조.

Fernando Gapasin and Edna Bonacich, “The Strategic Challenge of Organizing Manufacturing Workers in Global/Flexible Capitalism”, Edited, Bruce Nissen, Unions in a Globalized Environment : Changing Borders, Organizational Boundaries, and Social Roles, M. E. Sharpe, Armonk, N.Y., London, England, pp.168-169 참조.

41. Harry C. Katz and Owen Darbishire, *Converging Divergences*, 2000, pp.281-282 참조.

Fernado Gapasin and Edna Bonacich, “The Strategic Challenge of Organizing Manufacturing Workers in Global/Flexible Capitalism”, Edited,

Bruce Nissen, Unions in a Globalized Environment : Changing Borders, Organizational Boundaries, and Social Roles, M.E. Sharpe, Armonk, N.Y., London, England, p.165 참조.

42. Richard Sennett, *Corrosion of Character*, 1998, pp.137-138.

Jean-Jacques Rousseau, *Le Contrat Social*, 1762.

ルソー 著, 桑原 武夫 · 前川 貞次郎 訳,『社会契約論』, 岩波書店, 2005, 第74版, p.29, pp.30-31, pp.84-86 참조.

43. Richard Sennett, *The Corrosion of Character*, 1998, p.138, pp.147-148 참조.

07

chapter 7 장

고전의 향기—몇 가지의 노트

1 행복을 누릴 수 있는 이야기들

2 고전에서 본 '일반의지'

인간의 지성은 마른 빛이 아니며, 의지와 감정이 혼재되어 있다. 여기서 '기대에 상응한 학문분야'가 학문들을 싹트게 한다.

Francis Bacon[1]

버트란드 러셀(Bertrand Russell [1872-1970], 영국의 수학자, 철학자)의 『행복론』(1930)은 1부 '불행의 원인'과 2부 '행복의 원인'으로 나누어져 있다. 이 내용은 현대인에게 매우 유익한 교훈을 남겨주고 있다. 먼저, 1부에서 사회의 밸런스를 깨뜨리는 가혹한 경쟁에 몰입하는 것은 인간의 감성과 지성을 희생시키고, 의지(意志)만을 부당하게 키우는 결과를 가져온다고 경고한다.[2]

러셀의 '불행의 원인'

러셀이 불행의 원인 중의 하나로 꼽는 '경쟁'에 관한 이야기를 들어보자. '경쟁'이라는 말은 성공에 집중되어 있다. 경쟁은 내일 아침의 밥을 걱정하는 것이 아니라, 어떤 방법으로 주위 사람들을 추월할 수 있을 것인가이다.[3]

러셀과 같은 시대 영국의 작가이자 시인이었던 제임스 알렌(James Allen [1864-1912])도 행복에 대해 같은 뜻에서 말하고 있다. 진실한 행복을 원한다면, "평생 올바른 짓만을 고집해서는 좋은 결실을 얻지 못한다"는 세속의 유혹에 빠져들어서는 안 된다고 말했다. 유혹에 빠지는 순간, '경쟁'이라는 괴물이 나타나, 고이 간직한 정직성을 빼앗아 간다. 정직성의 측면에서 보면, "경쟁은 부정직성을 유발한다"는 것이다.[4]

1920년대 미국의 비즈니스맨의 생활상을 러셀이 자세하게 설명한 내용을 보면, 지금의 현실과 큰 차이가 없다. 특히 그는 당시 비즈니스맨의 위험을 선호하는 투자와 경제활동, 미국사회의 '속물적 근성'(명예와 이익추구에 집중하는 사회)을 전해 주고 있다.

돈이 판단기준이 되고 있었다. 어느 의미에서는 돈을 기준으로 머리가 좋고 안 좋고를 측정한다고 지적한다. 그래서 주식시장이 불안정한 상태이면, 마치 시험을 치르는 어린애처럼 당황하기도 한다.[5]

물론 러셀은 행복을 지키는 것에 금전적 능력의 역할이 필요하다는 것을 한번도 부정하지 않았다. 다만, 그는 금전적 성공은 행복의 한 요소에 불과한 것이며, 금전적 성공을 위해 다른 요소가 모두 희생된다면, 이것은 너무나 큰 대가를 치르는 것이라고 생각했다.[6]

러셀의 생각은 지금으로부터 80~90년 전의 미국사회에 관한 이야기며, 특히 미국의 비즈니스에 종사하는 CEO들의 일상생활에 대한 이야기이기는 하나, 현재의 모습과 크게 다르지 않다는 것을 느낄 수 있다. 또한 러셀은 그 당시 사회가 자녀들의 경제적 성공을 중시하고 금전적인 가치에 무게를 둔 교육을 해왔다는 것도 기술하고 있다.

마치 거액의 돈을 축적한 사람이 성공한 사람인 양, 금전적 성공 그 자체가 인생의 목적이라고 착각하는 것에 문제가 있다. 성공의 개념을 어떻게 정립해야 할 것인가를 올바르게 가르쳐야 한다. 가령, 돈에 집착하다가 돈으로 인해 예기치 않은 불미스러운 일들이 일어났을 경우에는, 평소의 학습이 얼마나 중요한 것인가를 알 수 있다.

경쟁하는 습관은 본래 경쟁이 필요치 않은 분야에도 쉽게 침입한다. 당시에 돈을 가진 거부들은 다른 유형의 사람이 되기도 쉬웠다. 독서와 거리가 먼 사람이 멋진 서재를 마련하고 그림 볼 줄도 모르는 사람이 명성을 높이기 위해 그림 전문가를 고용해 미술관을 세웠다. 음악도 마찬가지였다.[7]

1
행복을 누릴 수 있는 이야기들

축복을 받고 싶다면 자비의 씨를 뿌려야 한다. 행복하고 싶다면 많은 사람들의 행복을 위한 찬미의 마음가짐이 필요하다.[8] 돈은 어떤가. 돈이 많을수록, 돈벌이는 더욱 쉬워지기 마련이다. 그러나 이렇게 되면, 마치 인생을 일종의 경쟁의 장으로 착각하게 되어 승자만이 존경받는 세상으로 착각할지도 모른다. 이것은 인간의 감성(感性)과 지성(知性)을 희생시켜 의지(意志, 무엇을 성취하려는 적극적인 마음가짐)만을 부당하게 조장하는 결과를 가져올 것이다.

근대국가에서 퓨리턴(청교도)의 도덕가들은 자신들의 의지를 강조했다. 러셀은 퓨리턴 도덕가들이 강조한 대로 감성과 지성이 결핍된 사람들이 사회에 퍼지게 될지도 모른다고 경고한다. 퓨리턴은 자기의 본성에 알맞다고 판단해 경쟁을 선호한다.

사람들은 생각한다. 이런 상황은 금후 백 년간 점점 더 나빠져 가리라고. 그래서 자식을 낳고 싶을 정도로 인생을 즐기고 있지는 않다고. 이것은 퓨리턴으로부터 이어받아 온 삶의 자세이며, 옳지 않다.

금후 경쟁은 이런 식으로 더욱 가속되어 갈 것이며, 결국 약물에 의존해 건강을 해치는 격이 될 것이다. 이에 대한 치료법은 밸런스를 갖춘 인생의 이상(理想)을 추구하고 건전하고 정숙한 즐거움을 찾는 것이

라고 말한다.[9]

러셀이 본 '시기심'은 어떤 결과를 가져올 것인가?

러셀이 불행의 원인 중의 하나로 꼽는 것은 인간의 '시기심'(猜忌心, jealousy, envy)이다. 소설이나 영화에서 시기와 질투로 빚어지는 비극과 삶의 이야기를 보기도 한다.

인간의 감정은 태어날 때부터 지닌 천성이므로 육아교육에서부터 조심스럽게 다루어야 하는 중요한 과제 중의 하나이다. '시기심'은 부러움, 시샘, 선망, 질투를 포함하는 넓은 뜻을 가지고 있다. 특히 이런 현상은 어린이들의 성장과정에서 쉽게 나타난다.

갓난아기에게 조그마한 관심만 보여도 아기는 이를 곧 알아차린다. 또한 두 살 된 아기는 알아차리는 속도가 몇 배나 빨라진다. 이것이 곧 '시기심'이 지니고 있는 본래의 모습이다. 아이들과 접할 때는 일관된 공평성을 지키는 것이 중요하다. 시기심에서 오는 감정은 어른들의 경우도 마찬가지이다. 성인의 시기심은 매우 깊은 감정의 골짜기와 몇 갈래로 나누어지는 갈등과 증오의 줄기를 이루고 있다.

이 복잡한 과정에서 무엇이 어떻게 전개되고, 이해관계의 영향이 누구에게 어떤 형식으로 미치게 될 것인가를 생각해 보면, 인간사회의 시기심에서 일어나는 생각과 감정(情念)은 다양한 세계로 이어져 많은 파장을 만들어 가는 것을 알 수 있다.

러셀은 시기심이 민주주의의 씨앗을 가져온 것이라고 말한다. 가령,

그리스의 도시국가에서 볼 수 있었던 민주주의 운동은 정념(情念, 감정에서 일어나는 억제하기 힘든 생각, 또는 감정으로부터 나오는 생각)에 의해 이루어진 것으로 이해하고 있다. 또한 그는 근대민주주의에 대해서도 같은 생각을 한다. 민주주의의 이론에 추진력을 가져다준 것은 바로 '시기심의 정념'이라고 보았다.

시기심은 수많은 이야깃거리와 솔깃한 풍문과 추잡한 스캔들을 만들어내기도 한다. 가령, 프랑스의 계몽사상의 배경에는 귀부인들 간에 유행되었던 고전문예의 온상이었던 살롱이 있었다. 이것은 귀족사회뿐 아니라, 당시의 중산계급(부르주아)의 저택에서도 유행되었다. 18세기 살롱의 활동범위는 문예적 · 철학적인 분야에서 종교와 과학, 정치와 사회의 광범위한 분야로 확산되었다.

인간사회에서 일어나는 사건들 중에서도 혁명과 같은 대변혁에는 엄청난 희생이 뒤따른다. 이에 대한 전형적인 것이 바로 프랑스 혁명이다. 이때, 정치에 밀착한 시기심 탓에 희생된 프랑스의 마담 롤랑(Madame Roland)을 기억하는 사람들이 많을 것이다. 당시 열렬한 민주주의자였던 마담 롤랑은 루이 16세의 왕후인 마리 앙투아네트(Marie-Antoinette)가 1793년 10월에 처형된 2주 후인 11월에 단두대의 이슬로 사라졌다.[10]

이 사건은 시기심으로 얽힌 당시의 정치변란의 양상을 그대로 노출한 것이다. 이외에도 수많은 케이스가 있으며, 시대나 장소를 가릴 것 없이, 시기심 때문에 정치적 음모와 단순한 작란을 일으키는 어리석은 자들이 있으나, 자신들도 언젠가는 비슷한 함정에 빠질지도 모른다.

인간의 감정에서 일어나는 시기심은 참으로 불행한 결말을 가져온다. 시기심은 자기가 지니고 있는 기쁨과 사랑을 제쳐두고, 다른 사람이 가지고 있는 기쁨과 사랑을 보면서 고통을 끄집어내는 것이다. 즉, 남의 이익을 갈취하는 것이다. 시기심이 감정에서 계속 나오면, 사회의 우수한 인재와 그들의 능력과 기능은 모두 쓸모없는 쪽으로 흩어지게 될 것이다. 다행히 인간성에는 이를 억제하고 선도할 수 있는 대안도 있다. 이것이 '찬미(讚美)의 마음가짐'이다. 즉, 보다 행복하고 싶다면 더욱 찬미의 마음을 넓히고, 시기심을 억제할 필요가 있다.[11]

'진실에서 얻는 힘'이 행복의 원천이다

행복의 근본은 무엇보다도 사람과 물질에 대한 우호적인 관심이라고 할 수 있다. 사람에 대한 호감은 애정으로 나타난다. 탐욕과 욕심은 애정과 관계없다. 사람을 아무런 조건 없이 순수하게 대하면 상호간에 애정이 싹튼다.

이런 자질은 진실함에서 나온다. 의무감에서 나오는 것이 아니다. 의무감은 업무에서는 유용한 것이나, 인간관계에서는 불쾌한 것이다. 자발적으로 호의를 가질 수 있다면 그것은 행복 중에서 커다란 비중을 점하게 될 것이다.[12]

행복은 일부는 외부의 환경에 의해 이루어지고 일부는 자기 자신에 의해 이루어지는 것이다. 러셀은 행복에 대한 처방을 어려운 것이 아니라 매우 단순한 것으로 생각하고 있다. 불행한 사람은 대체로 불행한 신조(믿음과 생각)를 품고 있고, 행복한 사람은 행복한 신조를 품고 있다.

사람마다 가치를 두는 요소가 다르다. 먹고 사는 일, 건강, 애정, 성공, 존경을 중요하게 여기는 사람도 있을 것이고, 부모가 되는 일이 절실히 필요한 사람도 있을 것이다. 절실한 것이 충족되지 않으면 행복하다고 할 수 없다.

인간은 외부에서 오는 불행을 잘 다스리는 능력을 갖추고 자신의 내부에 있는 흥미와 열정을 끄집어냄으로써 불행을 극복할 수 있다. 이것은 사람의 교육과정에서도 마찬가지이다. 즉, 외부와 조화를 이루려면 '자기중심적인 정념'(자신과 자기 이외의 세계를 구분하지 못하는 생각과 감정)에 빠지지 않고 타인에 대한 애정을 갖춰 나가야 한다.

인간은 자신의 '마음의 신념'(heart-belief)의 바탕에서 성장해 간다고 할 수 있다. 이때 자신의 가치가 불투명하다면 이에 집중할 수 없을 것이다. 그 이유는 인간의 신념이 행동을 앞질러 가기 때문이다. 인간의 행동은 우리의 신념에서 나오는 것이라고 볼 수 있다.[13]

감옥에서 지내는 것이 행복할 리 없다. 외부세계와 단절된 생각과 감정에 매달리는 것은 최악의 감옥과 다름없다. 주로 공포, 질투, 죄의식, 비애감과 자화자찬에서 나타나기 쉽다. 이는 자신의 욕망을 모두 자기 자신에게 집중시키는 것에서 초래되는 결과이다.

행복한 사람은 객관적인 삶을 즐기며, 자유로운 애정을 가지고 살아간다. 옛날에 청소년에 대한 교육은 대부분 전쟁에서 용감하게 싸울 수 있는 능력을 키우는 것이 주목적이었다. 여기에는 가장 중요한 도덕적인 용기와 지적인 용기가 모두 결여되어 있다.[14]

알랭의 행복론

알랭(Alain [1868-1951], 프랑스의 철학자)은 본명이 에밀 샤르티에(Emile Chartier)로, 인식론과 도덕론을 비롯해 교육론과 정치경제, 문화와 인간의 이성(理性)에 이르기까지 다양한 분야에 걸쳐 활동했다. 여기서는 그의 저서 『행복론』(*Propos sur le Bonheur*, 1928, '행복'에 대한 프로포(propos) : 한 종이에 2페이지로 쓴 단상[斷想])의 내용을 간략하게 보려고 한다. 책은 주로 1900-1926년에 쓰여진 것이다.[15]

러셀의 『행복론』은 이성적이고 합리적인 면모를 드러낸다. 인간은 모두 빈틈 없는 노력에서 행복을 얻을 수 있다는 신념에 기반을 두고 있다. 이에 비해 알랭의 『행복론』은 독특한 프로포의 형식을 택했고, 문학적이고 평범한 말로 채워져 있다. 인간의 삶을 자연스럽고 신선하고 독창적으로 사색한다. 책은 인간에게 실망도 파국도 없는 아름답고 너그러운 세계로 안내하는 느낌을 가지게 한다. 용기있는 삶을 이끌어주는 감동적인 휴머니티를 안겨주는 책이라 할 수 있다.

먼저 알랭의 책은 희망과 절망에 대한 소견에서 출발한다. 절망도 희망도 모두 자기 자신에 의해 달라질 수 있다고 한다. 절망과 희망은 구름 모양이 변하듯 빠르게 사람에서 사람으로 전염되어 간다. 희망은 희망을 가지면 실현 가능하며, 자기의 의지(意志)에 따르면 된다는 것이다.[16]

사람의 의지는 어떤 일을 성취하려는 적극적인 뜻과 실행하는 능력을 의미한다. 동서고금의 철학자와 옛 선현들이 인간의 의지를 그토록 중요시해 온 이유를 쉽게 알 수 있다. 의지는 인간 고유의 강인한 정신이며, 세상의 빠른 변화 속에서도 반드시 옳은 길을 찾아갈 수 있는 힘이다.

알랭은 젊었을 때 철학은 물론, 문학에도 깊은 지식을 가지고 있었다. 독일의 문호 괴테(John Wolfgang von Goethe [1749-1832])는 자기가 추구하는 일을 자신의 강인한 정신력으로 모두 성공으로 이끈 것으로 유명하다. 한편, 네덜란드의 철학자 스피노자(Baruch de Spinoza [1632-1677])는 악어(鰐魚, 마틴 루터가 번역한 성서에서 "리바이어던"이라는 말에 주석을 붙여 악어[Krokodile]라고 했다고 함)[17]처럼 굴하지 않는 정신에 대해, 진리와 도덕의 측면에서 인간은 말처럼 완벽하지 않아도 된다는 생각을 가지고 있었다.

괴테와 스피노자와는 달리, 알랭은 인간의 의지를 중요시한다. 세상에는 의지를 저버린 채 살아가는 경우가 허다하다. 상인은 돈벌이에만 급급하고, 시인은 시만 읊고, 게으름뱅이는 잠만 잔다. 그러고서 만사가 되는 일이 없다고 불만을 털어 놓는다. 알랭은 불만이 있는 사람은 참다운 마음에서 추구하려는 의지가 없고, 노력하지 않은 것에 문제가 있다는 점을 강조한다.[18]

한편, 스피노자는 알랭과는 달리, 인간은 자기의 역량(力量)이 허용되는 한, 모든 일을 할 수 있는 권리를 가지고 있다는 점을 강조한다. 그러나 현실에서 이 권리는 이성(理性)이 아닌 맹목적인 감정에 따라 움직이는 데 문제가 있다고 보았다.

일반적으로 자신의 권리를 내세우고 자기 이익만 주장한다면, 다른 사람의 이익을 부정하고 남의 권리를 침해하지 않을 수 없다. 이를 해결하려면, 공동의 힘과 공동의 권리에 바탕을 둔 평화로운 사회를 만들어야 한다. 이를 위해 국가는 사회가 올바른 규율을 지켜 가도록 해야 한다.[19]

알랭과 스피노자는 서로 두 세기나 떨어진 시대에 살았다. 그러므로 정치적 · 사회적 · 문화적 환경, 교육과 과학과 지식의 수준이 크게 달랐을 것이다. 알랭은 개인의 의지와 노력을 중시한다. 스피노자는 의지를 배제하는 것이 아니라, 개인의 이익을 위해 법의 질서와 국가의 역할, 관료의 의무와 책임을 강조한 것에 주목할 수 있다. 둘은 모두 의지를 중요시했으나, 알랭은 개인에 무게를 두었고 스피노자는 국가에 무게를 두었다.

알랭은 행복과 불행에 대한 근원적인 원인을 깊이 생각하는 사람은 드물다고 한다. 인간의 사유(思惟, 참다운 도리를 생각하는 일, 또는 경험에 의거해 미경험에 대한 판단과 분석)는 사물의 근원으로 되돌아가서 생각하는 것을 의미한다. 이는 일시적인 본능과 충동에 따르지 않고, 그 개념과 실재를 이론적으로 생각하는 마음(理性)으로 거슬러 올라가는 것을 의미한다.

행복은 생각하는 것에서 찾는다

흔히, 사람들은 평범하고 안정된 생활을 바란다. 이런 삶을 꾸리는 데 크나큰 지혜가 필요한 것은 아니다. 알랭은 부와 명예를 중요시하지 않는 일이 의외로 간단한 일이라고 말한다. 부와 명예를 단념하는 것이 참으로 어려운 일이지만 이 고비를 넘길 수 있다면 편안한 마음으로 되돌아 갈 수 있다고 말한다.

세상에는 부를 축척하는 사람들이 있는가 하면, 갈수록 빈곤에 허덕이는 사람들도 있다. 부의 불평등한 분배는 항상 문제가 되고 있다. 다시 말하면, 정부가 배부르게 멋대로 살아가는 사람들에게 부당한 몫을 안기기도 한다. 결과적으로 혜택을 받은 자들이 스스로 불안과 분노의 갈등을 불러일으킬 우려도 있을 수 있다. 이로 인해 사회계층 간의 갈등과 감정을 악화시킬 우려가 있다.[20] 세금과 분배는 옛부터 통치자의 가장 중요한 정책이었다. 공자와 맹자의 사상에서도 엄격하게 다루었다.[21]

힘든 노동과 고심(苦心)을 즐거움으로 받아들이라고 한 사람도 있다. 고대 그리스의 디오게네스(Diogenes ho Sinope, B.C.413-327경의 철학자)는 커다란 물통을 집 삼아 살면서 고통에서 즐거움을 찾았다. 노고(勞苦)를 통해 즐거움을 얻고 그것이 가장 보람된 것이라고 했다. 몸과 마음이 편하기만 하다고 해서 행복한 것은 아니다.

사람은 누구나 외부로부터 간섭받는 것과 다른 사람에게 지시받는 것을 싫어한다. 자신이 하고 싶은 일을 하기를 원한다. 원래, 인간은 지배하는 것을 원하며 지배받는 것을 싫어한다. 그리고 고통스럽고 참고 견뎌야 하는 일은 피하려고 한다.

그러나 스스로의 행동을 통해 얻는 즐거움은 차원이 다를 것이다. 즉, 스스로의 행동을 통해 경험한 노고가 보람을 가져온다. 디오게네스

는 노고를 통해 훌륭한 일을 해낼 수 있다는 신념을 전제로 한다.[22]

이때 인간의 행동은 규율 있는 올바른 행동과 정의를 위한 행동을 의미한다. 이를 전제로 할 때 무한한 즐거움을 얻을 수 있다.[23] 이기주의자들은 때때로 손쉬운 방법으로 즐거움을 얻으려 한다. 참다운 즐거움은 노력과 노고에서 얻을 수 있다. 이기주의자들의 절망은 자신을 이해하지 못한 것에서 오는 것이다.[24]

행복은 항시 우리로부터 달아나려는 것처럼 보인다. 다른 사람으로부터 받는 행복이라서 그렇다. 그러나 자신이 이루어내는 행복은 절대로 자신을 배반하지 않는다. 그것은 배우는 것에서 얻을 수 있다. 지식이 늘수록 즐거움은 더해져 간다. 아리스토텔레스는 참다운 음악가는 음악을 즐기는 사람이며, 참다운 정치가는 정치를 즐기는 사람이라고 했다. 자기의 일을 즐기는 것은 그 사람의 능력과 진보를 보장하는 원천이다.

반복되는 작업은 정신적으로 매우 괴롭고 피곤한 일이다. 이 문제는 대량생산 시스템의 최대 결함이다.[25] 여기에서 노사 간의 분쟁의 불씨가 일기도 한다. 현대사회에서, 디오게네스가 강조한 노고(勞苦)에서 모든 것을 해결할 수는 없다. 대량생산 시스템의 폐단을 극복하려면, 새로운 생산방식과 관리방식을 개발해 나가야 한다. 이는 지혜를 모으고 기술을 탐구해, 노고와 번뇌로부터 벗어날 수 있는 방안을 강구하는 일이다.

그러나 인간이 머리를 쥐어짜며 극복방안을 강구하는 그 과정에서도 적지 않은 사회갈등은 일어나기 마련이다. 이런 일련의 고뇌는 인류역사의 발전에서 피할 수 없는 일들이다.

완벽하게 해결할 수는 없다. 다만 최선의 대안을 찾아 긍정적으로 해결해 나갈 뿐이다. 의지와 자기극복의 신념과 이를 실천하는 행동에 새로운 희망을 건다. 이것은 예나 지금이나 인간을 지탱해 온 것이며, 지혜로부터 얻을 수 있는 영원한 유산이다.

2
고전에서 본 '일반의지'

콩도르세에 대한 새로운 평가

시대를 거슬러 올라가 보자. 후기 계몽시대와 프랑스 혁명기에 초점을 맞추어 보면, 프랑스와 영국을 비롯해 유럽에서는 철학, 수학, 과학 분야에 수많은 석학들이 배출되었다.

에드워드 윌슨(Edward O. Wilson, 하버드 대학의 명예교수, 곤충학 및 생태학)은 자신의 저서에서 계몽사상의 영향을 받은 초기 프랑스 혁명과 이에 연관된 석학들에 깊은 관심을 보이고 있다. 특히 그는 재능과 인격을 고루 갖춘 콩도르세(Marquis de Condorcet [1743-1794])를 '고귀한 철학자'(noble philosopher)와 '선량한 콩도르세'(Le Bon Condorcet)로 칭하며 지대한 관심을 보이고 있다.[26]

여기에는 그럴 만한 이유가 있다. 윌슨 교수는 계몽사상의 본질과 소멸한 원인과 결함이 어디에 있었는가에 관심을 두고 있다. 계몽사상이 빠르게 쇠퇴한 것은 지식인들 사이에서 일어난 반대가 원인이었다. 역사가인 이사야 벌린(Isaiah Berlin)은 18세기 사상가들의 지력(知力)과 성실성, 올바른 정신과 용기, 진실에 대한 청렴한 마음을 오늘날에는 거의 찾아볼 수 없다고 지적한다.[27]

1789년에 시작된 프랑스 혁명은 콩도르세를 비롯한 많은 지적인 힘이 인간의 보편적인 권리를 위해 투쟁한 단면을 보여주었다. 그러나 혁명은 파멸적인 좌절로 전락하고 말았다. 계몽사상과 프랑스 혁명은 밝은 면과 어두운 면을 역사에 남겼기 때문에, 논자와 관점에 따라 다양한 견해와 해석이 내려지고 있다.

역사가인 동시에 경제학자인 데이비드 랜즈(David S. Landes, 하버드 대학 명예교수)는 자신의 저서에서 다음과 같이 지적하고 있다. "인간이 걸어온 수많은 변화는 사회에 지대한 편익을 제공해 왔다."

물론, 지적(知的) 또는 물질적인 능력을 악용해, 파괴적인 결말을 자초하는 경우도 있으며, 때로는 무모한 결과로 이어진 경우도 적지 않다는 것을 알고 있다. 인간은 자연의 지혜와 인간의 지식, 그리고 외부로부터 얻는 지식과 자신에 대한 무지의 불균형에서 더욱 커다란 상처를 받는다.[28] 랜즈 교수가 지적한 내용이, 바로 윌슨 교수가 말하고 싶은 중요한 대목이다. 그것은 진정한 뜻에서 계몽사상도 프랑스 혁명도 꽃을 피우기도 전에 모두 소멸되어 버렸다는 점이다.

특히 윌슨 교수는 프랑스 혁명이 좌절된 것에 깊은 관심을 보이고 있다. 당시의 사회가 사악(邪惡, 간사하고 악독한 것)과 교만, 비도덕과 부패, 무지와 과오, 야만성과 비굴함, 아집과 이기심, 질투와 비타협으로 인해 파멸한 과정을 이해하려고 한다.

프랑스 혁명 이후, 온건파인 지롱드파(Girondists)와 과격파인 자코뱅파(Jacobin)—여러 갈래가 있었으나, 혁명을 거치면서 몽테뉴파(Montagnards)라는 급진공화파만 남게 됨. 파리의 자코뱅 수도원에 본거지를 두고 있었고 일명 '산악파'

라고도 함—의 세력다툼에서 자코뱅파가 패권을 잡게 된다. 콩도르세는 어느 당파에도 속하지 않았다.

콩도르세는 영국의 존 로크(John Locke [1632-1704], 철학자)를 신봉했다. 로크는 인간의 자연권을 확신했으며, 같은 시대의 임마누엘 칸트(Immanuel Kant [1724-1804], 독일 철학자)처럼 도덕적인 책무를 추구한 사람으로 평가받고 있다.

콩도르세는 원래 수학자의 길을 선택해 파리의 콜레쥬 드 나바이르(Navrre College)에서 16세 때 처음으로 논문을 발표했다. 그는 같은 시대의 수학자로서 근대 수학사에 중요한 업적을 남긴 두 사람, 즉 레온하르트 오일러(Leonhard Euler [1707-1783], 스위스의 수학자, 물리학자)와 피에르 라플라스(Pierre Simon de Laplace [1749-1827], 프랑스의 수학자, 천문학자)에는 미치지 못했다고 전해지고 있다.

그러나 콩도르세는 22살에 『적분학』을 저술해 달랑베르(Jean Le Rond d'Alembert [1717-1783], 프랑스 수학자)로부터 찬사를 받았으며, 수학자로서 업적을 남겼다. 그 후 25세의 젊은 나이에 프랑스 아카데미 회원에 선출되어 32세에 종신간사와 38세(1782년)에 가장 위엄 있는 아카데미 프랑시즈의 회원으로 선출되었다.[29]

1794년 3월 29일 콩도르세의 죽음은 계몽사상이 끝나는 것으로 평가된다. 그는 탁월한 지성과 선견성을 지닌 정치 지도자였다. 마치 프랑스의 제퍼슨과 같은 존재로 평가한다. 콩도르세는 자코뱅파가 지배하는 국민공회에서 기초(起草)한 헌법을 비판하다가 체포되어 다음날 자살한 것으로 기록되어 있다. 불운의 콩도르세는 18세기 프랑스의 계몽사상가들, 즉 당시의 정치 · 사회 문제에 관심을 쏟았던 저명한 철학자들 중의 마지막 한 사람이다.[30]

특히 콩도르세는 인간의 본성이 주로 환경적인 요인에 의해 결정된다는 입장이다. 인간과 사회는 원하는 방향으로 발전할 수 있다고 확신하고 있었다. 그래서 인간의 질은 무한히 향상할 수 있다고 믿었고, 정치를 권력을 휘두르는 수단으로 삼지 말고 도덕을 실행하는 수단으로 삼아야 한다고 믿었다.

콩도르세는 인간에게는 무한한 자기완성의 능력이 있으므로 자유롭고 평등한 사회를 실현하기 위해 인간을 스스로 생각하고 판단할 수 있는 존재로 이끌어 가야 한다고 주장한다. 동시에 과학에 대한 연구와 진보는 인류해방을 가져온다는 것을 확신하고 있었다. 이 점은 볼테르(Voltaire [1694-1778])와는 커다란 차이점이 있다.[31] 볼테르는 정치적으로 교권반대(敎權反對)와 공화제를 지지한 철저한 혁명가인 동시에 계몽기의 대표적인 사상가였다.

여기서 주목할 점이 있다. 프랑스 혁명기간에 가장 핵심적인 과제가 바로 '공교육론'의 정립이었다는 점이다. 특히 지육(知育)을 중심으로 한 교육체계를 확립하는 일이었고 정치권력과 종교로부터 교육을 독립시키고 교육의 기회평등을 확립하는 일이었다.[32]

제프리 삭스의 계몽사상의 동경

최근 콜롬비아 대학의 제프리 삭스(Jeffrey Sachs) 교수는 자신의 저서 『빈곤의 종말』(*The End of Poverty*, 2005)에서 오늘날의 인류사회 발전에 지적인 기여를 했던 18세기 계몽주의를 대표하는 사상가들에 새로운 관심을 보이고 있다. 계몽주의를 대표하는 네 사상을 언급한다.

1) 영국의 철학자인 존 로크(John Locke 1632-1704)와 데이비드 흄(David Hume 1711-1776)의 사상은 미국의 건국자들에게 영향을 주었다. 토머스 제퍼슨(Thomas Jefferson 1743-1826, 미국 제3대 대통령)은 생명과 자유, 행복을 추구하는 권리를 지키기 위해 정부가 조직되었다고 했다. 이것은 정치제도가 인간을 훌륭한 인간으로 이끌어냈다는 것, 즉 인간이 만든 정치체제의 승리를 의미한다.

2) 미국의 「독립선언문」이 발표된 1776년에 아담 스미스(Adam Smith 1723-1790)는 『국부론』을 발표했다. 스미스가 자유방임주의를 철저하게 신봉한 것은 아니다. 『국부론』의 제5편에는 방위, 정의, 사회 인프라와 교육은 국가의 중대한 책임이며, 이 부문은 집단적인 활동(collective action)을 강화해 시장력을 보완해 나갈 수 있다고 강조했다. 달리 말하면, 스미스가 합리적으로 설계한 경제체제이다.[33]

3) 독일 계몽철학자인 임마누엘 칸트는 인류세계의 진보를 위해 전쟁을 종식시키는 글로벌 통치 시스템(global system of governance)의 필요성을 제의했다. 영구적인 평화를 위해 '자유로운 국가 간의 연합제'(Federation of Free States)를 언급한 것이다. 이는 150년 전에 지금의 UN의 원초적인 틀을 제공한 셈이다.

4) 영국의 근세 과학철학자인 프랜시스 베이컨(Francis Bacon [1561-

1626])은 1620년에 과학이 "자연에 불을 붙이다"(kindle a light in the nature)라고 말했다. 뒤를 이어 계몽주의의 거인 프랑스의 콩도르세는 지속적인 사회발전을 위한 과학기술의 역할을 정확하게 예측했다. 프랑스 혁명의 주요한 흐름의 하나는 '국민을 위한 공교육 혁명'이라고 할 수 있다. 그의 저서 『인간정신의 진보에 대한 역사』(*Sketch for a Historical Picture of the Progress of the Human Mind*, 영문판, 1794)에서 알 수 있다.[34] 콩도르세의 죽음은 인간의 본성을 너무 신뢰해 왔던 것이 결정적인 화를 자초한 것이라고 말한다. 그는 물리적인 법칙처럼, 엄밀한 법칙에 의해 지배된다는 과학기술에 대한 신념을 가지고 있었기 때문이다.[35]

루소—『사회계약론』과 『에밀』의 영향

장 자크 루소(Jean-Jacques Rousseau [1712-1778], 스위스 태생, 프랑스 계몽기의 사상가)의 두 명저는 같은 해에 출판되었다. 『에밀』(*Émile ou de l'éducation*, 1762)은 거의 20년에 걸쳐 저술한 것이고, 『사회계약론』(*Le Contrat Social*, 1762)은 한마디로 혁명적인 민주주의에 관한 국가이론이며, 거의 10년에 걸쳐 저술한 것이다.

『사회계약론』은 '일반의지'(general will)라는 독특하고 추상적인 개념을 내세운다. 사전에서 '의지'(意志)라는 말은 '어떤 일을 수행함에 있어 보이는 적극적인 의욕과 마음가짐'이라고 정의되어 있다. '의지'는 적극적인 자세와 행동에 무게를 두고 있다.

루소에 따르면, '일반의지'는 사회와 개인의 복지에 관심이 있는 자유인들이 모여서 합의한 정의의 계약(약속)으로 규정한다. 이것이 이루어질 때 최고의 계약이 성립한다고 할 수 있다. 이 계약은 항상 일정불변한 것이며 순결한 것으로 정의하고 있다.[36]

다시 말하면, 사람은 자연상태에서 살아가는 것을 방해하는 많은 장애에 부딪힌다. 루소는, 방해하는 힘은 개인이 자연상태에 그대로 머물러 있기 위해 쏟는 힘보다 훨씬 강력한 것이라고 보고 있다. 이런 현실에서 생존을 위해 취할 수 있는 수단은 전체의 힘에 있다. 이 힘은 다수의 사람들이 협력하고 단결하는 데에서 얻을 수 있다는 것을 강조한다.[37]

'자연상태'에서의 인간의 자유와 평등은『사회계약론』에서 루소의 가장 핵심적인 대전제이다. 자유와 평등을 목표로 하는 인간의 의지는 절대로 사라지지 않는다. 그는 시민의 '일반의지'의 확고한 기반 위에서 자유와 평등을 추구할 수 있다는 것에 집중한다. 루소의 대전제는 '자유와 평등과 우애'(Liberty, Equality, Fraternity)로 가는 치밀한 과정을 준비하는 것으로 평가된다.[38]

'일반의지'가 파괴될 경우에는 어떤 상태가 올까? 루소의 대전제인 '일반의지'는 단순하고 이상적인 사회와 국가에서 이루어내어야 하는 필요조건으로 볼 수 있다. 이것은 수많은 사람들이 공동사회와 전체의 행복을 지키고 유지하는 중요한 '의지'를 의미한다.

이런 경우에 국가의 모든 원동력은 강력하고 단순한 것이며, 국가의 규범원리는 더욱 빛날 것이다. 이해관계로 인한 혼란도 모순도 없다. 이런 상황은 상식만 있다면 누구나 알 수 있다. 정직하고 단순한 인간은 단순하다는 이유에서 속이기도 어렵다. 책략이나 술수로도 이들을 속일 수는 없다.

이처럼 소박하고 행복한 국민은 나무 그늘 아래서 국가의 모든 문제를 결정하며 현명하게 살아가면서, 세련되게 사는 국민을 안타까운 눈으로 보게 될 것이다. 이들 세련되게 사는 국민은 현란한 기술 속에서 화려한 삶을 사나, 불행이 떠나질 않는다.

루소는 이론가들이 과오를 범하는 것에 주목한다. 즉, 그들은 처음부터 나쁘게 구성된 국가만을 보아왔기 때문에, '일반의지' 정치체제는 유지할 수 없을 것이라고 지적한다. 이들은 교활한 인간들과 말솜씨가 능숙한 인간들이 바보스러운 이야기로 파리와 런던의 군중을 속여 넘기며 한바탕 비웃적거리는 꼴을 상상해 볼 수 있을 것이라고 말한다.

루소의 '일반의지'에 문제가 생기는 경우를 보면 더욱 명확한 상황을 짐작할 수 있다. 사회결속에 금이 생긴다면 국가의 통치력이 약화되고, 개인적인 이해관계가 머리를 들게 된다. 군소집단의 행동이 사회 전반에 커다란 영향을 미치게 되어 공동이익은 감퇴한다. 이로 인해 적대자가 생겨날 것이다. 이런 사태가 발생한다면, '일반의지'는 전체의 의지라고 할 수 없다.

이에 대립과 논쟁이 일어나고 어떤 훌륭한 대안도 논쟁을 거치지 않으면 안 된다. 그리고 개인적인 이해관계만을 앞세우는 행동과 부정한 포고(布告)는 법률의 이름 아래서 잘못된 것을 판결하는 결과로 이어질 가능성이 크다.

그러나 루소는 이처럼 불안한 상태에서도, 결코 '일반의지'는 파괴되거나 부패되는 것이 아니라는 것을 강조한다. 이 '의지'는 항상 존재하고 불변하며, 순수한 것이다. 다만, '일반의지'는 장애물을 극복하는 과정에서 다른 의지에 종속되어 있을 뿐이다. 사람들은 각기 자기이해를 공동의 이해로부터 분리하는 것이 불가능하다는 것을 알게 된다.

사회 전체의 불행 중에서 개인이 받을 불행의 몫은 자기 한 사람이 원하고 있는 행복에 비하면 아무것도 아니다. 자신의 이익을 위해 다른 어떤 사람보다 전체의 행복을 강력하게 원하고 있다.

루소는 자유와 평등을 위한 인간의 '의지'는 결코 상실되는 것이 아니라고 한다. 이것은 국민의 '일반의지'에서 찾아낸다. 인간의 의지만이 최고의 결정자이며, 주권도 법도 권리도 정부도 모두 '일반의지'로부터 나오며, 이것에 의해 심판받는다는 것을 확신한다.[39]

그가 말하는 사회계약은 지금까지 이어져 온 지배자와 국민과의 계약이 아니라, 개인들의 결합에서 민주주의 국가를 만들어 가는 계약이다. 따라서 국가의 주인은 국민이며, 이들의 '의지'는 절대적인 것이다.

당시 그의 사상은 매우 이단적인 것이었으며, 줄곧 혁명적인 제도개혁을 포기하지 않았다. 당시에 그는 말했다. 참으로 고독한 사상가로서, 모순과 갈등 속에서도 세상을 올바르게 살아가려고 나름대로 정열을 쏟았다.[40]

루소의 고독한 은둔생활

루소는 말년에 긴 은둔생활을 하며 과거를 회상해 『고독한 산책자의 몽상』(*Les Rêveries du Promeneur Solitaire*, 1776)이라는 책을 썼다. 그는 이 책에 자신이 정열을 쏟았던 시대에 관해 많은 이야기를 남기고 세상을 떠났다. 책은 진실한 루소의 심경을 그대로 전해 주고 있다.

세상을 살아가는 과정에는 다른 사람들과의 접촉과 대화가 매우 중요하다고 적고 있다. 그는 많은 것을 경험했다. 먼저, 그가 의문을 지니고 있었던 두 가지 문제에 대해 생각해 볼 필요가 있다.

첫째, 항상 다른 사람에게 진실을 전달할 필요가 없다고 한다면, 어떤 경우에 타인에게 진실을 알려야 하는가? 둘째, 타인을 속이는 것은 죄가 안 되는 경우가 있는가, 없는가?

두 번째 질문에 대한 해답은 명확하게 주어져 있다. 도덕을 자연스럽게 받아들이는 사회에서는 '없다' 고 답할 것이다. 도덕을 실행 불가능한 일종의 수다스러움(요설, 饒舌)으로 받아들이는 사회에서는 '있다' 고 답할 것이다. 이처럼 상호 모순된 권위자는 상대할 것도 못 되며, 자신의 원칙에서 자신을 위해 문제를 해결해 나갈 것을 강조한다.

루소는 자기 자신의 진실이라는 신조는 문제의 진실성보다 오히려 정의와 공정성에 의존해 왔다고 말한다. 또한 실천에서는 자신의 양심에 따른 도덕적인 가르침에 의존해 왔다고 말한다. 이 점은 결과적으로 다른 사람들에게 많은 공격의 빌미를 제공하게 되었으나, 부정한 것은 아니었다.

평생 불의에 굴하지 않고 정의를 위해 싸운 루소는 의미있는 말을 남겼다. “만약 내가 최고의 권력자가 되었다면, 나는 더욱 선량하고 관대한 인간이 되었을 것이다. 나의 마음 속의 복수심을 씻어 버릴려면, 복수할 수 있다는 것만으로 충분하다고 여기면 된다.” 그의 고매한 정신은 후세 민주주의의 귀중한 밑거름이 되고 있다.[41]

『에밀』에서 본 ‘공교육’

루소의 『에밀』(*Émile, ou de l'éducation*, 1762)은 콩도르세가 프랑스 혁명 3년 후에 쓴 「공교육의 전반적 조직에 관한 보고와 법안」(1792)과 깊은 관계가 있을 것 같다.

루소는 『에밀』의 집필에 앞서 『인간불평등기원론』(*Discours sur l'origine de l'inégalité parmi les hommes*, 1755)이라는 매우 복잡한 내용의 책을 발표했다. 이 책의 서문에서 사회의 ‘공교육’에 대한 커다란 관심을 보이고 있다. 즉, 지식 중에서 가장 유용한 부분이나, 가장 뒤떨어져 있는 것이 바로 인간에 관한 지식이라고 지적하고 있다.[42]

『인간불평등기원론』은 사유재산이 형성됨에 따라 불평등이 발생하게 되며 부자는 가난한 자를 억압하고 이를 위한 법률이 제정되고 국가는 불평등을 방관하게 된다는 내용이다. 이런 내용에 대해 당시의 귀족사회의 여론은 좋을 리가 없었다.

『인간불평등기원론』과 『사회계약론』은 낡은 체제의 정치와 사회를 논리적으로 신랄하게 비판한다. 『에밀』(1762)은 새로운 인간관과 인간성에 따른 봉건적인 도덕을 타파하려는 내용이다.

여러 저작에서 보는 것처럼, 루소는 당시의 많은 사상가들과 의견의 차이와 대립이 심했던 터라 말년에 이르기까지 고독을 벗삼아 살아야 했다. 일부에서는 그의 성격상의 결함이라고 전해지고 있으나, 이는 옳지 않은 것 같다. 그는 불의에 대한 비타협적인 정신, 즉 선구자적인 개혁에 대한 강한 의지를 태웠고, 한편으로는 자식을 고아원에 맡긴 것에 대한 죄책감에 시달렸다.

루소는 프랑스 혁명기의 전후, 특히 혁명 초기에 콩도르세와 자코뱅파의 급진적인 추종자들에게 사상적인 측면에서 커다란 영향을 미쳤다. 윌슨 교수는 루소를 계몽사상가로 보고 있으며, 낭만주의 철학운동의 창시자로 보고 있다.

윌슨은 루소의 사상에 대해 회의적인 태도를 보인다. 루소의 이상세계에 대해, 서적을 통해 얻은 지성의 장식품들을 내던지고 심미적인 감각과 건강을 누리는 '미니멀리스트'(minimalis, 최소한의 綱領주의자, 즉 혁명 직후에 곧 민주주의로 이행하는 것을 주장하는 자들)의 나라라고 꼬집고 있다. 윌슨은 루소의 성급한 사회의 개혁사상에 적지 않은 불만을 제시하고 있다. 윌슨은 한마디로 루소가 확실하지도 않은 인류학을 만들어냈다고 비판하고 있으나, 명확한 증거는 제시하지 않았다.[43]

『에밀』의 주요 내용은 18세기 프랑스의 계몽철학에 바탕을 둔 사회 전반의 공공교육과 가정교육에 대한 원칙을 제시한 것이다. 루소는 『에밀』에 앞서 1750년에 『학문과 예술론』(*Discours sur les sciences et les arts*)을 집필했으며, 이 책에 이미 교육론의 주요한 내용으로서 새로운 인간형성에 대한 주장들을 기술하고 있다.

『에밀』의 부제는 '교육에 대하여' 이다. '에밀' 이라는 학생이 태어나 결혼에 이르기까지, 자연이라는 위대한 선생의 가르침을 받으며 어떻게 성장해 가는가를 소설 형식으로 꾸몄다. 『에밀』의 종교에 관한 내용 때문에 1762년 파리대학의 신학부에 의해 고발당해 루소는 체포영장을 발부받는다. 이로 인해 그는 거의 8년간 영국과 스위스와 프랑스에서 망명생활을 한다. 1770년이 되어서야 파리로 돌아와 교외에서 은둔생활을 시작한다.

루소는 교육은 세 교사에 의해 이루어진다고 말한다. 첫째, 인간의 내부에서 스스로 성장해 가는 '자연의 교육' 이다. 둘째, 자연의 교육을 어떻게 이용하는가를 가르치는 '인간의 교육' 이다. 셋째, 환경에서 우리가 경험을 얻는 '사물의 교육' 이다.

이 세 가지 교육 중에서 자연의 교육은 인간의 힘으로서 어찌할 방법이 없다. 사물의 교육은 부분적으로 사람에 의해 이루어질 수 있다. 인간의 교육은 우리가 주도할 수 있는 유일한 부분이라고 강조했다. 그러나 이것에도 엄격한 가정이 주어져 있다. 교육이 모든 사람들의 언행(言行)을 올바르게 지도할 수 있는가에 대한 의문이 생긴다.

완전한 교육은 세 가지 교육이 일치하는 것에서 완성된다고 보는 것이다. 인간의 힘으로는 어찌할 수 없는 자연의 교육에 나머지 두 가지 교육을 일치시킬 수밖에 없다. 이것이 곧 그가 주장하는 이상적인 교육의 세계이다.

그런데 인간은 명확한 태도로 행동해야 한다. 즉, 개인인가, 또는 시민인가, 아니면 개인인 동시에 시민이 되기 위해 어떤 행동이 필요한가를 알아야 한다는 것을 강조한다. 이것은 필연적으로 대립되므로 서로 상반되는 두 가지 교육형태가 나타난다. 하나는 공공교육이며, 다른 하나는 개별적인 가정교육이다.

『에밀』의 주제는 인간은 원래 선한 자로 태어나는데, 사회가 인간을 타락으로 밀어넣는다는 것이다. 루소는, 교육은 자연에 맡기고, 교사는 외부의 나쁜 영향을 방지해야 한다고 주장한다. 현대사회에서는 이해할 수 없는 일들이다.

『에밀』은 '에밀' 이라는 남자아이가 자연이 내려준 인간의 정신과 육체를 어떤 방식으로 자유롭게 육성시켜서 '새로운 시민의 상' 으로 되어 가는가를 이야기 형식으로 엮은 교육론이다. 내용은 이상적이고 현실과는 거리가 있으나, 당시 유럽의 귀족적인 주입식 교육에 대한 신랄한 비판을 담고 있다. 이것은 프랑스 혁명의 초기에 적지 않은 영향을 미쳤다고 볼 수 있다.

그는 공교육이 이제 존재하지 않으며, 존재할 수도 없다고 단언한다. 콜레주(학교)라는 공교육 기관마저 인정하지 않았다. 당시 이루어지고 있었던 교육 그 자체는 두 개의 상반된 목적을 추구하고 있었기 때문에, 어느 한 쪽의 목적도 달성할 수 없다고 단정했다. 이와 같은 모순이 다른 모순을 만들어내며, 자연과 인간이 서로 상반되는 길을 걷게 하므로 결과적으로 상반된 인간을 만들어내어 일관된 의지을 갖지 못하는 쓸모없는 인간으로 일생을 끝나게 한다는 주장이다.[44]

어느 시대이든 국가의 교육문제는 핵심적인 과제이다. 존 로크(John

Locke [1632-1704], 영국 철학자)는 루소의 『에밀』보다 거의 70년 전에 『교육에 관한 고찰』(*Some Thoughts Concerning Education*, 1693)을 출간했다. 책은 로크의 교육사상을 폭넓게 다룬다. 당시 옥스퍼드와 케임브리지 대학의 학생지도(tutorial system)에 많은 영향을 미쳤다.[45]

로크에서 콩도르세에 이르기까지 거의 100년간의 근세유럽의 교육사상의 흐름을 대체로 이해할 수 있다. 로크의 민주주의적 교육철학은 몽테스키외(Montesquieu [1689-1755], 프랑스 계몽시대의 법리학자)의 법리이론에 영향을 미쳤다. 또한 비판적인 루소의 정치적 입장들이 직간접적으로 콩도르세에게 많은 영향을 미친것으로 이해할 수 있다.

콩도르세의 공교육론

프랑스 혁명 초기에 콩도르세가 공교육에 관해 발표한 보고서는 루소의 영향을 받지 않았다고는 할 수 없다. 그의 보고서는 주로 전문교육기구 중심의 조직 운영과 중요성에 대해 구체적인 개혁안을 제시한다.

콩도르세는 모든 구속에서 자유롭고, 모든 권위와 과거의 습관으로부터 해방된 철학에 의거해 공교육 내용을 선정하려 했다. 플라톤이 좋은 법률은 시민들이 생명보다 더 사랑하는 법이라고 말한 것을 되새기게 한다.

콩도르세는 시민이 법을 지키고 자유로워지려면, 시민의 이성이 독립되어 있어야 한다고 말한다. 자유에 대한 정열과 미덕이 아닌 정념(情念, 감정에서 일어나는 억제하기 어려운 생각)을 지키려면, 시민은 자연적인 정의의 원리, 인간의 근본적인 권리를 이해하지 않으면 안 된다고 강조한다.

사실, 법률은 인간의 권리를 지키는 것에 그 목적이 있다. 법률은 인간의 권리에서 발생하는 결과와 이 권리를 보호하기 위해 생각해낸 수단을 구별하지 않으면 안 된다. 즉, 법률은 정의에 의해 지명된 것이므로 전자를 사랑하며, 법률은 영지(英智, 영민한 지혜)에 의해 얻어진 것이므로 후자를 사랑하지 않으면 안 된다는 것이다.

이성이 받아들이는 법률에 대해, 이성적으로 충성을 다한다는 것과 법률이 위험을 내포하고 불완전하다는 것을 알았다 하더라도, 시민의 의무로서 법률을 따라야 하며, 표면상의 법률을 옹호하는 것을 구별하지 않으면 안 된다는 것이다. 즉, 법률을 지키고 법률을 판결할 수 있어야 한다는 뜻이다.[46]

콩도르세는 교육의 독립에 관해 확고한 의지를 가지고 있었다. 만약, 교육의 독립이 남용된다면, 입법권에 의해 바로잡을 수 있다. 따라서 자유로운 교육과 자유롭게 결성된 학술단체가 있다면, 이들은 그런 남용에 대해 사회의 공통된 의견(여론)에 따라 권력으로 대항할 수도 있다는 것에 근거를 두고 있다.

당시 유럽에서 과학에 종사하는 사람들은 누구도 저항할 수 없는 최고의 권위를 가지고 있었다. 유럽의 학식 있는 사람들이 확고한 여론으로 뒷받침하고 있었다는 것에 주목할 필요가 있다.

이런 여론으로, 본인들이 쟁취한 세평을 보다 확실하고 빛나게 장식할 수 있었다. 이런 판단은 공평하고 확실한 것이며 최고의 권력이라

할 수 있다. 교육의 독립은 인류가 지닌 권리의 일부이다.

17~18세기의 유럽사회를 보면, 초등교육을 제외한 모든 교육에 관해, 사상의 완전한 독립을 인정하는 것에 주목할 수 있다. 이 방법을 택한다면, 법률에 대한 자발적인 복종과 법률의 미비와 과오를 올바르게 교정하는 수단으로 교육의 양립이 가능해진다는 것이다.

교육을 외적인 권위에 종속시켜 피해를 입은 실례는 모든 과학을 이끌었던 이집트인과 인도인을 들 수 있다. 이들의 지식은 매우 높은 수준에 있었기에, 인간의 정신 면에 커다란 진보를 가져왔다고 평가받는다. 그러나 종교권력이 인간을 교육시키는 권리를 독점한 순간부터 무지(無知)로 빠져들었다.

중국에서도 마찬가지 일이 일어났다. 중국은 과학과 기술에서 유럽보다 앞서 있었다. 그러나 정부가 공교육을 담당했기 때문에 과학과 기술의 진보는 멈춰서고 말았다.

로마인과 그리스인들도 최고의 영광을 누렸으나, 교육이 철학자들의 손에서 종교인들로 옮겨간 후에 곧 이성과 천분(天分)이 퇴폐로 빠져들었다.

이처럼, 인간정신의 자유로운 행보를 가로막는 것을 경계하지 않으면 안 된다는 것을 알 수 있다. 인간정신이 어느 정도의 단계에 도달했다 하더라도, 어떤 권력이 그 진보를 가로막는다면 심각한 늪으로 빠질 것이다. 그렇게 안 된다는 보장이 없다. 인간정신이 정지하는 퇴보를 자초하는 일이다.[47]

미주—7장 고전의 향기—몇 가지의 노트

01. Edward O. Wilson, *Concillience : The Unity of Knowledge*, Vintage Books, N.Y., 1998, p.28.

02. Bertrand Russell, *The Conquest of Happines*, Allen & Unwin, 1930, 1948, 10th ed.

B. ラッセル 著,『幸福論』, 安藤貞雄 訳, 岩波書店, 1991, 2009, 26印, pp.59-60 참조.

03. B. ラッセル 著, 위의 책, 2009, p.48.

04. James Allen, *The Path of Prosperity*, Wilder Publications, 2007, p.43.

05. B. ラッセル 著,『幸福論』, 2009, pp.52-53, p.56 참조.

06. B. ラッセル 著, 위의 책, 2009, p.54 참조.

07. B. ラッセル 著, 위의 책, 2009, p.56 참조.

08. James Allen, *Above Life's Turmoil*, Cosimo Classics, N.Y., 2007, p.39 참조.

B. ラッセル 著, 위의 책, 2009, p.94 참조.

09. B. ラッセル 著,『幸福論』, 安藤貞雄 訳, 岩波書店, 2009, pp.59-60.

이 점은 러셀보다 70년 전에 영국 경제학자인 존 스튜어트 밀(John Stuart Mill, 1806-1873)의『자유론』(*On Liberty*, 1859)의 주요한 흐름을 이룬 부분이며, 찰스 2세 때의 청교도에 의한 광신적인 탄압은 사회발전에 나쁜 영향을 미쳤다는 것이다.

J.S. ミル 著, 塩尻公明 · 木村健康 訳,『自由論』, 岩波書店, 2009, 54刷, pp.31-32, pp.167-168 참조.

한승조,『홉스의 사상과 리바이어던』, pp.110-122 참조.

임명방, 한승조 옮김,『마카아벨리 : 군주론, 홉스 : 리바이어던』, 삼성출판사, 1984.

10. B. Rusell, *op.cit.*, 1930, 1948, 10th ed.

B. ラッセル 著,『幸福論』, 安藤貞雄 訳, 岩波書店, 2009, pp.90-91 참조.

Linda Colley, *Britons : Forging the Nation 1707-1837*, Yale University, 1992.

リンダ・コリー 著, 川北 稔 訳,『イギリス国民の誕生』, 名古屋大学 出版会, 2001, 2版, pp.267-268 참조.

11. B.ラッセル 著,『幸福論』, 安藤貞雄 訳, 岩波書店, 2009, p.94.

12. B.ラッセル 著, 위의 책, 2009, pp.170-171 참조.

13. James Allen, *Above Life's Turmoil, Cosimo Classics*, N.Y., 2007, p.30 참조.

John Locke, *Some Thoughts Concerning Education*, 1693.

ロック 著, 服部 知文 訳,『教育に関する考察』, 岩波書店, 2007, pp.220-221 참조.

14. B. ラッセル 著,『幸福論』, 安藤貞雄 訳, 岩波書店, 2004, pp.266-267, p.270 참조.

15. Alain, *Propos sur le Bonheur*, 1928, 2nd.

アラン 著, 神谷幹夫 訳,『幸福論』, 岩波書店, 2009, 18印, pp.322-323 해석 참조.

16. Alain, *Propos sur le Bonheur*, 1928.

アラン 著, 위의 책, 2009, 18印, p.228.

17. Thomas Hobbes, *Leviathan : The Matter, Forme and Power of a Common-Wealth Ecclesiastical and Civill*, 1651.

韓昇助 譯,『라바이어던』, 삼성출판사, 1984, p.120.

마키아벨리 著, 林明芳 譯,『君主論』. 홉스 著, 韓昇助 譯,『리바이어던』, 삼성출판사, 1984.

18. Alain, *Propos sur le Bonheur*, 1928.

アラン 著, 神谷幹夫 訳,『幸福論』, 岩波書店, 2009, 18印, pp.102-104 참조.

19. Baruch de Spinoza, *Tractatus Politicus*, 1677.

スピノザ 著, 畠中尚志 訳,『国家論』, 岩波書店, 1976, pp.88-89, pp.208-209 참조.

20. アラン 著, 神谷幹夫 訳,『幸福論』, 岩波書店, 2009, pp.135-136, p.137 참조.

21. 이강재 저,『논어』, 2006, 살림, pp.240-241.

공자의 논어에 나오는 일화이다. 노나라의 애공(哀公)이 공자의 제자였던 유약(有若)

에게 다음과 같이 물었다. "흉년이 들어 국가의 재정이 부족한데 어떻게 해야 합니까?" 이에 유약이 "어째서 세금을 줄여 1/10을 거두는 법을 시행하지 않습니까?"라고 반문했다. 그러자 애공이 "2/10를 거두어도 부족한 지경인데, 어떻게 1/10만 거둘 수 있겠습니까?"라고 말했다. 그러자 유약이 이렇게 대답했다. '백성이 넉넉하다면, 어느 군주가 부족하겠습니까? 백성이 부족하다면, 어느 군주가 넉넉하겠습니까?"

장현근 저, 『맹자』, 2006, 살림, pp.125-127.

맹자의 정책구상은 다양한 내용을 전하고 있다. 그중에 전국시대 위나라의 양혜왕(梁惠王) (上)에 조세정책의 중요성을 세심하게 다루고 있다.

22. アラン 著, 神谷幹夫 訳, 『幸福論』, 岩波書店, 2009, p.142, p.144, p.150 참조.

23. 알랭의 『행복론』은 데카르트(Rene Descartes, 1596-1650, 프랑스의 철학자, 수학자, 물리학자)의 영향을 많이 받았다. 특히 데카르트의 『정념론』(*Les Passions De L'ame*, 1649)의 용기와 대담성, 그리고 경쟁심과 수치심에 관한 내용에서 알 수 있다.

Rene Descartes, *Les Passions De L'ame*, 1649.

デカルト著, 谷川多佳子 訳, 『情念論』, 岩波書店, 2008, pp.150-151, pp.162-164, pp.173-176 참조.

24. アラン 著, 神谷幹夫 訳, 『幸福論』, 岩波書店, 2009, pp.154-155.

25. アラン 著, 위의 책, 2009, pp.160-161.

26. Edward O. *Wilson, Consilience* : *The Unity of Knowledge*, Vintage Books, N.Y., 1998, p.18, p.19.

27. Edward O. Wilson, *Consilience* : *The Unity of Knowledge*, Vintage Books, N.Y., 1998, p.15, p.17 참조.

28. David S. Landes, *The Wealth and Poverty of Nations* : *Why Some Are So Rich and So Poor*, W.W. Nortn & Company, N.Y., London, 1999, pp.512-513 참조.

29. Edward O. Wilson, *op.cit.*, 1998, pp.15-16, p.18 참조.

30. Edward O. Wilson, *op.cit.*, 1998, pp.17-18.

가령, 볼테르(Voltaire 1694-1778, 본명은 Francois-Marie Arouet, 프랑스 작가, 계몽기의 대표적인 사상가), 몽테스키외(Charles-Louis de Secondat, Baron de

La Brede et de Montesqueu 1689-1755, 프랑스 법률가, 정치철학자), 달랑베르(Jean Le Rond d'Alembert 1717-83, 프랑스 수학자, 물리학자, 철학자), 디드로(Denis Diderot, 1713-1784, 프랑스 사상가), 튀르고(Anne-Robert-Jacques Turgot, 1727-1781, 프랑스 계몽기의 경제학자, 정치가, 1774년 루이 16세 시대에 제상을 지냈음)는, 모두 1789년 이전에 세상을 떠났기 때문에 혁명을 목격한 사람은 콩도르세뿐이었다.

31. Edward O. Wilson, *op.cit.*, 1998, pp.19-20 참조.

32. Condorset, *Rapport et projet sur l'organisation générale de l'instruction publique*, Présentés à l'Assemblée nationale, au nom du Comité d'instruction publique, les 20 et 21 avril 1792, J. Ayoub et M. Grenon, II, pp.138-160, pp.363-377.

コンドルセ 他 著, 坂上 孝 編 訳, 『フランス革命期の公教育論』, 岩波書店, 2002, p.10 참조.

이 중에서 콩도르세의 논문, 「공교육의 전반적 조직에 관한 보고와 법안」(pp.11-107)이라는 전문이 있다.

33. Jeffrey Sachs, *The End of Poverty : How We can Market it Happen in Our Lifetime*, Penguin Books, 2005, p.348.

34. *Ibid.*, 2005, pp.348-350 참조.

35. 콩도르세는 그의 유고인 『인간정신의 진보에 대한 역사』(*Esquisse d'un tableau historique des progres de l'esprit humain*, 1795)에 다음과 같은 중요한 내용을 담고 있다. 자연과학에 대한 신념의 기반은, 우주의 현상을 유도하는 보편적인 법칙이 알려져 있거나 알려져 있지 않은 것과 관계없이, 필요하다는 것에 변함이 없다는 입장이다. 이 원칙은 인간의 지적 · 도덕적인 능력의 발달에도 동일하게 적용되지 않을 이유가 없다고 믿었다.

Edward O. Wilson, *op.cit.*, 1998, p.21.

36. Edward O. Wilson, *op.cit.*, 1998, p.16 참조.

37. Jean-Jacques Rousseau, *Le Contrat Social*, 1762.

ルソー 著, 桑原 武夫・前川 貞次郎 訳,『社会契約論』, 岩波書店, 2005, 74刷, pp.28-29, p.31 참조.

38. Edward O. Wilson, *op.cit.*, 1998, p.16.

39. Jean-Jacques Rousseau, *Le Contrat Social* ,1762.

ルソー 著, 桑原 武夫・前川 貞次郎 訳,『社会契約論』, 岩波書店, 2005, pp.145-150 참조.

40. Jean-Jacques Rousseau, *Le Contrat Social*, 1762.

ルソー 著, 위의 책, 2005, pp.91-92, 125-126 참조.

41. Jean-Jacques Rousseau, *Les Rêveries du Promeneur Solitaire*, 1776,

ルソー 著, 今野 一雄 訳,『孤独な散歩者の夢想』, 岩波書店, 2009, p.58, pp.76-77, p.96 참조.

42. Jean-Jacques Rousseau, *Discours sur l' orgine de l' inégalité parmi les hommes*, 1755.

ルソー 著, 本田 喜代治・平岡 昇 訳,『人間不平等起原論』, 岩波書店, 1755, p.25 참조.

43. Edwad O. Wilson, *op.cit.*, 1998, p.38.

44. Jean-Jacques Rousseau, *Émile ou de l' éducation*, 1762.

ルソー 著, 今野 一雄 訳,『エミール』, 上, 岩波書店, 2008, 76刷, 第1編, p.29, pp. 34-36 참조.

45. 로크의『교육에 관한 고찰』(1632)은 인간의 교육 전반의 문제를 알기 쉽게 설명한다. 올바른 교육법을 위해 가정교육과 보호자의 역할, 주의 환경에 대한 교육과 습관, 인성교육과 학습지혜 등 매우 폭넓게 설명한다. 물론 당시 사회환경에 밀착된 보수적인 교육사상을 벗어나는 것은 아니다. 특히 2~6장과 18~20장에 중요한 내용을 담고 있다.

John Locke, *Some Thoughts oncerning Education*, 1693.

ジョン. ロック,『教育に関する考察』, 服部 知文 訳, 岩波書店, 2007, 20版, pp.46-149(2-6장), pp.220-309(18-20장).

46. Condorcet, *Rapport et projet sur l' organisation générale de l' instruction publique*, Présentés a l' Assemble' e natinale, aunom du Comité d' instruction publique, les 20 et avril 1792, J. Ayoub et M. Grenon, II, pp.138-160, 363-377.

コンドルセ 他著, 坂上 孝 訳,『フランス革命期の公教育論』, 岩波書店, 2002, pp.42-43.

Jean Jacques Rousseau, *Émile ou de l' éducation*, 1762.

ルソー 著, 今野 一雄 訳,『エミール』, 上, 岩波書店, 2008, pp.103-104 참조.

『エミール』, 中, 岩波書店, 2008, pp.213-214, pp.269-270.

47. コンドルセ 他著,『フランス革命期の公教育論』, 岩波書店, 2002, pp.95-96, pp.98-99 참조.

찾아보기

ㄱ

ㄴ

ㅅ

ㅇ

ㅎ

성숙한 사회를 열어가는 지혜

초판 1쇄 인쇄 2011년 12월 7일
초판 1쇄 발행 2011년 12월 13일

지은이 김정년
펴낸이 박기남
펴낸곳 **율곡출판사**
121-872 서울시 마포구 염리동 36-249
전화 (代) 02) 718-9872/3
팩스 02) 718-9874
home-page www.yulgokbooks.co.kr
e-mail yulgokbook@naver.com
등록 1989. 11. 10. 제5-206호(윤)
ISBN 978-89-97428-00-7 03330